MINERVAスタートアップ経済学⑨

社会保障論

石田成則・山本克也 編著

ミネルヴァ書房

は し が き

　本書は「MINERVA スタートアップ経済学」シリーズの 1 冊をなす社会保障の教科書である。

　わが国の社会保障は，大別して社会保険，社会福祉，そして公的扶助（生活保護）に区分され，その理念も財源も大きく異なっている。ただし，これは制度上そのように仕組まれているのであって，生活上のリスクへの対処法としては，相互の関連性が強い場合もある。本書は，制度解説を目指した教科書ではなく，その機能面，ないしは社会的役割に着目して，各々のリスクへの対処方法を制度横断的に説明している。また，生活上のリスクの原因やその影響を詳細に記述することで，問題解決のための処方箋を読者とともに考えていくことを目指している。こうした思考過程を通じて，環境変化に対応した社会保障の未来図を見通してもらうことを期待している。

　現代社会の生活上のリスクに対処する観点からは，公的扶助などの公助，社会保険を中心とした共助，地域社会で目に見える形での助け合いである互助，そして自己責任に基づく自助，それぞれを正しく理解して，その組合わせを考えることも大切である。少子高齢化に伴う財政制約への対応や民営化の必要性だけでなく，制度への参画性や自主性，手続き的公正性，利用者の権利保護の側面も踏まえて，これらの組合わせを考察することは，民意を反映した社会保障を創り上げることでもある。

　併せて，社会保障と経済社会との関係性を最大限重視して，「国の財政面からの解説」「地域社会との関連性の解説」そして「企業経営とのつながりからの解説」を行っている。具体的には，国民負担率などの政府の役割の大きさを示す指標を用いることで，各国の社会保障の特色を理解することができる。地域社会との関連性では，地方自治体，地域住民，そして地域に根差す事業者や

NPOなどの役割を整理しながら，居住政策や福祉都市計画などについても言及している。企業経営とのつながりとしては，日本的雇用慣行について触れながら，企業福祉の果たす役割について，企業経営における効果だけではなく，福祉政策全体に果たす役割も簡潔に説明している。また，少子高齢化への対応策としてのワーク・ライフ・バランスやメンタルヘルスの問題，そして災害時の生活保障のあり方などを考える上でも，地域社会や企業との協力関係を欠くことはできない。逆にこうした協力関係が上手く構築されることになれば，企業経営にとっても生産性向上や健康経営の実現によって利得を得ることになる。単に社会保障の制度を論じるだけでなく，生活上のリスクや社会経済的なリスクへの対処法を考察することで，現代社会に特有な様々なトピックスを理解することができる。

　従来から社会保障は主に経済的な保障を通じて，リスクに付随する損失を補てんして，マイナスの状態を原状まで回復する役割を果たすとされてきた。しかしながら，社会保障，とくに社会保険には予防的措置が組み込まれていることも多く，リスクそれ自体を顕在化させないことやその影響を緩和することもできる。また，制度の仕組み方如何では，国民や利用者の行動を変化させ，経済成長や事業成長を促進する側面もある。こうした社会保障のもつ経済成長への積極的な関与についても理解を促したい。

　社会保障の根底には，各国における国民連帯に関する意識，普遍性や公平性・公正性に関する価値観がある。ただし，こうした価値観も永久不変なものではない。環境変化とともに家族，企業や地域の組織，そして国家に対する意識が変化するのであれば，それを反映した社会保障が望ましい。わが国でも幾多の制度改正を経て現在の制度が形づくられているものの，大幅な制度改革や民営化措置による機能代替などの可能性は残されている。現在の制度を正しく理解するとともに，様々な課題を自ら発見して，その改革案を描くことも必要な作業である。本書を通じて，こうした作業に挑む読者が増えることを期待したい。

　なお，社会保障を理解する上で，財政学や公共経済学，労働経済学や社会政

策の一通りの知識は必要であるものの，初学者や学生，社会人の方を主な対象としているために，こうした知識がなくとも読みこなせるように工夫している。より高度な関連知識については，末尾の参考文献を通じて学んでほしい。また，できる限り最新の資料を活用して今の社会保障の実態を浮き彫りにしており，生きた社会保障を学習してほしい。学習理解を深めるために，参考文献に加えて，各章の終わりに設問も用意している。設問への解答を作成する中で本書を読み返し，また参考文献にもあたることで，自らの興味に従って自主的に社会保障の勉強を進めてほしい。

　こうした趣旨が理解され，多くの読者を得ることができれば，執筆者一同，望外の喜びである。本書の上梓にご尽力頂いたミネルヴァ書房堀川健太郎氏に心より御礼申し上げたい。

　　2018年3月

　　　　　　　　　　　　　　　　　石田成則・山本克也

社会保障論

目　次

はしがき

序　章　社会保障を学ぶ……………………………………………1

　　1　本書の特徴…………………………………………………1

　　2　社会保障の制度と政策……………………………………2

第Ⅰ部　社会保障の概論

第1章　社会保障制度のこれまでとこれから……………………23

　　1　社会保障制度前史…………………………………………23

　　2　工場法の成立と労働組合運動の開始……………………26

　　3　社会保障制度の成立………………………………………30

　　4　福祉国家の成立……………………………………………35

　　5　戦後秩序の転換と福祉国家の危機………………………40

　　Column
　　①福祉国家の反対語は何か……36

第2章　わが国の社会保障制度…………………………………45

　　1　わが国の社会保障制度の構造……………………………45

　　2　社会保障制度とは…………………………………………47

　　3　わが国の社会保障制度の歴史……………………………53

　　4　社会保障制度の新しい対応………………………………64

　　Column
　　②保障，保証，そして補償……48

第3章　社会保障を取り巻く環境（1）…………………………71
　　　　　——日本の社会経済の現状——

　　1　わが国の現状………………………………………………71

　　2　社会保障制度と財政………………………………………75

目　次

3　様々な指標‥‥‥‥‥‥‥‥‥‥‥‥‥‥‥‥‥‥‥‥‥79

4　社会保障の国際比較‥‥‥‥‥‥‥‥‥‥‥‥‥‥‥‥‥84

5　様々な財政方式‥‥‥‥‥‥‥‥‥‥‥‥‥‥‥‥‥‥‥85

6　財政危機と社会保障改革‥‥‥‥‥‥‥‥‥‥‥‥‥‥‥88

Column
③生産関数 ‥‥‥ 74
④積立方式と賦課方式 ‥‥‥ 87

第4章　社会保障を取り巻く環境（2）‥‥‥‥‥‥‥‥‥‥‥91
　　　　　──人口の動向──

1　わが国の人口の動向‥‥‥‥‥‥‥‥‥‥‥‥‥‥‥‥‥91

2　寿命・死亡の状況‥‥‥‥‥‥‥‥‥‥‥‥‥‥‥‥‥‥95

3　出生の状況‥‥‥‥‥‥‥‥‥‥‥‥‥‥‥‥‥‥‥‥‥97

4　少子化の端緒としての人口移動‥‥‥‥‥‥‥‥‥‥‥‥102

5　労働力不足と非正規化‥‥‥‥‥‥‥‥‥‥‥‥‥‥‥‥108

Column
⑤定常人口 ‥‥‥ 95

第Ⅱ部　社会保障の制度各論

第5章　生活の糧を失ったらどうなるか──生活保護制度──‥117

1　生活保護法と生活保護の原則‥‥‥‥‥‥‥‥‥‥‥‥‥117

2　生活保護の歴史的変遷と現状‥‥‥‥‥‥‥‥‥‥‥‥‥121

3　自立支援の新たな方策‥‥‥‥‥‥‥‥‥‥‥‥‥‥‥‥124

4　代替的な貧困世帯への救済措置‥‥‥‥‥‥‥‥‥‥‥‥127

5　生活保護の最近の動向‥‥‥‥‥‥‥‥‥‥‥‥‥‥‥‥133

6　生活保護の今後のあり方‥‥‥‥‥‥‥‥‥‥‥‥‥‥‥138

Column
⑥ベーシック・インカム ‥‥‥ 129

vii

第**6**章　病気になったらどうなるか──健康保険制度──………141

 1 健康保険制度の歴史………………………………………141

 2 健康保険制度の概要………………………………………148

 3 健康保険制度の機能強化…………………………………152

 Column

 ⑦年齢階級別1人当たり医療費と，自己負担額および保険料の比較 …… 147

 ⑧医師と看護師 …… 155

第**7**章　老後の生活はどうなるか──公的年金制度──…………161

 1 高齢者の生活実態…………………………………………161

 2 年金とは……………………………………………………164

 3 年金の仕組み………………………………………………168

 4 年金給付の算定方法………………………………………172

 5 年金制度の誕生……………………………………………181

 6 本格的な給付抑制期の到来………………………………189

 Column

 ⑨年金代替率 …… 163

第**8**章　要介護になったらどうなるか──介護保険制度──……197

 1 介護保険前史………………………………………………197

 2 介護保険とは………………………………………………198

 3 介護保険の仕組み…………………………………………208

 4 介護保険と地方分権………………………………………211

 5 介護の問題点………………………………………………214

 Column

 ⑩措置制度の頃 …… 199

目　次

第9章　仕事でケガをしたら，仕事を失ったらどうなるか……219
——労働保険制度——

1　仕事を失ってしまったらどうなるか………………………219

2　失業手当を受ける方法……………………………………221

3　雇用保険および関連法の歴史……………………………222

4　非正規雇用増加の一因——「労働者派遣法」制定……………233

5　仕事でケガをしたら，死んでしまったらどうなるか………236

6　労災保険の歴史…………………………………………240

Column
⑪緑十字マークを知っているだろうか？……239

第10章　地域でともに生きるためにどうするか………………249
——地域福祉制度——

1　地域福祉とは……………………………………………249

2　地域福祉を推進する団体——社会福祉協議会…………………251

3　地域包括ケアシステム……………………………………255

4　地域包括支援センター——高齢者のワンストップサービス………259

5　社会的孤立の進行………………………………………261

6　地域でともに生きるために必要な公私連携………………263

7　ともに生きる地域社会のために…………………………266

Column
⑫市民活動とワーク・ライフ・バランス……266

第11章　子供の社会保障制度の現状と課題………………………269

1　最近の児童を巡る問題——待機児童…………………………269

2　子供の貧困………………………………………………279

3　児童虐待問題……………………………………………290

ix

Column
⑬子供の福祉の小史 …… 281

索　　引 …… 297

序　章

社会保障を学ぶ

1　本書の特徴

　経済が安定成長へ移行する中で，わが国は未曽有の少子高齢化を迎えており，その社会経済的な影響は計り知れない。とくに，社会的な（再）分配機構として経済を下支えする社会保障は，そのマイナスの影響を克服して，持続可能性を追求しなくてはならない。一方で，社会保障には固有の理念と歴史的な経緯があり，その上に制度が成立しており，単に目先の問題に対処し課題を乗り越えるだけでは，その社会経済的な役割を全うすることにはならない。そこで，現在発生している諸問題や諸課題に上手く対処するとともに，将来的な状況も想定しながら，制度を発展させていく必要がある。社会保障の各制度の理念や歴史を知ることで初めて，実りある制度改革が実現するのである。本書では，社会保障の理解に不可欠な知識を提供することで，現在から将来に渡る問題や課題に対して，適切に対処し解決する術を提示する。

　本書の特色として，社会保障を取り巻く環境変化の章を設けるとともに，各章において詳細な歴史的経緯を説明している。また，理論と実態，理論と政策のバランスをとるために，基本的な制度理念や趣旨を説明した上で，現状を解説し，環境変化に応じた課題を提示している。こうした課題に対する解決策を読者とともに考えることで，思考を深めるような工夫を施している。各章の中で，たとえば，児童福祉や雇用保険そして公衆衛生を取り巻く現状を解説しながら，そこにおいて生じている問題を多面的にとらえ，総合政策的視点から問

I

題に接近している。単一制度の理解の枠を超えて，制度間の調整や複合的な施策によって，社会保障の全体像や社会，地域，経営そして家計との関わりを解説している。こうした点に従来の教科書にはない，斬新さや新鮮味があると自負している。もちろん，このような取組みが功を奏しているかどうかは，この教科書の読者皆様の判断にゆだねたい。

　以下では，各章の内容を要約しながら，本書の全体像を解説する。

2　社会保障の制度と政策

社会保障を取り巻く環境

　第1章「社会保障のこれまでとこれから」では，まず欧米の歴史的経緯を辿りながら，社会保障の歴史を概説していく。16世紀初頭に英国の**救貧法**が成立し，その後18世紀中頃まで貧困対策に中心的な役割を果たすことになる。18世紀後半の産業革命後，1802年（1819年改正）の工場法によって労働環境の整備がなされ，1830年代から約30年かけて全産業に広がることが示されている。とくに，平均12時間にも及ぶ長時間労働を解消するために9時間労働を上限とすることや，9歳未満の労働禁止および13歳未満の長時間労働の制限，そして18歳未満の深夜労働の禁止などにより，労働環境が整備されていく状況を説明している。1880年代の**セツルメント**（Settlement）**運動**では，貧困状態は個人的責任ではなく，社会構造から生じる社会全体の問題であるとして，国や政府の責任を認めることになり，さらに1911年には国民保険法が制定され，被用者（労働者），雇用者，国の3者による費用負担が基本となったことが記述されている。

　第1次大戦後の失業者の増大のために，1934年に失業法が制定されたものの，必ずしも労働者の厚生水準は改善されることはなかった。こうした中で，英国ではウエッブ夫妻による**ナショナル・ミニマム運動**が起こり，それが英国福祉国家論の主柱となり，1942年の「ベヴァリッジ報告」に結実することが詳述されている。1942年の「ベヴァリッジ報告」および「社会保険および関連サービ

ス」では，五大悪を窮乏，怠惰，疾病，無知，不潔とし，その克服策として生活保護，労働保険，医療保険，教育制度，保健・公衆衛生が掲げられ，社会保障の基本方針が打ち立てられたことを示している。その後，1945年の家族手当法，1946年に国民保険法と国民保健サービス法，1948年に国民扶助法と児童法が制定され，福祉国家としての基礎が形成される様子を克明に解説している。

　一方で，英国から半世紀以上遅れて，ドイツでも社会保険を嚆矢として社会保障制度が誕生する。まず，1883年に疾病保険法が制定され，その運用を所管する疾病金庫が設置される。1885年に工場労働者災害保険法が制定され，1889年に老齢・疾病保険法の制定，1927年に失業保険法が制定される歴史的経緯が整理されている。しかしながら，ドイツのような近代化の後発国では，先進諸国を追い上げるために労働が強化され，厳しい勤務環境と長時間労働が常態化していた。そのために，労働組合を中心とした社会主義運動が台頭することになる。そこで，こうした事態に対処するために「飴と鞭」の社会政策が実施され，その結果，国による防貧対策が強化され，また労働者自身の拠出による相互扶助の仕組みも実現することになる。

　米国では1933年に**ニューディール政策**が打ち出され，有効需要喚起のための**ケインズ政策**によって公共事業が促進される。同時に，社会保障・公的扶助の考え方が台頭したことを示唆している。**ワーグナー法**と関連する全国産業復興法や全国労働関係法，そして最低賃金保証や団結権・団体交渉権に関する立法が整えられ，社会保障法成立への道筋がつけられたとしている。具体的には，連邦老齢年金保険が仕組まれ，州営失業保険，州営公的扶助そして社会福祉サービスへの連邦補助金が導入されることになる。

　しかしながらその後，これらの国々で**マネタリズム**や新自由主義が浸透し，歳出削減・行政の効率化，規制緩和・新規市場の創出，減税と小さな政府，社会保障の縮減など，福祉国家が危機を迎える状況を詳細に論述することで，先進諸国の社会保障の現状を紹介しながら，新しい福祉国家の潮流を解説している。

　第2章「わが国の社会保障制度」では，①医療・介護，年金，雇用・労災な

どの社会保険の概説，②社会保険内の職域保険と地域保険の比較，③普遍性を持つ公的扶助と選別性のある社会福祉の比較を通じて，わが国の社会保障制度が概説されている。併せて，保険料財源による社会保険，税財源による社会福祉と公的扶助（生活保護），保健医療と公衆衛生といった社会保障の体系とその推進の原則である普遍性，公平性，総合性，権利性，有効性が検討されている。

その上で，わが国の社会保障の歴史が，［戦前→戦後→福祉元年→福祉見直し期］を見通して概説されている。まず，1939年にはドイツを模範とした（旧）国民健康保険法と船員保険法が制定され，1941年に労働者年金保険法，そして1944年には厚生年金保険法が制定された。厚生年金保険法は1954年に改正されることになるが，当初はインフレーションの抑制，労働力の保全，そして戦費調達の目的を持っていた。続いて，「福祉三法」である（旧）生活保護法が1946年（1950年改正）に制定され，1947年に児童福祉法，そして1949年に身体障害者福祉法が制定される経緯を整理している。

1950年の社会保障制度審議会の勧告では，生存権の国家的保障が明示され，1961年には国民皆保険・国民皆年金が実現することになる。また，1970年は福祉元年と称され，年金給付の絶対額の増加，物価スライドの導入，医療費の7割給付，高額療養費制度の導入，老人医療費の無料化など，社会保障の充実が図られた。さらに，1990年に福祉関係八法の改正と「高齢者保健福祉推進十カ年戦略」が制定された後に，1997年に10項目にわたる社会福祉基礎構造改革が実行され，社会福祉の量的拡大，サービスの質の向上，そして利用者の権利保護（アドボカシー）が確立された経緯を説明している。併せて，民間福祉サービスの提供体制を整備するために，措置から契約への流れを徹底し，競争を基本としつつ多様な供給主体の市場参入を促すことの重要性を指摘している。それにより，利用者がサービスを選択できるとともに，事業者側に情報開示を義務づけることで，サービス品質を評価できる環境も整ったとしている。

一方で，近年の少子高齢化などの環境変化が，社会保障の変革を迫る状況を論述している。1990年の「1.57ショック」から1994年に少子化対策としてエンゼルプランが提示され，保育の量的拡大，地域子育て支援センターの設置が行

われた。1999年には新エンゼルプランが策定され，2000年から2004年までの5カ年計画が実行されたが，少子化には十分に功を奏さなかったとしている。

21世紀に入り，2000年に介護保険法が成立した後は，社会保障給付の適正化措置が採られることになる。その具体事例として，2004年の年金構造改革でマクロ経済スライドが導入されたことや，医療財政の改革のために2008年に後期高齢者医療制度が導入され，保険者として都道府県広域連合が発足したことを解説している。さらに，官民一体型の企業年金の社会的役割により公的年金を補完することが重要であるとして，企業年金のあり方について論述している。1962年以降，税制により企業年金の普及促進を図り，対象を中小企業にまで広げることで普遍性を高める工夫を行ったことや，2001年の確定拠出年金法と2002年の確定給付企業年金法の制定を通じて，企業年金の基盤整備が行われてきた経緯を概説している。

第3章「社会保障を取り巻く環境（1）」では，わが国の社会保障と財政の関連を捉えた上で，国際比較を行っている。まず，「年次経済財政報告」「国民経済計算」を活用して，国民負担率，国債発行残高，国債依存度などの財政状況を明らかにする。また，社会保障関係費のうち，それぞれ35％程度を占める年金給付費と医療・介護給付費の適正化などの財政健全化策について説明し，加えて，特別会計である労働保険特別会計と年金特別会計について概説している。

つぎに，社会保障の国際比較のための様々な指標として，OECDの社会支出やILOの社会保障給付費を取り上げている。とくに前者について，高齢，遺族，傷病，障害，業務災害，保健，家族，積極的労働市場政策，失業，住宅，その他に分けて，各国の指標の特色を整理している。

一方，制度に関する国際比較では，社会保障の財源調達として社会保険方式と税移転方式を比較し，後者の税財源については，間接税（消費税）と直接税（所得税）の功罪を解説している。公的年金については，賦課方式と積立方式，給付率固定型と保険料率固定型を取り上げ，それらを比較考量している。また，個別の項目を比較することで，わが国の特徴として，高齢者向けの給付が充実

していることと，子育て支援や就労支援などの若年・実年世代への給付が過少であることを指摘している。こうした課題を踏まえて，**社会保障と税の一体改革**の必要性や全世代型の社会保障への転換について提案している。

第4章「社会保障を取り巻く環境（2）」では，社会保障に極めて強い影響を及ぼす人口動態と雇用環境の変化について，少子高齢化と非正規雇用化に着目してまとめている。まず，国立社会保障・人口問題研究所による将来人口推計について解説した後に，中位推計を例にとって，将来人口の動向を示している。多くの先進諸国が，多産多死社会から多産少死社会を経て，少産少死社会に移行していることから，2008年以降わが国の人口が減少している要因を，長寿化と出生（数）から詳しく説明している。

まず，長寿化について，これまでの死亡原因の推移を示し，併せて公衆衛生や予防医療について触れている。つぎに，少子化ないし**合計特殊出生率**の推移とその低下原因を考察している。戦後に4.30前後であった合計特殊出生率は，1975年に2.00，1989年に1.57となり，2005年には1.26まで落ち込んでいる。一国の人口を定常状態に維持する**人口置換水準**は2.07であるために，現在の1.3～1.4前後では，少子化の著しい進行に歯止めを掛けることはできないと指摘する。

わが国の少子化の原因は，①戦後の優生保護法の改定，②高度経済成長期における集団的人口移動，③女性の社会進出を通じた晩婚化・晩産化傾向，にあるとしている。これらの要因が相俟って，旧来の「イエ」制度が修正を余儀なくされ，女性が結婚や家族に縛られなくなり，また地縁や地域社会との紐帯が薄れ，出会いや結婚の機会が減少したことを示している。併せて，若年男性の非正規雇用化傾向により婚姻力が低下したことも大きいとする。結婚することになっても，夫婦共働きで生計を維持することが多いのに反して，働く女性のワーク・ライフ・バランスは取りにくく，出産に二の足を踏む状況となっている。加えて，3世帯同居世帯が減少し，核家族が増加していることから，家族・親族による子育て支援が期待できない状況もある。こうした状況に，教育費の高騰とそれに対する政府支援の欠如が拍車をかけ，少子化が一層進行して

いる。こうした一連の要因とその相互関係が詳しく説明されている。

　さらに，若年男性を中心とした非正規雇用化は，少子化の原因となるだけでなく，社会保障全体にも多大な影響を及ぼす問題点を指摘する。わが国の産業構造の変化により，第3次産業の比重が高まると，その分，非正規雇用化が進むことになる。加えて，グローバル競争の激化は，減量経営やリーン経営の徹底から，第2次産業でも非正規雇用が常態化することになる。1985年から順次改定された**労働者派遣法**もこうした傾向を助長してきた。若年労働者，とくに15歳から24歳の非正規雇用率は男性では20％，女性では6割を超えている。一方，定年後の嘱託が増えていることもあり，高齢労働者でも非正規雇用比率は上昇している。こうした傾向は，前述した少子化の要因となっているだけでなく，正規雇用者と非正規雇用者間の婚姻格差を生んでいる。また，企業にとって非正規雇用者は，社会保険料負担がないなど安価な労働力となっており，そのことが普遍的な社会保障の抜け穴にもなっている。こうした状況を踏まえて，社会保障の持続可能性のために，適用拡大の必要性を主張している。

社会保障の制度と関連政策

　第5章「生活の糧を失ったらどうなるか」では，**生活保護制度**を中心にその現状と課題を整理するとともに，その代替案や代替策について解説を加えている。まず，生活保護制度は，国が国民の生存権を最終的に保障するためのものであり，それは日本国憲法第25条にある**基本的人権**「健康で文化的な最低限度の生活を営む権利」の確保を具体化したものである。制度が国の一元的責任の下にあることから，その財源はすべて税金であり，国が4分の3，地方自治体が4分の1を分担している。

　つぎに，その給付内容と生活保護の諸原則について整理している。具体的には，生活扶助，教育扶助，住宅扶助，医療扶助，介護扶助，出産扶助，生業扶助，葬祭扶助の8種類であり，各々の給付内容を簡単に説明している。一方，生活保護の諸原則として，生活保護法に従って，**保護の無差別平等原理**，**保護の補足性原理**，**申請保護の原則**，**必要即応の原則**，**世帯単位の原則**，**基準及び**

7

程度の原則を取り上げて，それぞれの狙いとその効果について論述している。続いて，生活保護の歴史的変遷と現状について，戦後から1950年代までと1960年代以降に分けて説明が加えられる。とくに保護基準の変遷に焦点を当てて，マーケット・バスケット方式，エンゲル方式，格差縮小方式，そして水準均衡方式の用語を説明し，時代背景に適合的な各方式の考え方と具体的な給付水準について論述している。

　生活保護は国民の最低生活を保障するセーフティ・ネットであるものの，現在はその量的な拡大とともに，必要な世帯に保護の手が届いていないことや受給期間の長期化などの問題に直面している。そこで，社会保障制度を超えて，税制まで含めてその代替案を挙げて，比較考量を通じた望ましいセーフティ・ネットのあり方について解説している。具体的には，負の所得税，給付付き税額控除そしてベーシック・インカムを取り上げている。負の所得税や給付付き税額控除とは，一定の限度額を決めて，それ以上の課税所得金額に対しては，当該限度額を差し引いて実際の課税金額を決める一方，課税金額がそれに満たない場合には，限度額との差額を還元して給付する仕組みである。低所得世帯への給付と，中・高所得世帯への課税によってシンプルに所得再分配を実現するものである。こうした給付付き税額控除のメリットは，仕組みがシンプルであり事務費用を軽減できることや，行政の裁量性の働く余地が限られることから，資源配分に無駄や歪みが生じないことである。国民にとってもわかり易く，透明な仕組みといえる。そのことは同時に，他の再分配の仕組みに比較しても，低所得世帯への恩恵が明白になる利点を生む。また，現行の生活保護の仕組みでは，就労によって給付が削減される「貧困の罠」に陥ってしまう。給付付き税額控除では，働きに応じて，稼働所得と還付される給付の合計金額が増加していくことから，勤労意欲を高める労働インセンティブを与えることができる。一方のデメリットとしては，正確な所得把握が困難であれば適正な制度運営ができず，税制上の不正の温床になってしまうことである。また，こうした不正の摘発には多大の手間と費用が掛かることも指摘している。

　ベーシック・インカム（Basic Income）とは，全国民１人当たりに，最低生

活の水準を保障する一定金額を支給する仕組みである。わが国の仕組みとしては，生活保護の他にも，老齢退職期の基礎年金や失業時の雇用保険（失業等給付）などの社会保障の仕組みがある。これらを統合してセーフティ・ネットの仕組みとして一本化する構想であり，生活保護の仕組みを代替することになる。これにより，縦割り行政の非効率性を排除し，また重複給付を避けることができ，最低生活保障の制度をより効率的に仕組むことができる。現行の生活保護の問題点を克服して，就労状況や稼働所得とはかかわりなく，すべての国民に一定金額が支給されるものである。一方で，固有の課題や問題点もあるものの，欧州諸国では導入に向けた社会実験が開始されている。そのため，財源確保の見込みが立てば，わが国にベーシック・インカムを導入する道筋が開けることを指摘している。

　最後に生活保護の最近の動向と課題として，**貧困の世代間連鎖**の深刻化を挙げている。親世代の貧困が子供たちに引き継がれてしまう状況や，貧困家庭に生まれた子供たちがそこから抜け出す契機をつかめない事態が生じている。こうした状況下で，他の先進諸国と比べても，1人親世帯の貧困の連鎖が際立っている。1人親，とくに母子家庭の母親が必死に働いても，子育てとの両立ができず，非正規雇用に甘んじている場合には，貧困率が高く，かつそれが次世代にも伝搬していることを示す。こうした1人親世帯の貧困に，非正規雇用などの就労形態の問題，社会保障制度の不備，そして行政による対策の不十分さなどの要因を指摘して，その具体的な解決策について論述している。

　第6章「病気になったらどうなるか」では，わが国の**健康保険制度**を理解するために，その成り立ちや歴史的経緯を説明するところから始めている。ドイツにおいて，1883年に鉄血宰相のビスマルクの「飴と鞭」の一環として社会保険制度が導入されてから，約40年経過した第1次大戦後に，わが国でもその萌芽がみられる。第1次大戦後の急速な工業化の半面，戦後不況から失業者が増大し，労働運動も先鋭化していった。こうした事態を受け，社会不安の解消と労使関係の改善のために，1922年に労働者を対象とした職域保険としての**健康保険法**が制定された。また，第1次産業の従事者にも疾病による貧困問題が深

刻化し，その克服のために，地域保険として**国民健康保険制度**が導入された。しかしながら，導入当初から，職域保険については企業規模間格差が，後者についてはインフレーションによる財政悪化問題が指摘されてきた。こうした中で，健康保険制度の普遍性を高めるための努力が進められ，1958年に3年後の4月から全市町村に国民健康保険の実施が義務づけられ，1961年4月から国民皆保険が実現する。その後は，福祉元年と称される1973年まで日本経済は順調な発展を遂げ，その果実は福祉充実の形で国民に還元されることになる。老人医療費の無料化，被用者の家族の自己負担の引き下げ，そして**高額療養費制度**の導入などの措置が相次いだ。こうした福祉充実の過程が克明に説明されている。

　こうした流れは，1973年の第1次オイルショックと経済成長の鈍化の中で，歯止めがかけられていくと指摘している。とくに，インフレーションに応じた診療報酬の引上げで医療保険財政が悪化していく一方で，「老人病院」「病院のサロン化」など「社会的入院」が顕在化することになる。そこで，老人保健法改正により，1986年に治療余地の少ない高齢患者を社会福祉施設に移すために**老人保健施設**が創設された。併せて，医療財政の健全化のために，出来高払いの診療報酬制から入院期間に応じた逓減制の仕組みに変更した。また，入院1日当たり定額制を導入することで，老人医療費の適正化を図るなど，財政健全化の経緯を説明している。

　さらに，1983年に新たに老人保健法を制定し，**老人保健制度**を創設している。その目的は，老人医療費の無料化を止め，公費負担のほかに，各健康保険者から拠出金として新たに負担を設け，保険財政の健全化を図ることであると指摘する。翌年には健康保険法も改正され，医療費の伸びを国民所得の伸びの枠内に抑えることや，制度間財政調整を強めること，そして保険加入者の自己負担を引き上げることなどが決定された。その後は，人数，金額ともに増大する高齢者の医療制度の改革が断続することになるので，その経緯が詳細に述べられている。

　こうした歴史的経緯を整理した上で，現在の医療保険（健康保険）制度を概

序　章　社会保障を学ぶ

説している。わが国の制度の特徴として，「国民皆保険」「フリーアクセス」「現物給付方式」の 3 つを挙げ，それぞれを説明している。国民皆保険では，強制加入を前提として，健康状態や所得の多寡にかかわらずに，全国民が加入する仕組みとなっている。そのため，医療サービス受給には保険料拠出が義務付けられる半面，低所得者層へ配慮するための国庫負担が投入されることになる。

　本章の最後では，現代的な健康保険の課題が要領よく整理されている。2012年 2 月に閣議決定された社会保障と税の一体改革要綱では，地域医療計画策定と地域医療機関のネットワーク構築の必要性が謳われている。地域医療を取り巻く環境変化は急であり，加入者の多様化が進む市町村国保では財政基盤が著しく不安定化している現状がある。そこで，高額医療費の都道府県単位の共同負担や保険財政の共同安定化事業，そして格差是正のための都道府県調整交付金などが導入され，財政基盤の強化が図られていると指摘する。さらに，医療費抑制に向けた取組みとして，2016年から，国と都道府県は特定健診・保健指導の実施率および平均在院日数の目標値を含めた医療費適正化計画を策定するとしている。併せて，2015年度からはデータヘルス計画として，レセプトや健診情報のデータ分析に基づく効率的かつ効果的な保健事業を PDCA サイクルで実施している。また，特定保健診査や保健指導の実施状況に応じた後期高齢者医療制度への支援金加算制度や保険者努力支援制度などの取組みを紹介している。

　第 7 章「老後の生活はどうなるか」の冒頭では，高齢者の生活実態と家計構造が説明されている。実収入（経常収入と特別収入），可処分所得（実収入と租税・社会保険料などの非消費支出との差額），そして可処分所得と消費支出との差額としての家計黒字（ないし家計赤字）の用語が解説されている。消費支出には強制的なものや半強制的なものがあることとエンゲル係数について説明があり，また家計赤字の場合の補填方法が記述されている。

　つぎに，老後所得保障の中核である公的年金制度の種類と特徴が整理されている。その種類として，基礎年金と厚生年金・共済年金，老齢年金・障害年

II

金・遺族年金が概説され，また公的年金の諸手続きと合わせて**第3号被保険者問題**が取り上げられている。特徴としては，強制加入，実質購買力の維持，終身年金そして給付・負担構造における低所得者層への配慮などが挙げられている。そして，強制加入の理由として，政府による**パターナリズム**（父権主義）や所得階層間の所得移転の仕組みが内在されていることを示している。実質購買力の維持に関して，**物価スライド**と**賃金スライド**（賃金再評価）を説明した上で，2004年以降のマクロ経済スライドの導入理由とその経緯が解説されている。また，納付猶予制度や学生納付特例制度そして年金給付の算定について，読者の興味を引くようにわかりやすく説明されている。

　この章の最後では，公的年金の過去の改正の経緯について，3つの時代に区分して，説明している。

①1965年の1万円年金の実現や1973年の物価スライド制の導入など，年金給付額の充実期

②少子高齢化への対応の時期

- 1985年の基礎年金の導入と女性の年金権の確立
- 1994年の基礎年金部分の65歳への支給開始年齢の引き上げ
- 2000年の総報酬制の導入，報酬比例部分の乗率の5％引き下げによる給付適正化措置，報酬比例部分の65歳支給開始年齢の引き上げ

③2004年の年金構造改革をはじめとした給付抑制期

- **給付率固定型**から**保険料水準**（保険料率）**固定型**への移行
- マクロ経済スライドの導入
- 国庫負担の2分の1への引上げ

　こうした改正によって，年金制度の持続可能性が高まったことを指摘した上で，環境変化への適応のために，さらなる改革も必要としている。

　第8章「要介護になったらどうなるか」では介護保険制度が解説されている。一層の高齢化が進展する中，75歳以上の後期高齢者の割合が高まっている。後

序　章　社会保障を学ぶ

期高齢者で介護サービスを受給する割合は約2割，長寿の女性では3割を超えることになる。この章では，まず2000年に介護保険が制度導入された歴史的経緯を整理した上で，その趣旨・目的と制度概要を説明し，併せて現代的な課題について記述している。

歴史的な経緯としては，1973年に70歳以上の高齢者の窓口負担が無料化されたこともあり，長期入院患者が急増し，また「社会的入院」や「病院のサロン化」が顕在化して，老人医療費が膨張を続けていたことを示している。それは，高齢者が多く加入している国民健康保険の財政逼迫につながっていく。その後，1982年に制定され翌年から実施された老人保健法により，一部自己負担が導入され，老人医療費に係る拠出金の制度間の公平化が目指され，また治療偏重の医療からの脱却が図られた。具体策として，高齢者に対する保健医療福祉サービスの総合化が企図され，そこから1986年に老人保健施設が設けられ，1991年には老人訪問看護制度が創設された。

その後はさらに，1990年からの「高齢者保健福祉推進十カ年戦略」（ゴールドプラン），1994年からの新ゴールドプランが策定されるとともに，1996年には福祉関係八法が改正された。それにより，在宅福祉サービスが積極推進され，福祉サービス供給に係る権限の市町村への委譲が進み，そして老人保健福祉計画の策定などが義務付けられた。こうした経緯が簡潔に整理されている。

こうした環境変化にあたって，施設・在宅双方におけるサービス提供をより充実するために，要介護リスクを社会的に負担する介護保険制度が2000年に導入された。それ以前は，市町村が要介護者の身体や経済状況を勘案して，必要なサービス内容を決める措置制度が採られていた。それが，介護保険制度の導入によって，市町村を介在することなく，介護サービスの利用者が提供者と直接，契約を締結する方式に変更された。また，他の社会保険と同様に保険料のプールを作ることで，介護サービス提供の財源を確保し，事業者の新規参入を促すなどしてサービス提供者の裾野を広げることが目指された。それは結果的に，利用者の選択の幅を広げ，またサービス品質の向上につながることが期待された。

13

つぎに，介護保険の制度概要について，その対象者や給付要件，介護サービス種別，そして各サービス内容が詳細に説明されている。介護保険では，対象者を65歳以上の第1号被保険者，40から64歳までを第2号被保険者とし，各被保険者（利用者）が受けることができるサービスは異なってくる。また，該当すると思われる高齢者などは，自ら市町村の窓口で要介護認定の申請をし，市町村にある**介護審査会**がいくつかの段階を経て要介護度の判定を行っている。要介護度の認定に応じて受けることができる介護給付や介護予防給付の内容が相違することになる。こうしたサービス内容は，**ケアマネージャー**が作成する利用者ごとの**ケアプラン**によって決められる。

　要介護度認定の結果，要介護度1から5までに認定されると，介護給付のサービスを受けることができる。要支援1や2に判定されると，介護予防給付のみを受給することになる。要介護の程度とともに，それに応じた月額の上限金額や，受給可能なサービス内容が在宅と施設に分けて整理されている。また，低所得世帯に対する保険料の減免措置や自己負担部分が高額になった際の補助など，公的保険ならではの救済の工夫も示されている。加えて，介護保険サービスの裏付けとなる財源について，保険料の設定方式や，医療保険と合わせて徴収される保険料の納付方法についてもわかり易く解説している。

　さて，現在2025年を目途に，**地域包括ケアシステム構想**が具体化している。構想では，日常生活圏域の中で，在宅医療，介護，予防，そして日常生活支援を一体化することが目指されている。また，2015年4月から介護予防・日常生活支援総合事業が動き出している。これは従来まで，要介護者以外を対象として各地域で独自に実施されていた地域支援事業に，介護予防訪問介護や通所介護の対象者を取り込み多様なサービスを展開しながら，より一体的な支援を目的とする取組みである。ただし，こうした事業には，地方自治体間のサービス格差を広げることへの懸念もある。このようにして，地域包括ケアシステム構想のもとでの予防介護のあり方やその問題点が整理されている。

　本章の最後では，2つの**介護離職問題**を取り上げている。1つは介護サービスの提供者その他の介護従事者による離職問題であり，他方は家族介護者の就

労からの離脱，つまり介護離職問題である。これらの介護離職問題に対して一定の解決策を示すことで，施設介護の充実と「就労と介護」の両立による望ましい高齢者介護のあり方を提示している。

第9章「仕事でケガをしたら，仕事を失ったらどうなるか」では，冒頭において労働保険の諸給付について定義がなされ，その後，具体的な失業等給付，基本手当の受給方法や受給実態が整理されている。つぎに，わが国の雇用保険の歴史が詳細に記述されている。1949年に失業手当法が制定されたが，制度が現在の形に整備されたのは，1975年に失業等給付と雇用調整給付金の仕組みが導入されてからである。また雇用改善事業・能力開発事業・雇用福祉事業からなる雇用3事業も雇用保険に位置付けられた。その後の1984年に，当時の労働市場構造改革に合わせた大きな改正が実施された。その内容を以下のように整理している。

①基本手当の所定給付日数を従来の年齢基準から，年齢と勤続年数（保険料拠出期間）の組合せに基づくやり方に変更
②高齢者の就業促進のために，65歳以降も継続的に雇用されている被保険者に一時金の**高年齢求職者給付金**を支給
③給付算定基礎から賞与などの臨時収入を除外
④基本手当の支給期間を一定以上残して就職した者に再就職手当制度を導入

併せて，1989年には，パート・アルバイトなどの短時間労働の被保険者にも受給資格を付与し，1994年には女性就労の促進のために育児休業中の保険料負担を免除することとした。さらに，高年齢雇用継続給付と育児休業給付を設けている。高年齢雇用継続給付は一時金支給（高年齢求職者給付金）を継続化したものであり，60歳代前半での60歳からの賃金低下をリスクととらえることで，低下分の一定割合を保証する目的をもつ。育児休業給付は女性就労をさらに促進する目的を有している。育児休業により将来的なキャリア喪失の危険性もあり，それに対する一定の補償を行うために，養育している子供が1歳に達する

まで，休業前 6 カ月の平均賃金の25％を給付する。その後この育児休業給付は1998年に40％，2014年に67％まで引き上げられている。

2008年にはサブプライム問題からリーマンショックが勃発し，派遣切りなどの非正規雇用者の雇止めが横行した。こうした事態を受けて，2009年に緊急人材育成支援事業を起こし，いくつかの対応策を講じたことを論述している。そこでの緊急的な求職者支援訓練の実施は，雇用保険の対象でない非正規雇用者に向けた施策である。訓練期間中の生活保障のために，職業訓練受講給付金を支給するとともに，その間の生活費の貸付けを求職者支援資金融資として手当てしたことを説明している。

つぎに，雇用保険のもう 1 つの大きな柱である労働者災害補償制度について解説する。労災事故の認定や制度の内容が概説された後に，その歴史的変遷が整理されている。1947年に労働基準法が制定され，また労働者災害補償保険法も立法化されている。1960年には長期療養者や重度障害に落ち至った者に対する長期補償のために，給付の年金化が行われた。1967年には，労災者に対する社会復帰支援として，リハビリテーション事業が導入されている。こうした補償内容は，職場環境の改善や労災者の家族支援にまで広げられることになる。1972年に職場環境の改善を目的として労働安全衛生法が定められ，1976年には労災者の保育・子育て支援策として，労働福祉事業が制定されている。1978年には，保健指導による予防措置や職場環境の改善が強化され，1995年には介護補償給付も創設されている。

近年では，労働災害の中でもストレスやうつ病などの精神疾患が大きな課題となっている。そこで，1999年と2011年には，精神障害者の労災認定基準が示された。また2014年には労働安全衛生法が一部改正され，ストレスチェックを義務化するなどメンタルヘルスの予防措置が強化されたとしている。

第10章「地域でともに生きるためにどうするか」では，地域福祉のあり方を規定する社会福祉法を概説した上で，中核的役割を果たす**社会福祉協議会**を取り上げて，その歴史的発展の経緯と地域福祉に果たす役割の変遷を記述している。具体的には，ボランティアの受付窓口，いきいきサロンの運営や高齢者の

見守り活動などが挙げられている。

つぎに，現在進行中の地域包括ケアシステムについて，介護予防や生活支援などの視点から掘り下げ，その現状と課題を整理している。その中で，地域住民の意識改革やボランティアの参加率の向上などを重要課題としている。加えて，社会問題である高齢者の地域社会での孤立の背景には，十分な住宅供給が保証されていない点があることを指摘して，その多面的な解決策を模索している。ソフト面でも，高齢者の生活支援を充実させるために，地域包括支援センターの総合相談窓口の機能拡充が不可避であるとしている。

その上で，高齢者をはじめとした地域での社会的孤立の背景のうち，家族や地域コミュニティの相互扶助の役割が縮小している点をとくに問題視する。具体的な数値を挙げながら，3世代同居から核家族化へ，そして現在は単身世帯が急増している現状を示す。そこで，先進的な自治体の取組みを交えながら，国・自治体と民間福祉団体・ボランティア団体の連携強化とそのための人材育成策を提案している。

愛知県の高浜市では，市職員がアウトリーチ活動を活発化させており，地域の協議会で論議される様々な課題を市役所につなぐ仕事に従事して官民の連携を強めている。こうした活動が，市職員が積極的に地域社会に溶け込む契機となることを指摘している。静岡県の事例では，社会的孤立を回避するために，「居場所づくり」が各地で隆盛であり，そのために理論と実践を一体化したプログラムが組まれていることを示している。行政関係者や学識経験者による座学に加えて，プログラム参加者に現場を体験してもらうことで人材養成の研修を実施している。またプログラム参加者が，一定の研修期間後に講師として登壇するなど，人材育成の好循環が生まれている。これらの事例を通じて，地域社会・コミュニティの結び付き，紐帯を強めるための官と民の連携のあり方を学ぶことができる。

社会保障の新たな課題

第11章「子供の社会保障制度の現状と課題」では，主に，待機児童問題，子

供の貧困問題，そして児童虐待問題を取り上げている。まず，待機児童問題に関連して，2008年から2016年までの間に，保育園数とその定員も増えていることを確認している。一方で，保育士不足は深刻化しており，その背景には①現役の保育士については残業や持ち帰り仕事が多く，また園児の事故などのリスク管理や責任問題があること，②同時に，潜在的保育士は多いにもかかわらず，その掘り起しが不十分であること，を指摘している。また，需給バランスの不一致にも地域間格差があることを問題視している。こうした問題点を踏まえて，保育士の人材育成策として，就業継続支援，再就職支援，そして処遇を含めた職場環境の改善の必要性を述べている。

つぎに子供の貧困について，その背景と貧困の連鎖の問題が整理されている。政府の対応策として，児童手当，児童扶養手当，特別児童扶養手当，障害児福祉手当，児童育成手当そして1人親世帯に対する住宅手当を挙げて，説明を加えている。児童手当は所得制限が緩やかなこともあり，子育て世帯を広く支援するものである。これに対して，児童扶養手当には，本人所得と同居の扶養義務者について所得上限があり，一方でも超えていれば支給されないために，低所得世帯への選別的な給付となっている。同様に，特別児童扶養手当は精神発達障害などを患う20歳未満の児童が中心であるものの所得制限がある。これに対して，障害児福祉手当は障害児を対象とした選別的な給付である。こうした国の制度に加えて，都道府県は児童育成手当を，市町村は1人親世帯に対する住宅手当を独自に支給していることを説明している。

児童虐待問題は，21世紀に入りその相談件数が急増しており，喫緊の課題となっている。この問題を類型化するとともに，虐待の連鎖や発育・発達そして情緒への影響を詳述している。その対応策を2000年に刊行された「健やか親子21 検討会報告書」をもとにして，医療機関や地域保健所との連携による早期発見と再発防止，また児童相談所や警察，そして関連する民間NPO機関との連携が必要であることを論述している。また，地域子育て支援拠点を整備することや，育児支援家庭訪問事業の実施，そして子どもを守る地域ネットワークの構築についても言及している。

序　章　社会保障を学ぶ

　本章の最後では，少子化の原因として，出産・育児の明示的な費用と暗黙の機会費用の増加を挙げて，後者の機会費用の軽減策を論述している。とくに，**ワーク・ライフ・バランス**の確保を目指した，就労を継続しながら育児ができる環境整備について記載している。こうした環境整備のために，**育児休業法**が制定され，それが雇用や家族の状況変化に合わせて改正されてきた経緯を説明している。1975年には主に公務員を対象に育児休業法が制定されたが，その後の1991年に「1歳未満の子供を養育する全労働者」を対象に改定された。さらに，1995年に育児中の生活費保障のために雇用保険に育児休業給付が導入され，また1999年には介護休業も対象に加えられた経緯を説明している。2004年の改正では，一定の条件付きながら，期間労働者・非正規雇用者にも育児休業取得の途が開かれ，翌年には育児休業給付も認められた。さらに，男性の育児休業取得と家事・育児への参加を促すことが定められたとしている。

（石田成則）

第Ⅰ部

社会保障の概論

第1章
社会保障制度のこれまでとこれから

本章のねらい

　これから諸君が学んでいく社会保障制度の多くは，ヨーロッパが主な起源である。牧歌的な制度や素朴な制度の萌芽は，当然，世界各国に見られるが，国民国家や民主主義を背景とした社会保障制度は基本的にヨーロッパから始まった。この章では，救貧法から社会保険の発生，第2次大戦後の福祉国家の成立，オイルショック後の経済の停滞と新自由主義の台頭，そして，福祉国家の危機と福祉の見直しを経て，なお必要とされる社会保障制度の姿を概観していく。

1　社会保障制度前史

初期の社会保障

　社会保障の始まりは英国の救貧政策であるとされている。16世紀，英国では羊の放牧のために農地を追われた農民（第1次囲い込み）が都市に流入した。流入した農民のある者は浮浪者となって盗みを働くなど，社会問題となっていた。1531年，ヘンリー8世は王令によって貧民を，病気等のために働けない者（労働不能貧民と呼んだ）と怠惰ゆえに働かない者（労働可能貧民）に分類する。こうした貧困者を分類して救済策を打ち立てる方法は，ヴァイヴスの方法が有名である（白沢 1973）。そして，前者には物乞いの許可をくだし，後者には鞭打ちの刑を加えていった。ただし，この原因は部分的にしか合っておらず，実際には囲い込みによる離農者の都市流入は少なく，農業技術の革新による人口増加が都市流入の主原因であったと言われている（常行 1990）。

23

第Ⅰ部　社会保障の概論

　1536年，この王令は成文法化され，これが後の**救貧法**の端緒となった。まだ貧困の原因を探ろうという考えのない時代，こうした「貧困は怠惰の結果」とされていたのである（宗教改革後，プロテスタントでは貧しいことは怠惰ゆえであり，神に見放されたことを表すという見方をしていたことの影響は大きかったのである）。その後，とくに労働可能貧民への扱いは批判にさらされ，1572年には労働可能貧民への鞭打ちなどを禁じることになった。また，各教区（教区とは，イギリス国教会の各教会の受け持ち区域のこと）で「パリッシュ」（Parish）や都市に「救貧監督官」（Registers of the Poor）をおくなどの制度改正があった。救貧監督官とは貧民の数を把握し，所轄地域から救貧税を徴収する者のことである。この制度改正によって，それまで自発的に寄付されていた救貧費用は強制徴発のかたちをとるようになったのである。また，都市・教区によっては救貧税を支払った者に選挙権が付与された。さらにブライドウェル（ブライドウェル宮殿を転用してロンドンに作られたのが最初で，矯正院のことを言う）という強制労働の場を作ったり，親のいない子どもを徒弟に出したりといった制度も追加されたのであった。

救貧法の成立および改定

　1601年，それまでの様々な救貧政策の集大成として救貧法（時の女王の名を冠してエリザベス救貧法と呼ばれる）の改正が行われた。これは1597年に成立したAct for the Relief of the Poor（貧民を救済する法律）の改正で，この改正が18世紀中頃までの救貧政策を形成することになったのである（柏野 1997）。エリザベス救貧法では救貧行政を国家単位で実施した。救貧の事業自体は，教区役員の手に委ねられており，中世以来の教区教会を中心とした庶民生活に密着したものでもあった（柏野 1997）。しかし，ヘンリー8世を端緒とする救貧政策では各地の裁量に委ねられていたという違いがあった。ただし，このエリザベス救貧法も，貧民，とくに労働可能貧民の犯罪を防ぐという**社会防衛的色彩**が強いという限界があったと言われている。

　18世紀後半から19世紀前半には産業革命と農業革命が起こり，都市の人口が

第 1 章　社会保障制度のこれまでとこれから

爆発的に増加した。産業革命とは，綿工業における機械の発明（生産技術の革新）および蒸気機関の出現とそれに伴う石炭の利用（エネルギーの変革）のことである。産業革命による産業経済の発展は労働者の需要を高め，結果として都市人口を増加させた。また，都市人口への食糧供給のために，農村部でも穀物増産にせまられたのである。この穀物増産要請によってもたらされたのが農業革命であった。産業革命に伴う人口の増加に加えてナポレオン戦争のために食糧需要が増大し，穀物価格が上昇することになったのである。これを受けて地主・農業資本家が小生産者の開放農地（共同耕地）を囲い込み，土地を独占し，資本主義的農業経営を行おうとした（第 2 次囲い込み）。この結果，イギリスの農業は，広大な土地を所有する地主が，農業資本家に土地を貸与し，資本家は農業労働者を雇用するという資本主義的農業経営が一般化したと言われている。農業技術の方も，それまでの伝統的な三圃制農業に代わって，ノーフォーク農法と呼ばれる，四圃制農業（かぶ，大麦，クローバー，小麦を輪作する輪作法）が行われるようになり，穀物生産が増大し，産業革命による人口増加を支えることが可能となった。こうした農業経営の資本主義化と農業技術の変革を併せて農業革命と呼ぶ。

　こうした社会・経済の変化によって，救貧はますます重要，かつ大規模になったため，単一の教区では対応できず，いくつかの教区が連携して対応する教区連合体制ができた。また，救貧法にはスピーナムランド制度（わが国の現行の生活保護的な給付で，賃金の不足分を国が補填し，最低生活を保障するものであった）の導入という制度改正がなされた。スピーナムランド制度は，土地保有税を財源としたため，土地への課税によって地主階級が没落していった。こうした最低賃金制度に対して T. R. マルサス（T. R. Malthus, 1766-1834）は，労働者の勤労意欲を阻害し，安易な生活に流れた労働者が子供を産めば人口増につながり経済を圧迫する恐れがあるとして批判した。また，D. リカード（David Ricardo, 1772-1823）は貧困者への公的扶助を貧困者以外から取ることは，その人々の可処分所得を減らし，併せて勤労意欲も減退させてしまい，ひいては経済成長を妨げるとして批判した。

25

第Ⅰ部　社会保障の概論

　1834年に救貧法は改正された（1948年まで旧救貧法は存在した）。新救貧法では，まず，スピーナムランド制が廃止された。また，ワークハウス以外での勤労者の救済を厳しく制限（院外救済の禁止）し，働くことのできる者には働くことを強制し，それを拒否した場合は厳罰で臨むことになったのである。救済は地方の教区ごとの救貧対策を改め，恒久的な中央救貧行政局を設置（中央政府による監督）し，救済される貧困者の生活状態は労働者の最低生活以下（劣等処遇の原則）にされた。

2　工場法の成立と労働組合運動の開始

ブルジョワジーの社会保障

　時代を少し戻す。18世紀後半に産業革命が起こったことは既に述べた。産業革命は，資本家を作り出し貧富の格差は拡大していった。こうした生産手段を所有する資本家が，労働者を雇用して商品を生産し利益を追求する経済体制を資本主義（社会）と呼んだのである。資本主義社会の初期には圧倒的に資本家が有利であった。なぜなら，労働者の権利を保護する観点（最低賃金制度や法定労働時間）も具体的な法律も存在しなかったからである。労働者は過酷な労働条件でも受け入れざるを得なかった。資本家は，次第に低賃金でも従順に労働する女性や子どもを雇用することを増やし，悲惨な労働実態が工業都市で蔓延していった。労働者の劣悪な環境は次第に社会問題化し，また，資本家側も良質な労働力を確保するという観点から保護立法を是認することになったのである。こうして，労働環境を改善する法整備が開始されていった。

　1802年にとくに児童保護の観点から，最初の**工場法**（徒弟の健康と道徳に関する法律，繊維工場の幼年工の労働時間を12時間に制限）ができる。その後も工場法は度々改正され，例えば1819年には児童・年少者の労働時間の制限を加える紡績工場法（9歳以下の労働の禁止と16歳以下の少年工の労働時間を12時間に制限）が公布された。この紡績工場法の成立には，後述する R. オーウェン（Robert Owen, 1771-1858）が尽力した。

26

第 1 章　社会保障制度のこれまでとこれから

表 1 - 1　工場法の改正

1844年改正	女性労働者の労働時間を18歳未満の労働者（若年労働者）なみに制限
1847年改正	若年労働者と女性労働者の労働時間を 1 日あたり最高10時間に制限
1867年改正	繊維産業のみならず，50人以上の工場全般が対象となる
1874年改正	週56時間労働制の実施（平日＝月曜から金曜まで 1 日10時間まで，土曜は 6 時間まで）

（出典）　矢邊（1986）より筆者作成。

　工場法の問題点は，特定の業種に限られていたこと，法令の監督機関が定められていなかった等，その内容は不十分であったことである。しかし，時代を経るに従って，労働者の要求は高まり，またシャフツベリーなどの工場主の立場からも普遍的・実効的な労働者保護立法の必要を主張する人々の運動が盛んになっていった。いくつかの高校の教科書では1833年に「一般工場法」ができたとあるが，これは正確ではなかった。1833年法では12時間労働， 9 歳未満の労働禁止，13歳未満の児童労働は週48時間， 1 日最高 9 時間労働，18歳未満の夜業禁止，工場監督官・工場医の設置などが定められたが，あくまで繊維産業に限られていたのだ。工場法の適用がその他の業種にまで拡大するのは1867年のことであった（表 1 - 1 ）。

　工場法の進展には何人かの篤志家が関与したが，中でも特筆すべきは R. オーウェンだ。北野（1927）によれば，オーウェンの父は馬具職を営みながら郵便局長も兼ねるほどの町の実力者であった。オーウェン自身は"早熟"であり，10歳足らずで当時の劣悪な労働状況に疑問を感じる少年であった。青年になると産業革命下のマンチェスターで紡績工場の経営に参加し，また，「マンチェスター文学哲学協会」の一員となっていた。この時の経験が，後に空想的社会主義者と呼ばれる思想的な背景となったようである。その後，スコットランド北部のラナークにおいて紡績業を興し，先進的な技術の導入と労働条件の緩和による生産性の向上によって，綿業王と呼ばれた。当初，資本家と労働者が共同する革新的な工場経営を目指したが，法律と教育によって労働者の生活改善

27

第Ⅰ部　社会保障の概論

を図るという考え方に変わり，遂には労働者が主体となる労働運動や協同組合運動に傾倒していった。後にアメリカでニューハーモニー協同村，オアビストン協同村の開設をした直接の原因は，当時の宗教的対立がオーウェンをラナークから追いやったことである。この協同村の開設は資本家の善意によって成り立つもので，当然に失敗し，これを以てオーウェンは空想的社会主義者とマルクスらに批判された。工場法に関しては，1819年の紡績工場法（木綿工場法）の制定に尽力し，9歳以下の労働の禁止と16歳以下の少年工の労働時間を12時間に制限させた。

COS とセツルメント運動，貧困観の変容

　19世紀はじめにオーウェンらの活動もあって，いまだ一般的な見解ではなかったが，貧しさは個人のせいではなく社会の問題だという認識が広がり始め，隣の友人を救おうというチャリティー活動が起きたのが19世紀半ば過ぎであった。1869年にロンドンにチャリティーオーガニゼーションソサエティー（慈善組織協会：以下，COS）ができたのである。このころ，貧困者救済活動は篤志家が好き勝手に行っていて濫給や漏給が多く見られ，批判が高まっていた。無計画に乱立した慈善活動を改善するため，COS がロンドンに設立されたのであった。COS は C. ロックの指導のもと，最初から，**無差別な施しと慈善活動の乱立の弊害**を防止するため，①救済の適正化（救済の重複を避けるため登録制度の実施），②慈善団体の連絡と調整・協力と組織化を目的とした。また，③貧民への個別訪問指導活動である「友愛訪問」も行ったのであった。しかし，COS は援助対象の貧民を「救済に値する貧民（好ましい人物）」と「救済に値しない貧民（好ましくない人物）」に選別・分類し（選別主義の採用），前者のみを慈善事業の対象としたのである。

　また，「セツルメント運動」（Settlement Movement）は，1880年代のイギリスの中産階級の人たちが，都市の貧困地域（スラム）に移り住み，労働者階級，とりわけ貧困に苦しむ人々に対して直接触れ，生活を共にすることによって生活状態を改善する架橋的運動として始まった。上述した工場監督官を設置した

本格的な工場法の確立後，労働者は成年男子の選挙権などを求めたチャーチスト運動を展開していった。そして，その過程で広まった民主思想・運動から段々と労働者教育を社会改良的手段による改革への志向が生み出されてきたのである。このような運動の背景にセツルメントは，中産階級の人々が個人的な接触による友人関係の形成を通じて，労働者階級に教育の機会を提供することで労働者が自発的に自己の文化を創造するとともに，失業や差別や社会的不平等のない社会制度の実現を目指す社会改良運動の一形態として生成，発展した。トインビーホール（Toynbee hall）は初期のセツルメント運動の中で，「セツルメントの母」と呼ばれている。トインビーホールは1884年にサミュエル・バーネット（Samuel Barnett, 1844-1913）によってロンドン・イースンネンドに設立された。サミュエル・バーネットは牧師で，学生や大学人，教会関係者と協力して，労働者教育，レクリエーション，文化活動，貧困調査，対策の要求運動などの取り組みを行った。

　こうした努力により，貧困が教育によって改善するということは次第に認知されていった。それまでの一般的な見解である飲酒・怠惰・浪費などの個人的責任によって貧困が発生するのではなく，失業・低賃金・疾病など社会構造から発生するということを解明した2つの調査があった。まず，チャールズ・ブース（Charles Booth, 1840～1914）は，1886～1902年の間に，3回にわたってロンドンの労働者階級を中心にすえた貧困調査の実施と，その結果を「ロンドン民衆の生活と労働」（1902～1903）としてまとめた。報告書の主な内容は，

①全人口の約3分の1（30.7％）が貧困線以下の生活を送っている。
②貧困の原因は飲酒・浪費等の「習慣の問題」ではなく，賃金などの「雇用の問題」に起因し，とくに前者が大きく作用している。
③貧困と密住は相関する。

というものであった。
　また，シーボーム・ロウントリー（B. S. Rowntree, 1871-1954）は，ブースの

第Ⅰ部　社会保障の概論

ロンドン調査に影響を受けたが貧困線の概念をより具体化し，ロンドンからみて北東部のヨーク市調査を1899年に行っている。ロウントリーはまず貧乏生活している家庭を2種に分類した。その2種とは「第1次貧乏」と「第2次貧乏」と呼ばれる概念である。前者は「その収入がいかに賢明にかつ注意深く消費されても単なる肉体的能率（健康や労働力を意味する）を維持するのに必要な最小限度にも満たない生活水準」のことである（食うに困る生活水準のことである）。後者は，第1次貧乏と同様に貧困の打撃を受けている世帯ではあるが「その収入の一部を，飲酒とか賭博など他の支出に向けない限り，単なる肉体的な能力を維持することのできる生活水準」であるとしていた。調査の結果，31.1％が貧困者であることが分かったのである。同時に，年齢グループによって貧困割合が異なることに注目した。ここから彼は，「特別な熟練をもたない労働者の場合，失業しなくとも人生で3回貧困に陥る危険がある」という，貧困と労働者のライフモデルを発見した。人生における3回の貧困の危険とは，1回目は幼少期，2回目は子育て期，3回目は退職期のことである。幼少期は親の責任であるから別として，子育て期と退職期は自分の責任と考えられてきた。しかし，貧困は社会・経済状況に大きく左右されるということが調査によって明らかになったのである。このようにして，貧困が別世界のものというのではなく，多くの労働者が陥る可能性があるものとして認識されるようになっていった。

3　社会保障制度の成立

社会保険の成立

　19世紀前半のドイツ連邦（35の主権国家，4つの自由都市からなる連合国家）は各邦国が主権国家として独自の政治と経済政策を持ち，相互に関税を掛け合うなど，統一的な経済圏として発展する基盤に欠けていた。そのため，産業が発達せずに工業化も遅れ，イギリス工業製品を一方的に輸入し，輸出は依然として小麦などの農作物であるという状態が続いていた。連邦の中でオーストリア

第 1 章　社会保障制度のこれまでとこれから

表 1 - 2　ドイツ社会保険制度の成立期の年表

1871年	急速な経済発展と労働者の都市集中，生活・労働条件の劣悪化による社会主義運動の高揚
1878年	社会主義者取締法
1883年	疾病保険法制定（疾病金庫設置）
1885年	工場労働者災害保険法施行
1889年	老齢・疾病保険法制定
1927年	失業保険法制定

（出典）　小梛（2004）より筆者作成。

　と主導権を争っていたプロイセン王国は，1834年にドイツ関税同盟を結成して，同盟国間の関税の廃止，自由通商に踏み切り，ようやく工業化の端緒をつかんだのである。それによって，1840年代にラインラントを中心に工業化が進み，ドイツの産業革命が始まったのである。鉄道も1835年に始まり，40年代に急速に普及した。その結果，鉄鋼・石炭の需要が急増し，同時に工業の中心地が東部のシュレジェンから西部のラインラント，ルールやザールに移ったのである。
　ドイツの産業革命の特色は最初から製鉄，機械などの重工業に力を入れ，また鉄道や道路建設を私企業ではなく国家的事業として推進したことである（綿織物などの軽工業は既に高度な工業化を遂げていたイギリスと競争にはならなかった）。つまり，ドイツは軽工業化という第 1 次産業革命を経ることなく，重工業部門を中心とした第 2 次産業革命から始まったのであった。このような国家的な工業化路線は，ドイツ連邦の分裂した政治体制のもとでは困難であったので，プロイセンを中心としたドイツ国家の統一をも促すことになったのである。プロイセンの優位が確立したのは1866年の普墺戦争で，さらにビスマルクのもとで軍国主義路線が明確になった。ビスマルクはフランスを普仏戦争に巻き込んで，アルザス・ロレーヌの工業地帯・資源を獲得し，ドイツ重工業の基盤を拡充していった。
　1881年11月17日ウィルヘルム 1 世はいわゆる社会政策に関する詔勅（カイザー詔勅）において 3 種類の社会保険の導入を予告し，1883年ビスマルク政権のもと世界で初めての社会保険立法である疾病保険法が成立した。これは工業，

31

第Ⅰ部　社会保障の概論

手工業，商業，内水航行船，特定のサービス業に働く一定所得以下の労働者を強制加入させ，労働者3分の2，事業主3分の1の割合で分担される賃金の最高6％までの拠出金（保険料）によって賄われるものであった。労働者の病気や怪我に対して13週間にかぎり治療費を支給し，賃金をもらえない間は傷病手当金を支給した（ドイツでも相互扶助を行う共済組合があって1854年には鉱山で強制的に加入させられていたので，この鉱山の制度を一般の労働者に広め，使用者にも保険料を負担させたのは疾病保険法が最初である）。

　1885年には工場労働者災害保険法が施行された。13週間たっても傷病が治らないとき，業務上の災害に限って，費用の全額を雇い主が負担して医療費や年金を支給するものであった。無過失賠償責任の原則は既に認められ，雇い主側で，その災害が労働者の故意または重大な過失に基づくものであることを立証できないときは賠償の責任はすべて雇い主にあることが法律に決められていたのである。ビスマルクは業種別に雇い主の団体を作らせ保険の形式で賠償する方式をとった。

　1889年には老齢・疾病保険法（1891年施行）が制定され，70歳以上の高齢者や障害者に対する年金支給が成されることになった。ちなみにドイツでは，当初の計画では65歳が支給開始年齢であったのが，この時，ビスマルクが既に65歳であったため，70歳を支給開始年齢として始まったのである。そして，ビスマルクが亡くなってから数年がたった1916年，65歳に支給開始年齢を戻したという話が残っている（http://www.ssa.gov/history/ottob.html）。老齢年金の支給開始年齢決定に関して「テキトウ」な感じがするのは，老齢・廃失（障害）年金（1889年成立，1891年施行）の大きな役割が障害年金の部分であったことによると言われている（小椰 2004：195-196）。

　では，なぜ，ドイツで社会保険制度が導入されたのであろうか。上述したように，ドイツは急速な工業化を遂げる中，労働強化が行われていた。それに対して，労働者は1875年ドイツ社会主義労働党を結成（1890年，社会民主党）し，待遇改善を要求したのである。こうした社会主義運動は工業化の阻害要因になると考えた政府は，社会主義運動を弾圧する代わりに，社会保険制度を導入す

32

ると言う手段を取ったのである（飴と鞭の政策であったと言われている）。社会保険制度は，事業主の負担と併せて被保険者（労働者等）自ら保険料を負担（拠出）することにより，給付の権利を獲得できるため市場に整合的と考えられたのであった。ここが，それまでの救貧法を支える思想的背景と異なる所である。今風に言えば，事後に「上から目線」で給付を実施していたのが救貧政策で，社会保険制度は被保険者・労働者が対等な関係となる制度なのである。

　ドイツの社会保険制度の導入は，国際社会に大きな影響を与えた。後述する英国の国民保険法は，当時の首相であったロイド・ジョージ（David Lloyd George, 1863-1945）が，自らドイツに赴いて調査した結果として制定されたものであった。20世紀初めのイギリスでは，貧困が広がり，労働運動も高まる中，貧困は個人の責任というより社会的・経済的な要因によって引き起こされるとの認識が影響力を持つようになり，リベラル・リフォームと呼ばれる社会改革（老齢年金法，職業紹介法，国民保険法などの制定）が行われた。

ナショナル・ミニマム論とリベラル・リフォーム

　イギリスでは1834年の新救貧法の改正論議が高まり，1905年に救貧法に関する王立委員会が設置された。「新救貧法」のもとで，「劣等処遇の原則」「院外救済の禁止」に代表されるように，労働可能貧民への公的救済は禁止され，労働市場への自助の原則が確立した。「院外救済の禁止」とは貧困者への福祉援助を行う際に，ワークハウスへの入所を条件とする救済抑止策のことであり，新救貧法の厳格な貧困対策の最大の特徴だった。ヴィクトリア期の好況によって貧困問題は相対的に重要性を失っていたのだが，1873年に始まる大不況のもとで貧困問題が一挙に再燃したのであった。

　1905年に保守党内閣（イギリス）が設置した委員会が1909年に出した報告書は「救貧法に関する王立委員会」と題されている。委員会は新救貧法による救済委員会，教区連合，一般混合の労役場（ワークハウス），劣等処遇等の弊害を変更する必要性では一致した。しかし改正方法では，救貧法の枠内での改良を主張する多数派——ボザンケたちは伝統的な救貧法を支持し，個人主義的な貧

第Ⅰ部　社会保障の概論

困認識を有していた——と救貧法の解体をめざす少数派——ウエッブたちは貧困原因の多様性に着目し，「教育」「医療」「精神障害」「老齢・年金」という原因別の専門的対応を勧告し，貧困の「予防」というウエッブの基本姿勢を表している——が鋭く対立した。報告では両論が併記されたため，当時の政治状況ともあいまって具体的改正に結実しなかったのである。

シドニー・ウエッブ（S. J. Webb, 1859-1947）は，国家がすべての国民に最低限の生活を保障すべきというナショナル・ミニマム論を最初に提唱したとされている。ウエッブによれば，ナショナル・ミニマムとは，最低賃金などの所得保障にとどまらず，最低限の教育，衛生，余暇を含むもので，雇用条件，衛生的環境と医療サービス，余暇とレクリエーション，教育の分野で，国や自治体が，ナショナル・ミニマムを維持する必要があると主張した。その後，「ベヴァリッジ報告」（1942年）に「最低生活費保障原理」として取り入れられ，イギリスの福祉国家の基本理念となっている。

1911年にビスマルクの社会政策で実施した社会保険制度をもとに，健康保険と失業保険を含む社会保険を実現させたのが，イギリスの自由党のアスキス内閣で大蔵大臣を務めたロイド・ジョージである。彼はドイツに視察に赴き，その後，健康保険と失業保険を含む社会保険を実現させた。健康保険の掛け金は，被用者と雇い主および国家が4対3対3で負担し，被用者は病気の際に無料で医療を受けられることとなった。失業保険も同様に三者の拠出でまかなわれ，失業中も一定期間は給付がなされることとなった国民保険法の成立は，イギリス社会保障制度の大きな前進と言える。

第1次世界大戦後，イギリス経済は後退をはじめ，失業者を徐々に増大させ，救貧法では対応しきれなくなった。1929年，救貧法の実務を担当する保護委員会の制度が廃止となり，実質的に救貧法は終わりを告げ，代わって失業保険の役割が増大する。しかし1930年代も高失業率は続き，失業保険制度をどうするかが国民的な課題となった。その間，失業の原因や対策を考えることが経済学の主要な研究テーマとなり，ケインズは従来の自由主義経済を批判して，有効需要を創出するというマクロ経済学が生み出されたのである。

4 福祉国家の成立

　国民に生存権を保障し，平等に福祉を分配する国家のことを福祉国家と言う。その意味で言えば，救貧法を施行した17世紀の絶対主義期のイギリスも**福祉国家**と言えるのである。しかし，近代的な意味での福祉国家は，上述したように貧困観の訂正が行われた後，19世紀末ころから現れたのである。本書では触れないが，オイルショック以後の社会保障政策が各国で一様でなかったことから，福祉国家の多様性が意識されるようになった。とくにイエスタ・エスピン＝アンデルセン（Gøsta Esping-Andersen, 1947-）が福祉レジーム論を提起し，社会保障政策の特徴を，グローバル化への対応の多様性，政治的イニシアティブや経済レジームとの連関で論じている。

　世界ではじめて社会保障（Social Security）という言葉をつかったのはアメリカの社会保障法で，最初は経済保障法と呼ばれていた。1933年にルーズベルト大統領（民主党）が誕生し，経済不況（1929年の株価大暴落を切っ掛けとした）と大量失業を克服するために経済保障委員会を組織しその答申としてできたのが経済保障法であった。ルーズベルト大統領は1933年3月21日に教書を出し，その中で連邦政府による貧困対策の骨子を明らかにした。それによれば，貧困対策は次の2つから成っていたのであった。即ち，

①失業者に仕事を与えるために，公共事業を起こすこと。公共事業のタイプは2つに分かれていて，ただちに着手できる小規模の公共事業と大量の労働力を必要とする大規模な公共事業が想定されていた。
②生活困難な者に当座の生活費を与えるため，州の救済事業に補助金を交付すること。

要するに，公共事業，公的扶助の政策を採るというものであった。そして，この教書を基に，ニューディール政策が実施された。

第Ⅰ部　社会保障の概論

― *Column* ① 　福祉国家の反対語は何か ―

　福祉国家の反対語は何だろうか。答えは夜警国家という。夜警国家は社会主
義者であったラッサール（Ferdinand Johann Gottlieb Lassalle, 1825-1964）
が命名した。国家は国防，国内の治安維持，そして個人の私有財産を守るとい
う必要最小限の任務だけを行い，その他は自由放任にせよと主張する自由主義
国家観的な国家観のことをいう。1920年代後半に世界恐慌が来るまで，この自
由主義的な国家観がもてはやされたが，自主自立を憲法に謳うアメリカでさえ，
失業対策に追われ，公共事業を掘り起こす結果になったことは本文で触れた通
りである。

　しかし，1970年代後半から，こうした自由放任主義的経済政策の考え方は新
古典派経済学者たちによって再び支持され，規制緩和と民間活力の増強をめざ
すレーガノミックスやイギリスのサッチャー政権などにも大きな影響を与えた。
また，わが国の規制と保護を撤廃し「民間にできることは民間にまかせる」と
いう行政改革の基本姿勢にもこうした考え方がある。

　ニューディール政策では，全国産業復興法（以下，NIRA）を作り，企業に生
産調整を要求し，そのためカルテルといわれる企業連合を形成させた。企業に
生産調整をさせ，供給過剰にならないようにさせたのである（合衆国が企業の生
産に干渉したのである）。一方，労働者には最低賃金を保証し，団結権や団体交
渉権を与えた。これによって労働意欲や購買意欲を高める狙いがあったのであ
る。NIRA に対しては，独占を助長するものと批判が当初から強かったのであ
った。よって，産業団体の中核となるような企業はこれを支持したが，中小企
業には反対の声が強かったのである。最高裁判所は1935年5月，NIRA を合衆
国憲法に明記されている経済活動の自由に違反するとして違憲判決を下した。

　しかし，ルーズベルト大統領は，NIRA の中から，最低賃金，最高労働時間，
団体交渉，若年労働の禁止に関する項目を残すことにし，全国労働関係法（ワ
グナー法）を提案し，制定させた。実は農業についても農業調整法といわれる
法律（AAA）で，農業の生産を制限，調整し，あまった生産物は政府が買い取
り農業生産物の価格を安定させようと図ったのだが，こちらも1936年に違憲判
決が出されたのである。

こうした一連のニューディール政策の1つとして，社会保障法が成立した。この社会保障法は成立当初，正式名称を「一般福祉のために連邦老齢給付制度を創設し，さらに各州に対し老人・盲人・要保護児童・肢体不自由児・母子福祉・公衆衛生・失業補償法執行につきいっそう十分な措置を講じるようにし，社会保障庁を設置し，なおその他の諸目的を追求する法律」と言い，①連邦営老齢年金保険，②州営失業保険への連邦補助金，③州営公的扶助・社会福祉サービスへの連邦補助金，の3つの部分から成っていたのであった。これらのプログラムに加えて，1939年に退職者の遺族への年金給付が追加されている。

　一方，イギリスでは1934年に，保険料納付の有無を問わずに失業給付を行う「失業法」が制定された。この時期，イギリスの経済学者であるジョン・メイナード・ケインズ（John Maynard Keynes, 1883-1946）は，世界恐慌が生み出した1930年代の大量失業の原因を社会全体の有効需要の不足にあるとし，民間投資が不足する場合には公共事業によって各種需要を喚起し，それが国民所得の増加をもたらせば（乗数効果），次いで民間投資や消費が活発になっていくという有効需要論を中心とするマクロ経済学（Keynes〔1936〕*The General Theory of Employment, Interest and Money*）を構築したのである。もちろん，所得再配分による消費性向の引き上げについても述べていて，自由放任の終焉を予感させるものであった。

　同じくイギリスの経済学者であるウィリアム・ヘンリー・ベヴァリッジ（William Henry Beveridge, 1879-1963）は，1909年に出版した『失業——産業の問題（Beveridge〔1909〕*Unemployment: A Problem of Industry*）』で，労働市場への国家介入の必要性を説いている。彼は，失業は労働市場における需要と供給の不一致であり，それは調整の不完全性に起因していると考えたのであった。そこで，全国職業紹介所と国民保健制度を計画したのである。ベヴァリッジが目指したのは，国家の手で産業調和と社会的連帯を強化することで達成される社会改良だったのである。もちろん，国家による介入といっても，それは管理統制の肥大を意味するのではなく，ナショナル・ミニマム原則による歯止めであった。この意味で，ケインズ理論によって完全雇用に近づければ失業給付が

第 I 部　社会保障の概論

激減し，なお残る失業者には手厚い給付ができ，また，社会保障による再分配で全国民に最低限度の生活を保障すれば有効需要か増え，さらに失業者か減っていくと考えたのである。このように，ベヴァリッジとケインズの考えは互いに補強しあう関係であった。これは「ケインズ・ベヴァリッジ主義（体制）」「福祉国家の合意」などと呼ばれている。

　その後，ベヴァリッジは，第2次世界大戦中の1942年に，いわゆるベヴァリッジ報告（『社会保険および関連サービス』）を英国政府に提出し，「ゆりかごから墓場まで」（From the Cradle to the Grave）のスローガンのもと，新しい生活保障の体系を打ち立てた。

　ベヴァリッジ報告の主な特徴は社会保険であり，それには6つの基本原則があった。均一額の最低生活費給付，均一額の保険料拠出，行政責任の統一，適正な給付額，包括性，および社会保険の枠組みがそれである。この社会保険と公的扶助，そして任意保険によって，ナショナル・ミニマムを国民に保障しようというのが，ベヴァリッジの狙いであった。また，ベヴァリッジは，「窮乏」「怠惰」「疾病」「無知」「不潔」の5つの要素が人間社会を脅かす「五巨人悪（五巨大悪）」であると指摘した。「窮乏」に対しては生活保護，「怠惰」に対しては労働保障制度，「疾病」に対しては医療保険制度，「無知」に対しては教育，「不潔」には保健衛生といった，総合的な対策が国家によってなされる必要があると主張したのである。ベヴァリッジ報告の具体化は，第2子から児童手当を支給する「家族手当法」（1945年），失業，疾病，障害，老齢などの場合に所得保障を行う「国民保険法」（1946年），包括的な医療サービスを国の責任で提供する「国民保健サービス法」（1946年），貧困者への公的扶助や高齢者，障害者向けの福祉サービスを行う「国民扶助法」（1948年），養護に欠ける児童を地方自治体の責任で保護する「児童法」（1948年）などで成されたのである。ベヴァリッジ報告は社会保障についての具体的内容を示し，全国民のナショナル・ミニマム（最低限度の生活）を保障するという福祉国家の理念を主張したもので，各国の社会保障制度確立に強い影響を与えた。

　また，1942年には ILO（国際労働機関）が『社会保障への道』（Approaches to

38

Social Security, 1942) と題する報告書を提出していた。ILO は，その報告書において，「社会保障は，社会がしかるべき組織を通じて，その構成員がさらされている一定の危険に対して与える保障である」と定義したのである。そして，対象となるリスクの性質に応じて，保険料を財源とする社会保険と全額税負担による社会扶助という2つの方式を適切に組み合わせることが社会保障の進むべき道であるとしたのである。ベヴァリッジが社会保険にこだわったのとは対照的に，ILO は全額税負担による社会扶助をも社会保障の枠組みに入れたのであった。また，ベヴァリッジが「基本的ニーズには保険を，特別な場合には扶助を」という仕分けをしたのとは違い，より一般的に「対象となるリスクの性質に応じた保険方式と扶助方式の統合」として社会保障を定式化したことは，その後，社会的リスクが多様化したのにも柔軟に対応できるようにしたことになるのである。

　その後，ILO は国際連盟の消滅後も国際連合の専門機関となり，1944年には「フィラデルフィア宣言」を発表し，社会保障政策の推進が今後の活動の重点であることを表明した。さらに，これを受けて同年には「所得保障」「医療保護」および「雇用サービス」に関する3つの勧告を続けざまに採択したのである。そして，1952年には「社会保障の最低基準に関する条約」（102号条約）を採択し，医療，傷病給付，失業給付，老齢給付，業務災害給付，家族給付，母性給付，廃疾給付，遺族給付の9部門にわたって給付の対象者・範囲・要件についての最低基準を取り決め，これが世界各国にとって社会保障の国際標準となったのである。

　1950年代から60年代にかけて先進諸国は高度経済成長に入り，これを背景に1960年代から70年代初めにかけて各国で完全雇用の実現や給付水準の引き上げ等が行われた。自己責任の伝統が強く，公的な社会保障は必ずしも発達しなかったアメリカにおいても福祉国家化は進み，1965年には高齢者・障害者向けの公的医療保険制度である「メディケア」（Medicare）と低所得者向けの公的医療扶助制度である「メディケイド」（Medicaid）が創設されたのであった。

第Ⅰ部 社会保障の概論

5 戦後秩序の転換と福祉国家の危機

ブレトン・ウッズ体制の崩壊

第2次大戦後のブレトン・ウッズ体制は，基軸通貨を米ドルとすることで各国の為替の安定を達成し，自由貿易の推進により各国が相互に発展することを目指した。日本も奇跡的な復興を見せ，また，西ヨーロッパも順調に経済成長への軌道に乗ると貿易収支が改善して行った。世界各国は貿易によって稼いだ米ドルを金（きん）に換えていった。冷戦下，アメリカは多くの軍事費を投入し，また共産主義・社会主義の拡大を防ぐために発展途上国への経済援助費を増やした。これが後に，財政赤字の拡大を生んだ。一方，アメリカ発の多国籍企業はアメリカの外への投資をつづけ，膨大な米ドルが世界中に流出して，これらのドルも金に交換された。結局，アメリカの保有していた金は大量に流出し，金とドルとの交換が不安視されたのである。1971年8月15日，アメリカ大統領チャールズ・ニクソン（Richard Milhous Nixon, 1913-94）は，それまでの固定比率によるドルと金の交換を停止することを突然発表した。金との交換停止だけでなく10％の輸入課徴金：輸入品に対して徴収される特別の関税や付加税の導入なども同時に発表された。

このニクソン・ショック後，同年12月にワシントンのスミソニアン博物館で各国の蔵相による会議が開かれたのである。この時，ドルと金の固定交換レートは引き上げられ，ドルと各国通貨との交換レートの改定が決定される。日本の円も，1ドル360円から1ドル308円へと引き上げられたのであった。このスミソニアン協定によって，ドルは大幅な切り下げとなったが固定相場制は維持することができたのであった。しかし，その後にアメリカの貿易赤字がふたたび拡大し，固定相場制への信頼はどんどん下がっていったのである。1973年10月，第4次中東戦争が勃発し，これが第1次オイルショックを引き起こし，同時にアメリカを中心とした世界経済秩序（ブレトン・ウッズ体制）が崩壊して変動為替相場制度へ移行した。変動相場制とは，外国為替市場における通貨の需

40

要と供給にまかせて為替レートを自由に決める制度のことである。世界は「相対的不安定期」に入ったのであった。

新自由主義

第2次世界大戦後，イギリス経済は停滞し，アメリカ経済もまたスタグフレーション（インフレと不景気が同時に起こること）に見舞われ，転換を迫られるようになった。ちょうどその様な時期に，シカゴ学派の経済理論は，ケインズ経済学による財政政策を「大きな政府」として批判したのである。シカゴ学派の経済理論は，言わば，小さな政府を指向し，国営企業の民営化，公共事業の縮小，規制緩和などによってより自由な経済活動を活発にさせ，景気の変動には財政出動ではなく，通貨供給量（マネーサプライ）を通じてコントロールすることを主張したのであった。このような経済理論をマネタリストまたは，新自由主義と言う。

1979年5月，M.サッチャー（Margaret Hilda Thatcher, 1925-2013）は政権を獲得すると，①個人の労働意欲の増進，②国家の役割の縮小，③財政赤字縮小による民間部門の活動の余地の拡大，④労働組合の力の抑制といった4つの原則に基づいて社会政策を進めることを宣言したのである。そして，公共支出を削減し，貨幣の供給量を管理してインフレを抑制しようとしたのである。サッチャリズムとは，政府の直接的な責任の範囲を限定し，インフレの抑制と市場の機能の回復をなによりも優先的に追求しようとするものであった。また，1981年1月，アメリカ合衆国大統領に就任したR.レーガン（Ronald Wilson Reagan, 1911-2004）は，スタグフレーションの解消等，アメリカ経済の再建策として，①歳出削減，②減税，③規制緩和，④安定的なマネーサプライの4本の柱を掲げたのである。両者とも，新自由主義を掲げて小さな政府を指向し，経済には一定の効果をもたらすことができた。市場メカニズムを重視し，様々な規制緩和，国有企業の民営化とともに社会保障・福祉国家の「見直し」が行われたのである。

1981年10月にOECDが「1980年代の社会政策に関する会議」を開催した。

第Ⅰ部　社会保障の概論

当時のレネップ事務局長は，1950～60年代には経済政策と社会政策の連携によって完全雇用と福祉国家が実現されたが1970年代の経済停滞によって，この2大目標が相互に矛盾するものとなっているとし，経済成長と社会政策との関連の構造的な見直しの必要性を指摘したのである。さらに，「社会進歩は経済資源による制約をうけることは明白であり，社会的目標を達成する手段がその資源を生み出す経済システム自身を阻害することは許されない」と述べ，この「見直し」作業には経済成長が優先されるということを印象付けたのである（OECD 1983）。このことは，福祉国家の危機として知られている。

　その後，イギリスでは福祉国家の見直し路線のもとで社会保障給付の削減等が行われた結果，失業者の増加，所得等の格差の拡大，医療や公的教育などの公的サービスの質の低下といった弊害がもたらされた。アメリカでも失業者の増加，貧困状態にある人の増加，高齢者・障害者向けの公的医療保険制度であるメディケアのサービスの低下などの弊害を生み出したのであった。

　アメリカでは1990年代に入ると，社会福祉が貧困を解決するのではなく，社会福祉が貧困の原因であるとする議論が巻き起こる（各福祉制度の連携が取れていないことや受給者の情報不足が原因であるが，資産分布の圧倒的偏りすなわち，上位1％の持つ資産総額が90％の資産総額より多いことが最大の問題）。1992年，ビル・クリントン（Bill Clinton, 1946-）が "End welfare as we know it"（われわれが知っているような福祉を終わらせる）という福祉改革を公約にして大統領に当選し，ワークフェア施策を展開した。また，クリントンは，先進国としては異例といえるほど，公的医療保険にも民間医療保険にも入っていない無保険者が多く存在する状況を改善するために医療保険制度改革を目指した。クリントン大統領とオバマ大統領の間に共和党が政権を取ったのだが，オバマ大統領は2010年に医療保険制度改革法（Patient Protection and Affordable Care Act）を発効させ，その中心となる国民皆保険制度が2014年1月から始まったのであった。これは民間保険会社が販売する健康保険プランの購入を，全国民に義務付けるというものである。さらに，州政府にメディケイドの適用範囲を拡大することなども義務付けられたのであった。

42

第1章　社会保障制度のこれまでとこれから

　イギリスではトニー・ブレア（Tony Blair, 1953-）が1997年に政権を獲得した。ブレアはクリントンのワークフェア施策の発想を得て，効率を犠牲にして公正を重視する従来の社会民主主義と異なり，効率と公正を両立させ自由市場主義と福祉国家主義の結合を目指す「第3の道」を標榜した。イギリスでは，格差や大量の失業をもたらしたとして新自由主義路線が支持を失ったのである。ブレアは，今までの社会保障制度が個人の自由への配慮が不十分だったり，給付に依存する者を生んでしまったりといった問題点をはらむことを認めた。その上で，"Welfare to Work"（福祉から就労へ）というスローガンを掲げ，失業者が労働市場に戻るための支援（職業訓練や教育などの就労支援）を軸にした施策（「ワークフェア」〔workfare〕と呼ばれる）を展開していったのである。ブレア政権の誕生は，ヨーロッパ各国に中道左派政権が次々に誕生（1998年には，EU15カ国中13カ国で中道左派政権が成立）するなど大きな影響を及ぼしたとされている。

　1980年代以降，社会保障・福祉国家は大きな見直しの局面を迎えたのだが，現実の社会問題に対応するために必要とされ続けている。各国政府は，過去に批判された福祉国家の問題点に対応しながら社会保障政策の運営を行っており，現在は，福祉国家の再編成期と言える。

参考文献

小梛治宣『社会保障の源流——ドイツ社会保障の形成過程』朝文社，2004年。

柏野健三『社会政策の歴史と理論——救貧法から社会保障　改訂増補版』西日本法規出版，1997年。

北野大吉『ロバート・オーウェン——彼の生涯，思想並に事業』同文館，1927年。

白沢久一「J. L. Vives の貧民救済制度論（1526年）について」『北星論集』第10巻，1973年。

高藤昭「労災保険の社会保障化上の基本的問題」『社會勞働研究』第20巻1号，1974年。

常行敏夫『市民革命前後のイギリス社会』岩波書店，1990年。

矢邊學「労働基準法の立法論的検討(2)」『比較法制研究』第9号，1986年。

OECD編『福祉　国家の危機——経済・社会・労働の活路を求めて』（厚生省大臣

43

第Ⅰ部　社会保障の概論

官房政策課調査室・経済企画庁国民生活政策課・労働省国際労働課監訳）ぎょう
せい，1983年。

この章の基本書

厚生労働省『厚生労働白書　平成24年版』2012年。

＊白書は中央官庁が編集し，政治社会経済の実態および施策の現状について国民に周
知させることを主眼とするが，厚生労働白書では毎年テーマ（この年は先進諸国お
よび日本の近代社会の形成と発展過程）を決めて記述している。

厚生労働省『2015年　海外情勢報告』2016年。

＊海外駐在文官等が，外国の社会保障政策の状況，労働政策の状況を執筆している。
構成は，「特集」と「定例報告」からなる。特集ではホットな話題（2015年は人材
育成），定例報告では各国の社会保障政策，労働政策の小史と概略がつかめる。

練習問題

問題1
怠惰が貧困の主原因と考えられていたのはなぜか。

問題2
救貧法の目的は何だったと考えられるか。

問題3
エリザベス救貧法と1834年の新救貧法の決定的な違いは何か。

問題4
貧困観の流れをまとめてみよ。

問題5
福祉国家の危機が叫ばれたのはなぜだろうか。

（山本克也）

第2章

わが国の社会保障制度

本章のねらい

　本章ではわが国の社会保障制度の本質を学ぶ。社会保障制度の種類に始まって，社会保障制度審議会が出した勧告から社会保障制度の定義を学ぶ。次いで，介護保険導入時の議論から，いかに，わが国が社会保障制度が社会保険による財源調達方式にこだわってきたかを学ぶ。最後に社会保障制度の関連領域として，これからの年金に関する議論に不可欠な企業年金について学ぶ。

1　わが国の社会保障制度の構造

　わが国の**社会保険制度**は，憲法の第25条第2項に規定する「国は，すべての生活部面について，社会福祉，社会保障及び公衆衛生の向上及び増進に努めなければならない」に基づき，わが国の社会保障制度の主要な柱として位置づけられている。また，社会保険制度は公的保険制度とも言われているが，大別すれば医療保険，年金保険，労災保険，雇用保険および介護保険などに区分することができる。わが国の現行の公的年金制度は，その土台の年金制度として「国民年金」を位置づけ，その上に厚生年金保険が乗っかるという2つの年金制度から構成されている。2015年9月末までは，国家公務員共済組合，地方公務員等共済組合，私立学校教職員共済制度にも年金（共済長期給付と呼ばれた）があったが，厚生年金保険に統合された。これらの年金制度のうち，国民年金を除いた厚生年金保険は企業や役所等に雇用されることで年金制度が適用（加入）されることから，別に「被用者年金制度」とも呼ばれる。

45

第Ⅰ部　社会保障の概論

　一方，医療保険の方は組合管掌健康保険（主に大企業の従業員とその家族），全国健康保険協会管掌健康保険（協会けんぽ，主に中小企業の従業員とその家族），また，国家公務員共済組合，地方公務員等共済組合および私立学校教職員共済制度を含めて，別に「共済組合等」とも言われている。以上は職場が単位となって保険の適用を受けるので，職域保険と呼ぶ。当然，個人で事業を起こしていたり，企業を退職されたりした方はこの職域保険に該当せず，住んでいる地域を単位として保険の適用を受ける。この場合，国民健康保険に加入することになる。

　わが国の社会保険制度には，前述のとおり年金保険のほかに医療保険，労災保険，雇用保険および介護保険があり，それぞれの保険制度の名称別にあげれば，次のとおりである。

　医療保険

　　①健康保険（組合管掌健康保険，全国健康保険協会管掌健康保険）

　　②船員保険（医療部門）

　　③国家公務員共済組合（医療部門または短期給付ともいう）

　　④地方公務員等共済組合（医療部門または短期給付ともいう）

　　⑤私立学校教職員共済制度（医療部門または短期給付ともいう）

　　⑥国民健康保険

　　⑦後期高齢者医療制度

　労災保険

　　①労働者災害補償保険

　　②船員保険（労災部門）

　雇用保険

　　①雇用保険

　　②船員保険（雇用保険部門）

　介護保険

　　①介護保険

第2章　わが国の社会保障制度

　労災保険と雇用保険は両者で適用は微妙に異なるが総称して労働保険と呼ばれる。船員保険は，業務外の年金部門を除いた医療部門，労災部門および雇用保険部門の3つの部門を1つの保険制度の中に有する特異な保険制度となっている。

　一方，国家公務員共済組合，地方公務員等共済組合および私立学校教職員共済制度は，年金部門（長期給付）と医療部門（短期給付）を併せもった制度である。年金に関しては，数十年続く残務処理をしている状態である（既裁定の受給者等がいるから）。社会保険は，公的保険制度の意味で使用される広義の社会保険と，民間企業の健康保険と厚生年金保険を指す狭義の社会保険の2つの使われ方がある。

　一方，公的扶助・社会福祉の分野は，

公的扶助
　①生活保護制度
社会福祉
　①障害者福祉
　②老人福祉
　③児童福祉
　④母子福祉

に分かれている（さらに恩給，戦争犠牲者援護を加えたものを広義の社会保障と呼ぶ）。以上の様な制度体系によって社会保障制度審議会の勧告は実行に移されている。

2　社会保障制度とは

様々な社会保障

　近代国家にとっては「すべての自国民に健康で文化的な生活を保障すること」が必要で，このためには社会保障制度の発展・充実が不可欠になっている。

第Ⅰ部　社会保障の概論

Column ②　保障，保証，そして補償

　社会保障の保障は，なぜ，保証や補償の字を使っていないのか。もともと，保障には「危険や災害による損害をこうむらないように保護すること，権利・自由・安全・生活などを守ること」という意味がある。一方，保証には「確かだと請け合うこと」というように，約束に関する言葉であると言える。また，補償には「損害や出費を金銭などで補うこと」という意味がある。民間の生命保険の世界では保障が用いられているし，損害保険では補償・保証が用いられる。

　もともと，「社会保障」という言葉は，20世紀に生まれた新しい言葉である。世界恐慌後の1930年代のアメリカにおいて，失業や老齢，疾病，児童などの保障制度に関する法律の制定過程において，「社会保障」と「経済保障」という言葉の合成語として誕生したという（厚生労働省　1999）。すなわち，自主自立を国家の基本とするアメリカでさえ，恐慌後のアメリカ市民を文字取り守る必要があったのであろう。

「社会保障」とは何かについては，いろいろな立場からの見解がありえるが，当該国の歴史的経緯によってその範囲は分かれ，統一的な定義づけは困難になっている。

　第1章で見たように，貧困層を主たる対象としてその慈恵的な救済を目的としていた救貧法は，中世末期から19世紀末へかけて多くの国で次第に権利性を強めていった。また，労働者の自助組織を前進とし，社会政策的目的から国家的な制度へと発展した社会保険も，19世紀末のドイツのそれを範として20世紀初頭にはかなり多くの国で同種の制度が確立された。救貧法に端を発する公的扶助と社会保険という異なった制度が，社会保障という1つの制度に統合されていった。

社会保障制度審議会勧告

　わが国の場合，社会保障の定義は1950（昭和25）年の**社会保障制度審議会**の勧告に記されている。ちょっと長いが，以下は，その一部の抜粋である。「（中略）いわゆる**社会保障制度**とは，疾病，負傷，分娩，廃疾，死亡，老齢，失業，多子その他困窮の原因に対し，保険的方法又は直接公の負担において経済保障

48

第2章　わが国の社会保障制度

の途を講じ，生活困窮に陥った者に対しては国家扶助によって最低限度を保障
するとともに，公衆衛生および社会福祉の向上を図り，もってすべての国民が
文化的社会の成員たるに値する生活を営むことができるようにすることをい
う。」

　ここから，わが国の社会保障制度は，①**社会保険**に基づく年金保険，医療保
険，介護保険，雇用保険の諸制度（国民が病気，ケガ，出産，死亡，老齢，障害，
失業など生活の困難をもたらす様々な事故に遭遇した場合に一定の給付を行い，その生
活の安定を図ることを目的とした強制加入の保険制度），②税財源に基づく障害者福
祉，高齢者福祉，母子福祉等の**社会福祉**（社会生活をする上で様々なハンディキャ
ップを負っている国民が，そのハンディキャップを克服して，安心して社会生活を営め
るように公的な支援を行う制度），③**公的扶助**（生活に困窮する国民に対して，最低限
度の生活を保障し，自立を助けようとする制度），④**保健医療・公衆衛生**（国民が健
康に生活できるよう様々な事項についての予防，衛生のための制度）の4つの領域か
ら成り立つこととされている。

　また，この定義部分に続く勧告の本文には，「このような生活保障の責任は
国家にある。国家はこれに対する綜合的企画をたて，これを政府及び公共団体
を通じて民主的能率的に実施しなければならない」とある。これは，勧告本文
の冒頭にある日本国憲法第25条は，①「すべて国民は健康で文化的な最低限度
の生活を営む権利を有する。」②「国は，すべての生活部面について社会福祉，
社会保障及び公衆衛生の向上及び増進に努めなければならない」と，規定して
いる。という国民の生存権の国家的保障を謳ったものであると言える。

　50年勧告は，憲法第25条の意義を具体化し，わが国で初めて社会保障の体系
づけを行ったものであった。これで，公的扶助，社会福祉，社会保険，公衆衛
生および医療の各制度を包括して総称したものを社会保障と呼ぶことになり，
同審議会では，これらを「狭義の社会保障」と呼んだ（さらに恩給，戦争犠牲者
援護を加えたものを広義の社会保障と呼ぶ）。50年勧告以降，社会保障制度が果た
してきた役割は，①疾病，高齢，失業に対して，医療保険，年金保険，雇用保
険の失業給付（失業保険）等によって対応し，生活の安定を図ったこと，②再

49

第Ⅰ部　社会保障の概論

分配政策を実施し，貧富の格差の縮小と低所得層の生活水準を引き上げたこと，そして，③安定的な購買力を国民に与え，年金資金を社会資本の整備等に充てることにより経済の安定的発展に寄与したことの3つである。その後，社会保障制度審議会は1962年にも勧告を出す。それは，「社会保障制度の総合調整に関する基本方策についての答申および社会保障制度の推進に関する勧告」で，この総論では低所得層に対して社会福祉政策が重視されなければならないとした。

　1995年，社会保障制度審議会は3度目の勧告，「社会保障体制の再構築に関する勧告～安心して暮らせる21世紀の社会を目指して」を出した。この勧告は，社会保障制度審議会が作った社会保障将来像委員会が93年2月14日に出した「社会保障将来像委員会第一次報告　社会保障の理念等の見直しについて」，そして94年9月8日の「社会保障将来像委員会第二次報告」に基づくものであった。社会保障将来像委員会は，この「第二次報告」の策定をもって解散したが，92年4月以降，委員会内に基本問題部会，保健・医療・福祉サービス部会，雇用・所得保障部会の3部会を設置して2年以上にわたって検討を進めていた。当然，この95年勧告が注目されるべきだが，ここでは「社会保障将来像委員会第一次報告　社会保障の理念等の見直しについて」を見ていこう。第一次報告では社会保障の定義を，国民の生活の安定が損なわれた場合に，国民に健やかで安心できる生活を保障することを目的として，公的責任で生活を支える給付を行うもの，具体的には，社会保険または社会扶助の形態により，所得保障，医療及び社会福祉などの給付を行うもの，として定義する。そして，

　①社会保障の基盤を形作る制度
　　医療や福祉についての資格制度，人材の確保，施設の整備，各種の規制等
　　公衆衛生，環境衛生，公害防止等
　②社会保障と類似の機能を果たす制度
　　生活にかかわる税制上の控除（公的年金等控除，障害者控除など）
　③社会保障が機能するための前提となる制度

第**2**章　わが国の社会保障制度

雇用政策一般及び住宅政策一般

の3つを社会保障制度の支える制度として個別具体的に提示した。後述するが，キーワードは，人材確保，規制（緩和・撤廃），そして住宅政策である。年金制度は高齢期の生活の基本的部分を支える年金を保障，医療保険制度は，「誰でも，いつでも，どこでも」保険証1枚で医療を受けられる医療を保障，そして介護保険制度は，加齢に伴う要介護状態になっても自立した生活を営むことができるよう必要な介護を保障するものである。このうち，人材確保は医療でも問題（昨今の医師の偏在問題など）であるが，介護保険を導入するに当たっても，介護ヘルパー等の人材の確保が問題になることは分かっていた。また，規制（緩和・撤廃）の問題も重要であることが指摘されていた。介護保険サービスの中には，民間事業者が参入できないものがいくつかある。言い換えれば，社会福祉法人や医療法人などの法人にしか認められていないサービスのことである。民間事業者が運営できないものは，介護保険3施設（指定介護老人福祉施設＝特老ホーム，介護老人保健施設＝老健，介護療養型医療施設＝療養型病床群）である。これらは現在のところ，社会福祉法人と医療法人しか運営できない。ただし，この規制は緩和され続けている。例えば，訪問看護サービスは老人保健法の改正によって誕生したもので，介護保険制度が始まるまでは医療保険だけの給付対象となっていた。現在も健康保険での利用が可能だが，要介護認定を受けた人が利用する場合には，介護保険から給付されることになっている。同じく医療法人が運営主体の大半を占めているものに，通所リハビリテーション（デイケア）がある。デイサービスリハビリが必要と認められた要介護者が介護老人保健施設や病院・診療所などに通い，理学療法や作業療法などのリハビリテーションを受けるサービスである。通所介護と混合されがちであるが，デイケアは医師が常駐していて，医療的管理がなされている点が異なる。民間企業の中には，医療法人と提携してデイケアルームを運営しているところもある。

　また，住宅政策は，これまで低所得者対策ではあったが，社会保障の枠組みではなかった。第3章で述べるが，わが国は持家政策を中心に住宅政策を進め，

第 I 部　社会保障の概論

住まいのありように関しては個人に任せられてきた。高齢化社会では，バリア
フリー化といった物理的な対策も必要であるが，住まい方自体も問題になる。
第一次報告は，サービス付き高齢者住宅や，定期巡回・随時対応サービス，複
合型サービスなど，地域包括ケアを支える仕組みの端緒となったのである。

　以上見てきたように，1950（昭和25）年という大昔に社会保障の定義づけは
成されたが，その本質は今日でも変わっていない。社会保険，社会福祉，公的
扶助，保健医療・公衆衛生から構成される社会保障制度が，国民の生存権を保
障する手段として用いられるということには変わりがない。しかし，一方で，
少子高齢化の急激な進展や家族機能の変化等，経済・社会の急速な変化に対応
することも求められた。

　上述したように，95年勧告の特徴は，社会保障推進の原則を，普遍性（全国
民を対象化），公平性（給付と負担の両面での公平），総合性（保健・医療・福祉の総
合化，制度間の連携・調整等），権利性・有効性（効率的な資源配分）の4分野を新
たに掲げた。さらに，社会保障の財源を，「応益負担」「社会保険方式」とした。
具体的には，2000（平成12）年に導入された介護保険については，「介護サービ
スの財源は，主として保険料に依存する公的介護保険を基盤にすべきである」
としていた。これも既に述べているが，市場を利用した介護保険の導入には，
どうしても社会保険制度の導入が避けられない。このことは，介護保険が導入
される前の措置制度の時代を思い出すと良い。措置制度の財源は税であるから，
税の使用には公平性が重んじられる。この場合の公平性の基準にはいくつかあ
るが，第1に，応能基準というものがある。介護保険導入以前は，役所がサー
ビスを受ける人（正確には世帯）の租税負担能力に応じて特別養護老人ホーム
等の介護サービスの負担金を決めていた。結果として，中・高所得の世帯の負
担は極端に重く，反対に低所得世帯の負担は極端に小さいものであった。一方，
サービスを受けるときの利益は，低所得者に対してはあまり勘案せず，中・高
所得者に対しては積極的に見ていくというのが措置制度であった。しかし，一
般には，便益を受けた人が一定程度の負担をすることは当然と受け止められて
いるであろう。こうした，応能基準・応益基準のバランスが著しく悪くなるの

52

第2章　わが国の社会保障制度

が措置制度の欠点であった。もちろん，生活保護基準を下回っている世帯に負担がないのは当然である。こうした措置制度の欠点を改善する手段として社会保険の手法を介護保険にも取り入れられたのであった。

3　わが国の社会保障制度の歴史

戦前期

　1868年，明治政府が樹立され，わが国は近代国家としての一歩を踏み出した。当時の政府はアジアの地において欧米列強の脅威から身を守りつつ，不平等条約を撤廃し，近代的産業国家を確立する使命を帯びていた。このため，「富国強兵」のスローガンのもとに，主にヨーロッパの立憲君主国家制度をわが国に導入することによって軍事力の整備と産業の振興に努めた。戦前は，ある意味で，現在よりも資本主義社会であった。その結果，急激な経済社会の変化に対応するための仕組みの確立も必要だったのである。例えば，1874年には公的扶助の制度として恤救規則が制定された。しかし，恤救規則は全国的な救貧制度としては不十分なものであったと言われている。明治中期以降，日清，日露の両戦争に勝利するまでは，わが国が抱えていた国家課題は治外法権の撤廃および関税自主権の回復など不平等条約の改正だった。そして，大正時代になってはじめて労働者保護政策が政治課題に上った。

　当時「職工」と呼ばれたブルーカラーを対象とした健康保険法については，主にドイツの制度を参考にした。わが国の健康保険法は，1922年3月に成立し，同年4月に大正11年法律第70号として公布された。しかし，関東大震災による財源の事情等で準備事務が遅延することになり，結局，1927年10月に各府県に健康保険署が設置され，ようやく健康保険制度が発足したのである。

　第2次世界大戦前の**健康保険制度**の特徴は，以下のとおりである。

①最初の社会保険制度である健康保険制度は，政府管掌健康保険（現・協会けんぽ），組合管掌健康保険ともに政府が管理指導する，いわゆる国営主

53

第Ⅰ部　社会保障の概論

義とされたこと。

②健康保険法は既に成立していた工場法，鉱業法の発展形態と見ることができること。すなわち，業務外の疾病，傷害のほかに業務上の災害についても適用の対象とし，事業主による保険料負担感の軽減について配慮したこと。

③当時の病院や医師の数，その配置など医療供給側との整合性については，あまり考慮されていなかったこと。

④社会政策的側面が強く，医療政策的側面が弱かったので，施行後ほどなく乱診乱療の問題や診療内容低下等の問題をまねいたこと。

⑤政管健保（現・協会けんぽ）は1930（昭和5）年から赤字になっていたこと。

　一方，現業部門以外の，いわゆる事務職員を対象とした職員健康保険制度については社会政策的な意義が少ないとされ，政策課題として論議に上ることも少なかったのである。しかし，1939年に「職員健康保険法」が議会に提出され可決されたが，3年後の1942（昭和17）年に健康保険制度と合併したのだった。

旧国民健康保険制度の成立

　わが国の近代的産業の担い手は農村部からの人的供給であり，また軍隊も同様であった（明治初年の農村戸数はわが国全体の70％を占めていたと言われている）。1930年代に至っても，わが国の農業従事者比率は全体の40％以上を占めていた。都市の現業労働者向けの健康保険が成立した後は，農業従事者の保健医療水準の向上を目的とした健康保険制度の必要性が唱えられた。とくに農村部の衛生水準が極めて悪く，また，無医村の問題も顕在化していた。

　こうした課題のもと，国民健康保険法案が1938年の議会に提出され，同年4月に成立，7月施行となった。この法は，現在の国民健康保険法と区別して，旧国民健康保険法と呼ばれている。以下，旧国民健康保険制度の特徴をまとめると，

①「健民健兵」「国民体位の向上」のスローガンのもとに推進されたこと。

②健康保険制度は強制保険だったが，旧国民健康保険制度は市町村が任意に行うものとされ，制度がない市町村もあったこと。

③同制度が発足後すぐに，国内の戦時体制が強化され，医療提供者の多くが戦場に駆り立てられ，無医村を減少させるという目標に対しては実効性が乏しかったこと。

となる。

労働者年金保険法案（後の厚生年金保険法）

　政府内部には，明治時代から退役軍人や定年を迎えた官吏等のための恩給制度があったが，国家による民間被用者対象の年金制度の創設とその維持・管理を行うまでには考えが及ばなかった。1939（昭和14）年に船員保険法を成立させた（当時の年金課長の花澤武夫は，海上労働者の仕事の苛烈さを経験し，早く作ってあげようとおもったと述懐している）。船員保険法は，疾病，労働災害および年金を取り扱う，わが国では画期的な包括的社会保険制度として成立した。公的年金制度は，この船員保険法における養老（老齢），廃疾（障害）年金の成立に刺激されて検討が進められた。

　1939年4月，年金制度立案に関する本格的な調査研究が始められ，1941年2月，議会に提案された労働者年金保険法案は，原案どおり可決され，3月に公布された。翌年1月から一部施行されたが，1944年になると厚生年金保険法に名称変更され，現業部門の労働者だけでなく，事務職員にも，そして女子にも適用範囲が急激に拡大されることになる。

　制度施行当初は完全積立て方式であったので，養老（老齢）年金と遺族年金は，20年間の保険料払い込み期間を必要とした。つまり政府はその期間は保険料の徴収だけを行うことができた。また廃疾（障害）年金の受給権者になるためには，3年間の資格期間を必要とした。以下，厚生年金保険法がなぜ導入できたかという理由には，大きく3つのことが言われている。1つは戦時インフ

レの抑制である。保険料の徴収により手取り収入が減るわけなので，当然，物価の抑制になる。2つ目は，労働力の保全である。原則，養老年金の受給まで，少なくとも20年の期間が必要であった。これにより，労働移動が阻害され，熟練工の量産につながった。そして，3つ目は戦費の調達に利用するためということをいう人がいる。たしかに，積立金で戦時国債を購入するのであったが，その金額は微々たるものだったことが確かめられている（横山 1988）。また，上述した花澤武夫も，海軍省と陸軍省を味方につけ，大蔵省（当時）を説得することへの方便として戦争は役に立ったと述べている（厚生団編 1988）。

戦後から福祉元年まで

1945年に終戦を迎え，日本はアメリカの連合軍総司令部（GHQ）の占領下に置かれた。GHQ は，経済および政治の民主化と非軍事化を基調とした占領政策を実施し，この基調のもと，福祉改革も始まった。GHQ による「社会救済」（SCAPIN775: 公的扶助に関する覚書）で，①国家責任の原則，②無差別平等による一般扶助主義，③救済費総額制限の禁止，④最低生活保障の考え方が示され，日本国憲法の人権，平和，民主主義の理念と相まって戦後社会福祉の理念が築かれた。当時，緊急に対応すべき問題としては，生活困窮，児童問題，戦傷病者その他の障害者問題があった。法制度では，1946（昭和21）年の生活問題に対する「旧生活保護法」，1947年の「児童福祉法」，1949（昭和24）年の「身体障害者福祉法」が成立し，「福祉三法」の体制ができた。

1950年，旧生活保護法が改正されて現行の生活保護法となり，新たな出発を迎えたこの時期に，朝鮮戦争特需によってわが国は高度経済成長期に入った（1956年，当時の経済企画庁が経済白書「日本経済の成長と近代化」の結びで「もはや戦後ではない」と記述し，この言葉は流行語になった。それは，経済水準を示す指標である1人当りの実質国民総生産が，1950年に戦前の水準を超えたという意味である）。

1951年には，国民健康保険法改正による国民健康保険団体連合会（審査支払機関）が各都道府県に設立され，国民健康保険料のほかに国民健康保険税の徴収方式の仕組みができあがった（健康保険の審査・支払基金は，1948年に特殊法人

として社会保険診療報酬支払基金が設立されている）。また，1953年，私立学校教職員共済組合法（現・私立学校教職員共済法）が成立し，1954年には厚生年金保険法が改正され，給付を定額部分と報酬比例部分に分離し，完全積立方式から修正積立方式（部分賦課方式）へ転換された。また同年，市町村職員共済組合法（現・地方公務員等共済組合法）が成立したのだった。

　1956年，自由民主党の石橋湛山（1884-1973）内閣が成立し，社会保障制度の充実，とりわけ医療保険の国民皆保険化，老齢年金，母子年金の創設が唱えられた。同内閣は短命に終わったのだが，その後の岸信介（1896-1987）内閣のもとで，国民皆保険計画が4カ年計画で進められることとなったのである。

　1961年，**国民皆保険・国民皆年金**が実施され，全国民を対象にしたわが国の普遍的社会保障制度が成立した。それまでは農業，自営業などに従事する人々や零細企業従業員を中心に国民の約3分の1にあたる3,000万人が医療保険の適用を受けない無保険者であった。また，1963年には老人福祉法が制定され，老人ホームの規定等が決められた。老人福祉法によって，国と地方公共団体が高齢者の福祉を増進する責務が定められた。ここから，高齢者福祉施策はそれまでの低所得者を保護する救貧施策の枠を越え，加齢に伴う一般的な介護ニーズが制度の対象として位置づけられることとなり，1つの節目を迎えることとなった。老人福祉法には，具体的施策として，老人福祉施設の設置，健康診査の実施，社会参加の奨励などが盛り込まれた。このうち，老人福祉施設については，生活保護法に位置づけられてきた養老施設が養護老人ホームという類型で引き継がれたほか，新しく特別養護老人ホーム（要介護者に対し，入浴，排せつ，食事等の介護その他の日常生活上の世話，機能訓練，健康管理および療養上の世話を行うことを目的とする施設をいう）と軽費老人ホーム（無料または低額な料金で，老人を入所させ，食事の提供その他日常生活上必要な便宜を供与することを目的とする施設をいう）という類型が加わった。養護老人ホームが，養老施設の流れをくんで，経済的に困窮している高齢者を入所対象としていたのに対し，特別養護老人ホームは，心身の障害が著しいため常時介護を必要とするにもかかわらず居宅において養護を受けることが困難な高齢者を入所対象とした。といっても，

第Ⅰ部　社会保障の概論

特別養護老人ホーム等の利用は措置制度に依っていたため，中・低所得者の利用には相当高い自己負担が強いられた。その後，1970年代に近づくと，寝たきり高齢者の数やその生活実態の深刻さが明らかにされる（1972年には有吉佐和子の『恍惚の人』が発表される）など，高齢者福祉サービスが，一部の低所得者だけでなく，徐々に一般的・普遍的なニーズとして顕在化してきた。こうした状況を受け，1971（昭和46）年を初年度とする社会福祉施設緊急整備5か年計画が策定されるなど，高齢者福祉の拡充と量的整備への取組みが進められた。この計画により，特別養護老人ホームは，5年間に年平均100施設のペースで増加していった。さらに，1980年代に入ると，老後も住み慣れた地域で，家族や親しい人とともに暮らしたいという多くの高齢者の希望に応えるため，在宅福祉に力を入れたゴールドプラン，新ゴールドプランが策定されていく。

　また，1971（昭和46）年には児童手当法が制定され，また，1973（昭和48）年は福祉元年といわれ，年金給付の向上（5万円年金），物価スライド制の導入，医療保険で家族に7割給付，高額療養費の制度化，老人医療費のいわゆる無料化，が実施された。

福祉見直し期

　老人医療費の無料化以降，老人医療費は著しく増大した。また，オイルショックを契機に，日本経済が高度成長から安定成長に移行する中で，とくに高齢者の割合の高い市町村国保の財政負担は重くなっていった。1979年大平内閣は税収不足を補うため財政再建のため「一般消費税」導入を閣議決定した。同年10月，総選挙中に導入断念を表明したが，時すでに遅く大幅に議席を減らした。1981年3月，鈴木善幸内閣は，土光敏夫（1896年9月～1988年8月）を会長に第2次臨時行政調査会（第2次臨調）を設置した。第2次臨調は「増税なき財政再建」を旗印として，**財政再建**に乗り出した。第2次臨調は，別名「土光臨調」と呼ばれ，国民の間に相当浸透した。今では高級食材になったメザシだが，当時は安価で庶民の味方であった。このメザシを朝食のおかずにする土光氏のつつましい生活はマスコミを巻き込む行革フィーバーを巻き起こした。土光臨

第**2**章　わが国の社会保障制度

調は，マスコミを味方に，経済自由化を国民生活の中に内面化することに成功したと言える。大きな抵抗もなく，臨調の答申事項の多くが実行されて行った。筆頭は政府規制の緩和で，土地利用・都市開発規制の緩和や，検査・検定の緩和と外注化などが始まった。次に，政府公社の民営化が実施され，国鉄，電電，専売の3公社が民営化されていった。社会保障制度に関しては，70年代前半の大盤振る舞いに反して，後述するように医療と福祉の領域でブレーキが掛けられた。また，地方への移転支出を削減し，生活保護費負担金などが削減された。

　直接，第2次臨調の影響ではないが，高齢者の医療費の負担の公平化を目指して，老人保健法が1982（昭和57）年に成立した。老人保健法においては，各医療保険制度間の負担の公平を図る観点から，全国平均の高齢者加入率に基づいて算出された拠出金を各医療保険者で等しく負担する仕組みが新たに導入された。また，老人医療費の一定額を患者が自己負担することとなった。老人保健制度が導入される以前は，退職者医療制度に加入するか，健康保険制度の任意継続をしない場合，退職したサラリーマンは，国民健康保険（以下，国保）に加入することになる。しかし，高度成長期の産業構造の変化の影響から若年層の被保険者が減少していた国保に，さらに年を取った健康保険のOBが加入するという，負担を国保に一方的になすりつける制度になっていた。老人保健制度の導入は，健康保険のレガシーコスト（企業等が退職者に対して支払い続ける必要のある年金，保険等といった金銭的負担を指して言うことが多い）の支払いを老人保健制度に対して実施することとなった。

福祉見直しの中の介護保険の準備

　1989年3月，社会福祉関係三審議会（中央社会福祉審議会，身体障害者福祉審議会，中央児童福祉審議会）合同企画分科会が，中長期的な福祉政策のあり方について検討を行い，「今後の社会福祉のあり方について」と題する報告を厚生大臣に行った。その趣旨は，従来の施設を中心とした福祉サービスから在宅の可能性を探るというものであった。論点は，

第Ⅰ部　社会保障の概論

①老人福祉法，児童福祉法，精神薄弱者福祉法（現・知的障害者福祉法），身体障害者福祉法の各法において，ホームヘルパー，ショートスティ，デイサービスの設置を法定化。

②在宅サービスを中心としたいわゆる「第二種社会福祉事業」が大幅に追加されたこと。

③社会福祉サービスにおける在宅事業および施設事業の都道府県から市町村への権限委譲。

④高齢者に対する福祉サービスと保健サービスを一体的に供給する目的で，市町村が主体となった「老人保健福祉計画」の策定を義務づけること。

の4点であった。

　1990年6月，国は福祉関係八法の改正を行った。この改正における福祉関係八法とは，老人福祉法，児童福祉法，身体障害者福祉法，精神薄弱者福祉法（現・知的障害者福祉法），母子及び寡婦福祉法（現・母子及び父子並びに寡婦福祉法），老人保健法（現・高齢者の医療の確保に関する法律），社会福祉事業法（現・社会福祉法），社会福祉・医療事業団法（現・独立行政法人福祉医療機構法）である。

　福祉八法改正作業中の1989年12月，政府は「高齢者保健福祉推進十か年戦略」（ゴールドプラン）を，大蔵大臣，厚生大臣，自治大臣の合意によって策定する。老人保健の分野においても，高齢者の介護福祉に関する総合的な体系づくりが求められるようになった。同計画においては，数値目標を定め，在宅福祉事業が積極的に進められるとともに，同計画を円滑に推進するため，1990年に老人福祉法等が改正され，全市町村および都道府県が「老人保健福祉計画」を策定することが義務づけられた。また，老人保健法は，1986年の改正（一部負担金が外来1カ月800円，入院1日400円へと引き上げられ，同時に病院と在宅の中間施設として老人保健施設が作られた）に続いて，1991年9月にも再び改正（老人医療費の自己負担額が外来1カ月1,000円，入院1日800円に引き上げられた。1991年に障害老人の日常生活自立度，寝たきり度の判定基準が設けられた）されることになった。ゴールドプランは修正を受け，1995年からは，「新・高齢者保健福祉推進十か

年戦略」（新ゴールドプラン）が計画された。「新ゴールドプラン」の策定および実施によって，保健・医療と福祉政策の統合化の動きが本格化した。

1996年6月，厚生大臣の諮問期間である「老人保健福祉審議会」は「高齢者介護保険制度の創設について——審議の概要・国民の議論を深めるために」と題する報告書をまとめる。これを受けて厚生大臣は同年6月，「介護保険制度案大綱」を老人保健福祉審議会および社会保障制度審議会に諮問，了承され，1997年12月になってようやく介護保険法として成立した。なお，介護保険法は，サービス提供体制の整備等もあって2年あまりの猶予期間の後，2000年4月から実施された。また，同年には，ゴールドプラン21も始まった。「いつでもどこでも介護サービス」「高齢者が尊厳を保ちながら暮らせる社会づくり」「ヤング・オールド（若々しい高齢者）作戦」の推進，「支えあうあたたかな地域づくり」「保健福祉を支える基盤づくり」のように，介護サービスの基盤整備と生活支援対策などが位置付けられ，新ゴールドプランには盛り込まれていなかったグループホームの整備を具体的な施策として掲げていた。

年金制度の大改革

2004年の年金制度改革は，制度を支える思想が一新されたものであった。それまで，大きな年金制度改正は5年に一度で，それに先立つ年金財政再計算は年金給付の総額を先に試算し，それに合わせて保険料の水準を決めるという方法をとっていた。給付水準を一定に保つための（給付水準固定方式）の方法であった。それが，2004年の改正で，保険料水準固定方式という方法に変わった。これは，支払い可能な保険料総額を先に決定し，給付水準をそれにあわせるという方法である。具体的には2017年に厚生年金保険の保険率は18.5％に，国民年金の保険料は16,900円に固定するというものであった。当然，このままでは給付の総額に見合わない保険料総額になるから，給付を削減する方法としてマクロ経済スライドの導入が決まった。具体的には，賃金や物価による改定率から，現役の被保険者の減少と平均余命の伸びに応じて算出した「スライド調整率：現行では0.9％」を差し引くことによって，年金の給付水準を調整する。

第 I 部　社会保障の概論

なお，このマクロ経済スライドの仕組みは，賃金や物価がある程度上昇する場合にはそのまま適用されるが，賃金や物価の伸びが小さく，適用すると年金額が下がってしまう場合には，調整は年金額の伸びがゼロになるまでに留められる（結果として，年金額の改定は行われない）。賃金や物価の伸びがマイナスの場合は調整を行わず，賃金や物価の下落分のみ年金額を下げることになる。

　こうした公的年金の受給額引き下げ分を補って，年金代替率を維持するために企業年金の普及促進策が採られている。2001年の確定拠出年金法や2002年の確定給付企業年金法により，企業年金の基盤整備が企図されている。

後期高齢者医療の成立

　また，わが国は，国民皆保険制度のもと，すべての国民が時宜を問わずに適切な医療を受けることができる医療制度を実現し，世界最長の平均寿命や高い保健医療水準を達成してきた。一方，急速な高齢化の進展など，医療を取り巻く環境は大きく変化しており，医療保険財政は年々厳しくなっている。一方で，必要な医療を確保しつつも給付の効率化を図ることにより，人口構造の変化に対応できる持続可能なシステムを作り上げていくという課題がある。こうした観点から，2006（平成18）年に「健康保険法等の一部を改正する法律」が成立し，2008（平成20）年，新たに後期高齢者医療制度が発足した。これは日本に居住する75歳以上の被保険者を，従来のような家族の被扶養者としてではなく，独立した制度の中で被保険者として取り扱うようにし，保険者も都道府県広域連合が行う仕組みにしたものである。施行当初，名称や運用をめぐって批判が相次ぎ，民主党など当時の野党4党が同制度の廃止法案を上程するなど，廃止の動きが高まった。民主党は後期高齢者医療制度の廃止をマニフェストに掲げて2009（平成21）年の衆議院選挙に勝利し，政権を担当したが，実際の廃止に向けて対案や組織の問題，財務上の問題から，実現困難と判断し，廃止する時期は引き延ばさざるを得なくなった。そして，2012年に自民・公明の連立による政権が返り咲いて，後期高齢者医療制度は存続することとなったのである。

少子化対策──エンゼルプランから新エンゼルプラン

1990年の1.57ショック（1966年の丙午の出生率1.58を下回ったのでこういわれた）を契機に，政府は出生率の低下と子供の数が減少傾向にあることを「問題」として認識し始めた。こうして，仕事と子育ての両立支援など子供を生み育てやすい環境づくりに向けての対策の検討が始まった。1994年12月，今後10年間に取り組むべき基本的方向と重点施策を定めた「今後の子育て支援のための施策の基本的方向について」（エンゼルプラン）が策定された。エンゼルプランを実施するためには，①保育の量的拡大や低年齢児（0～2歳児）保育，延長保育等の多様な保育の充実，②地域子育て支援センターの整備等を図るための「緊急保育対策等5か年事業」（旧大蔵，旧厚生，旧自治の3大臣合意）が策定され，1999（平成11）年度を目標年次として，整備が進められることとなった。

その後，1999年12月，「少子化対策推進基本方針」（少子化対策推進関係閣僚会議決定）と，この方針に基づく重点施策の具体的実施計画として「重点的に推進すべき少子化対策の具体的実施計画について」（新エンゼルプラン）が策定された。新エンゼルプランは，従来のエンゼルプランと緊急保育対策等5か年事業を見直したもので，2000（平成12）年度から2004（平成16）年度までの5か年の計画であった。新エンゼルプランの重点8分野は以下の通りである。

①保育サービスの充実（厚労省）

②仕事と子育ての両立のための雇用環境の整備（厚労省）

③性別役割分業や職場優先の企業風土の是正（厚労省）

④母子保健医療体制の整備（厚労省）

⑤地域で子どもを育てる教育環境の整備（文科省）

⑥子どもがのびのび育つ教育環境の実現（文科省）

⑦教育に伴う経済的負担の軽減（文科省）

⑧住まいやまちづくりによる子育てしやすい環境整備（国交省）

最終年度に達成すべき目標値の項目には，これまでの保育関係だけでなく，

第Ⅰ部　社会保障の概論

雇用，母子保健，相談，教育等の事業も加えた幅広い内容となっていた。しかし，2002年の中間調査（内閣府が調査した「少子化に関する世論調査報告書」と「社会意識に関する世論調査報告書」）では計画の進捗状況に疑問符がついた。調査によると，「子育てを楽しいと感じるときの方が多い」と答えた者は，1999年に54.9％だったのが，2002年には51.1％へ3.8ポイント低下していた。反対に，「つらいと感じるときの方が多い」は4.4％から5.9％へ1.5ポイント増えた。また，これらの調査でつらさの内訳で最も多いのは，「子どもの将来の教育にお金がかかる」が51.6％であった。これは，99年の44.4％から7.2ポイントの増加である。「子どもが小さいときの子育てにお金がかかる」も21.8％から24.8％となり，負担感が増大してしまっていた。このとき，これから「子どもを持ちたいと思えるようになるために特に充実が望まれている施策」について聞いたアンケート（20～39歳の男女6,000人を対象）で最も多かったのは，「教育に伴う経済的負担の軽減」で58.6％であった。負担の中身は「高校，大学進学の経済的負担」が圧倒的に多く65.5％となっていた。2番目が，「仕事と子育ての両立のための雇用環境の整備」で46.1％であった。具体的には，「育児休業給付金額の充実」や「子育て時間の確保ができる職場」を求める声が切実である。実は，この状況は現在もほとんど変わっていない。毎日のように待機児童の報道がなされ，子供を育てる環境が整ってきたとは言えないのが現実である。

4　社会保障制度の新しい対応

災害と社会保障

　阪神・淡路大震災は，1995年1月17日午前5時46分にマグニチュード7.2の規模で起こり，全壊家屋：104,906棟，被災家屋：512,882棟，死者・行方不明者6,425名，負傷者43,772名という大きな災害だった。この大震災以降，災害医療への対応がクローズアップされ，その後の災害派遣医療チーム（DMAT）の創設，広域災害救急医療情報システム（EMIS）の整備につながった。

DMATとは「災害急性期に活動できる機動性を持ったトレーニングを受けた医療チーム」と定義されており（平成13年度厚生科学特別研究「日本における災害時派遣医療チーム（DMAT）の標準化に関する研究」報告書），災害派遣医療チーム Disaster Medical Assistance Team の頭文字をとって略して DMAT（ディーマット）と呼ばれている。医師，看護師，業務調整員（医師・看護師以外の医療職および事務職員）で構成され，大規模災害や多傷病者が発生した事故などの現場に，急性期（おおむね48時間以内）に活動できる機動性を持った，専門的な訓練を受けた医療チームである。この阪神・淡路大震災について，初期医療体制の遅れが考えられ，平時の救急医療レベルの医療が提供されていれば，救命できたと考えられる「避けられた災害死」が500名存在した可能性があったと後に報告されている。阪神・淡路大震災で災害医療について多くの課題が浮き彫りとなり，この教訓を生かし，各行政機関，消防，警察，自衛隊と連携しながら救助活動と並行し，医師が災害現場で医療を行う必要性が認識されるようになった。日本 DMAT は平成17年 4 月に，厚生労働省により，発足した。研修は，独立行政法人国立病院機構災害医療センターにて開始され，2006年 9 月には西日本の拠点として兵庫県災害医療センターでの研修が開始された。

　しかし，東日本大震災（2011年）では，避難生活の長期化に伴う健康影響への対応が課題とされた。東日本大震災は，阪神・淡路大震災を想定して構築されてきたわが国の災害対策を根幹から揺るがすこととなった。とくに，地域住民を災害から保護する役割を担う市町村（基礎自治体）がその機能を失うことは，災害対策基本法の中でも想定されておらず，結果として，支援を必要とする地域に適切な支援が入らず，情報が集中する地域に支援が集中するという支援の不均衡が起こった。また，東日本大震災の特徴として，避難生活の長期化が指摘されている。避難生活の長期化は，障害者，高齢者，妊産婦，乳児という災害弱者への身体的，精神的負担を強いるとともに，生活習慣病の悪化を招く等，更なる医療需要を生み出すこととなったのだった。

　このような事態に対応していく上で，災害発生直後より効率的に公衆衛生情報を収集し，集められた情報を的確かつ迅速に評価することで，適切な人的，

第 I 部　社会保障の概論

物的資源を配分することが，緊急時の公衆衛生対策に求められている。地域保健を担う保健所は，

①平時における組織をいかに効率的に有事の体制に移行させるか。
②災害時に不足する人的資源を補うためにはいかなる法的課題が存在し，いかなる解決手段が考えられるか。
③地域の公衆衛生活動の中核を形成する保健師はいかに行動すべきか。
④円滑に医薬品，衛生資材等を被災地域に供給させるためにはいかなる備蓄・供給体制を構築すべきか。

について日ごろから準備をする必要が生じる。

　大規模災害時においては，保健，医療さらには福祉に関する情報を集めることの重要性が認識されてはいるが，保健サイドのみで避難所活動，救護活動から得られる情報を収集することは人的，技術的にも限界があると考えられる。この問題を解決する手段として，保健行政と医療者側の役割分担と連携，各々をつなぐ情報ネットワークの構築が重要だ。このため地域保健法に基づく「地域保健対策の推進に関する基本的な指針」（以下，基本指針）の改正（2012年）の中で，大規模災害時の公衆衛生活動として，「被災地域の情報収集」と「医療連携・保健活動の全体調整，保健活動の支援・受援」が取り上げられた。2014年の災害対策基本法の改正では，避難所への保健医療サービスの提供が明記されたが，被災地支援のあり方については必ずしも自治体間で一致しているわけではなく，その標準化が課題とされていた。そこで，2014年に全国衛生部長会災害時保健医療活動標準化検討委員会が設置され，被災地支援の到達点の１つとして，地震，津波，火山噴火，台風等の自然災害時に伴う重大な健康危機発生時における保健医療活動に関し，自治体間の応援を効果的に行うための組織として，「災害時健康危機管理支援チーム」（Disaster Health Emergency Assistance Team: 以下，DHEAT）が提案されている。いわば，DHEAT は公衆衛生版の DMAT と言えるだろう。DHEAT は保健所職員，公衆衛生医師，保健師，

第2章　わが国の社会保障制度

管理栄養士，衛生課職員などで構成され，おもな役割としては，①避難所における被災者の要望の把握，②被災地の妊産婦，乳幼児，要介護者の把握と対応，③避難所の衛生管理状態の把握と評価，④感染症発生などについてのサーベイランス，⑤被災地の廃棄物，汚水，水道などの状況把握と評価，などが考えられている。

こころのケア

　2011年の東日本大震災の際には，被災地に多くの医療チームが派遣され，救護・支援活動を行った。「こころのケアチーム」は，その中の1つである，精神科医を中心としたメンバーで構成される精神医療チームである。岩手県，宮城県，福島県および仙台市から，厚生労働省に災害対策基本法第30条に基づく心のケアチームの派遣斡旋の要請があり，全国の都道府県等と派遣の調整を行い，2012年3月までに合計57チームが派遣され，延べ3,504人が活動した。ただし，被災地における心のケア活動の位置づけ，役割そして活動手法に関する要領も定まっておらず，一部に非効率な運用が見られた。また，心のケアに対応する公的部門を設置している地方公共団体は少なく，体制は十分とは言えない状況だった。厚労省は2012年度から「心のケアチーム体制整備事業」を実施し，国立精神・神経医療研究センターに設立された「災害時こころの情報支援センター（2011年12月に設置）」とチームの定義や具体的な活動要領作成の必要性を協議し，2013年2月に災害派遣精神医療チーム（Disaster Psychiatric Assistance Team: 以下，DPAT）の設置運用が発表された。DPATの名称や活動要領はDMATを参考に作られている。

　DPATは，精神科医，看護師，業務調整員が基本構成だが，必要に応じて児童精神科医，薬剤師，保健師，精神保健福祉士，臨床心理技術者などを加えることができる。そして，その活動は災害精神保健医療情報支援システム（Disaster Mental Health Information Support System: 以下，DMHISS，ディーミス）に支えられる。DMHISSは，DPATの派遣要請，被災地の情報提供，活動記録と次のチームへの引継ぎなどを担うインターネットを介して行われるシステ

67

第Ⅰ部　社会保障の概論

ムのことである。インターネットへの接続は，地上での他の接続手段が使用できない場合には衛星携帯電話システムを介して接続される。災害時こころのケア情報センターがその運営を任されている。DPATと「こころのケアチーム」との違いは，発災後72時間以内の先遣隊派遣を位置づけたこと（重度化を防ぐため），効率的な活動のために，DMHISSの体制を整備したことである。なお，厚生労働省精神・障害保健課より，DPATの運用について都道府県の地域防災計画に記述するよう通知している（障精発0107第1号平成26年1月7日）。

参考文献

久保知行『わかりやすい企業年金』日本経済新聞社，2009年。
厚生団編『厚生年金保険制度回顧録』1988年。
日本経済新聞社編『年金の誤算――企業を脅かす巨大債務の危機』日本経済新聞社，
　　1996年。
松井傳吉『財閥三井の新研究』中外産業調査会，1936年。
横山和彦「『福祉元年』以後の社会保障」東京大学社会科学研究所編『転換期の福
　　祉国家』下，東京大学出版会，1988年。

この章の基本書

横山和彦・田多英範『日本社会保障の歴史』学文社，1991年。
　＊厚生省50年史に携わったメンバーによる社会保障の通史。1980年代末までの年金，
　　医療，生活保護，労働保険，児童福祉の動きが網羅されている。
土田武史編著『社会保障論』成文堂，2015年。
　＊網羅的に社会保障制度の基礎知識を習得し，現代において社会政策が果たしている
　　機能，制度が抱えている諸問題を理解することができる。

練習問題

問題1
社会保障制度の時期区分について，本書だけではなく，類書も読んで比較検討せよ。

問題2
社会保障制度審議会の50年勧告と95年勧告を比較して，わが国の社会保障制度の定義の変遷ついて考察せよ。

第2章　わが国の社会保障制度

問題3
高齢者対策のゴールドプランと少子化対策のエンゼルプランの手段の差異を示せ。

問題4
高齢者対策のゴールドプランと少子化対策のエンゼルプランを評価する際の評価軸について考察せよ。

問題5
企業年金は何故，必要か。マクロ経済スライド（第8章に記載している）という言葉を使って説明せよ。

（山本克也）

第3章

社会保障を取り巻く環境（1）

──日本の社会経済の現状──

本章のねらい

　社会保障制度は生きていく中でのリスクに対応するために欠かせないものだが，どのようなものが必要とされているかは，ある程度，国により異なる部分がある。また社会保障制度の重要性が高まっていく中で，制度運営にかかる費用をどのように賄うかということも，非常に重要な問題である。本章ではまず，各国の社会保障制度を比較しながらその特徴を明らかにする。続いて，現在のわが国の状況を整理し，今後どのような改革が必要とされているのかを概観する。

　わが国の社会経済の現状を，社会保障制度とのかかわりの中で捉える場合，社会保障制度の持続可能性に深刻な影響を及ぼす可能性がある大きな要因として，少子高齢化と累積する**政府債務残高**が挙げられる。そこで，まずはわが国の財政の状況について説明する。また，現在の社会保障制度の状況を国際比較するとともに，どのようなことが原因となって現在の状況が発生しているのか，今後求められている対応はどのようなものかということについても解説する。

1　わが国の現状

財政と社会保障

　現在，わが国では財政赤字が深刻な問題となっている。財政赤字とは，税収をはじめとする政府の収入よりも，政府の支出のほうが多くなっていることによって生じるものであるが，その政府支出の中で比較的大きな部分を占めるの

第 I 部　社会保障の概論

が社会保障に関する支出である。そのため，社会保障制度の将来像をどのよう
に描くのかは，わが国の将来をどのような形にするのかということとも直結す
る重要な課題である。そこで，まずはわが国の財政状況を概観し，その中での
社会保障の位置づけを整理する。さらには先進各国の社会保障制度のあり方も
紹介し，わが国の制度との比較を行う。

わが国の財政状況

　はじめに，わが国の財政がどのような状況にあるかということを，データを
見ながら確認してみよう。内閣府『平成28年度　年次経済財政報告』の2014年
度の値を見ると，**一般政府財政バランス対 GDP 比**は −5.2%，国債発行額は
40兆4,929億円，**国債依存度**は40.9，国債残高は774兆831億円，名目 GDP 比
では157.5％となっている。それぞれのことばの意味を確認しつつ，それぞれ
のデータが示している状況を解説しよう。

　一般政府財政バランスとは，一般政府における純貸出あるいは純借入のこと
であり，支払よりも受取が多ければ純貸出，逆なら純借入があるということに
なる。値としては，純貸出がある場合にはプラス，純借入がある場合にはマイ
ナスとして表される。財政収支改善の目標としてよく用いられる値として「プ
ライマリーバランス」があるが，プライマリーバランスとは一般政府財政バラ
ンス〔国民経済計算における「純貸出／純借入」〕に支払利子を加え，受取利
子を控除することにより計算されるものである。さらにこの値を名目 GDP の
値で除算した値が一般政府財政バランス対 GDP 比である。名目 GDP はつね
にプラスの値をとるため，名目 GDP の値で除算しても，符号には変化がない。
すなわち，一般政府に純貸出があれば一般政府財政バランス対 GDP 比はプラ
スの値，純借入があれば一般政府財政バランス対 GDP 比はマイナスの値となる。

　政府の受取と支払の内訳について，内閣府『国民経済計算』の付表6をもと
に簡単に説明しよう。一般政府は「生産・輸入品に課される税（受取）」や
「所得・富等に課される経常税（受取）」といった租税収入と，「社会負担（受
取)」などを収入として，「現物社会移転以外の社会給付（支払)」や「現物社会

移転（個別消費支出）」のような社会給付のほか，集合消費支出や総固定資本形成を行う。これらの収入や支出を集計することにより，一般政府財政バランスを求めることができる。わが国の場合であれば，2014（平成26）年度における一般政府財政バランス対 GDP 比が −5.2％である。一般政府財政バランスがマイナスの値ということは，一般政府に純借入がある状態，すなわち政府の受取よりも政府の支払のほうが大きい状態であるということになる。

　政府の収入を支出が上回っている状況であれば，何らかの形でその差を埋める必要があり，その方法の 1 つとして考えられるのが国債の発行である。わが国では毎年国債が発行され続けており，その結果として，冒頭で示したように，2014（平成26）年度における国債発行額は40兆4,929億円に上る。またわが国において国債発行は2014（平成26）年度のみ行われているものではなく，毎年行われている。この結果として，国債残高は774兆831億円という額になっている。一国経済の経済活動との比較のため，国債残高を名目 GDP で除算した国債残高対名目 GDP 比で見ると，157.5％という水準になる。すなわち，付加価値で表した一国経済のすべての経済活動の成果よりも大きな水準の国債残高を抱えているということになる。これは国際的に見ても非常に高い水準といえる。

　また一般会計の歳出に占める国債発行額の割合を表す値として，国債依存度がある。国債の発行は支出が収入を上回っているために行われるものであるということを考えれば，また国債残高の大きさを考えれば，際限なく国債を発行することは難しく，収入を増加させる，あるいは支出を減少させる方法を考えなければならないことがわかる。

　以上のようなデータから，わが国の財政状況の厳しさが認識されるだろう。個人が借金を返済しきれずに破産することがあるのと同様に，国も国債の償還ができない状況になれば，財政の破綻が発生する。過去にもアルゼンチンやギリシャなど，財政破綻の状態に陥った国が存在する。わが国においても，今後財政破綻が発生しないという保障はない。したがって，財政が危機的な状況にあるわが国も，収入を増加させる，支出を減少させる，あるいはその両方といった方法を用いて，財政赤字を削減させることが必要なことがわかるだろう。

第Ⅰ部　社会保障の概論

――― *Column* ③　生産関数 ―――

　本文中でも触れたが，経済学においては，生産は資本と労働を投入することによって行われると想定する。これを次のような式で表してみよう。

$$Y = F(K, \ L)$$

Y は生産量，K は資本，L は労働を表す。

　生産量は資本および労働の増加関数である。すなわち，資本あるいは労働の投入量が増加すれば，生産量は増加する。逆に言えば，資本や労働の投入量が減少すれば，生産量は減少する。人口が減少を始めているわが国においては，何も対策をしなければ労働投入量が減少することは避けられないことから，雇用延長をはじめとして，労働供給量を減らさないための対策が考えられている。

　また，のちほど改めて説明するが，社会保障制度は財政の中でかなり大きな割合を占めている。したがって，財政の健全化を図る１つの方法を考えた場合に，社会保障関係の支出についても削減の方向性が検討される。過去にも公的年金の支給開始年齢引き上げや，医療の自己負担比率引き上げなど，様々な形で給付の削減や負担の増加などが図られており，制度を持続させながら財政の健全化を図る取り組みがなされているといえる。

少子高齢化と経済成長

　前項において国債残高対名目 GDP 比を取り上げたが，分母に該当する名目 GDP が大きく成長すれば，この比率が低下する可能性がある。また税収の増加などから，国債残高自体が減少する可能性もある。したがって，GDP の成長，すなわち経済成長は，単に経済の発展のためだけではなく，財政の健全性を確保する上でも非常に重要であるといえる。

　そこで，GDP の成長がどのようにもたらされるのかを，経済学に基づいて説明しよう。経済学では，資本と労働を生産要素として生産が行われると想定することが一般的である。また，資本と労働は，いずれもその量が増加することにより，生産量を増加させると考えられる。したがって，資本および労働の

増加は，GDP を成長させるためには不可欠であるといえる。その一方で，現在わが国で進展している少子高齢化は労働力人口を減少させることから，生産量を減少させる要因となる。もちろん労働の減少分を何らかの方法で補うことができれば生産量が減少しないことも考えられるが，対策の必要があることは間違いない。この点については，本章最終節およびコラムにおいて改めて解説する。

2　社会保障制度と財政

政府支出における社会保障制度の位置づけ

　次に，政府支出における社会保障制度の位置づけを確認してみよう。前項にて示したように，『国民経済計算』においては，政府の支出項目として「現物社会移転以外の社会給付（支払）」や「現物社会移転（個別消費支出）」といったものがあり，これらがいわゆる社会保障制度に関係する支出であるといえる。またよく挙げられる値として，**一般会計予算に占める社会保障関係費**がある。社会保障関係費は社会保障に関する費用のうち，一般会計に計上される分を表しており，年金給付費・医療給付費・介護給付費・少子化対策費・生活扶助等社会福祉費・保健衛生対策費・雇用労災対策費の7項目から構成される。社会保障関係費は2016（平成28）年度予算で31兆9,738億円となっているが，このうち年金給付費が11兆3,130億円，医療給付費が11兆2,739億円と，それぞれ全体の約35％ずつを占め，この2項目で全体の約70％となる。また一般会計予算総額は96兆7,218億円であり，その中に占める社会保障関係費の割合は約33％に上る。

　このことからもわかる通り，社会保障関係費は一般会計予算においてかなり大きな割合を占めている。のちに説明する「社会保障と税の一体改革」の中では，消費税は全額社会保障に使われるとされているが，社会保障関係費は消費税収よりも大きな値となっていることから，消費税収以外の収入も，社会保障に利用されているということになる。

第Ⅰ部　社会保障の概論

　しかし社会保障に関係する支出は，実はこれだけにとどまるものではない。
ここまで説明してきたものは「一般会計予算に占める社会保障関係費」，つま
り政府の活動のうち，一般会計と呼ばれる領域のみを考慮した値であった。し
かし国の会計には一般会計のほかに**特別会計**があり，社会保障に関する収入と
支出は，特別会計に計上される項目が数多く存在している。この特別会計に計
上される分も合計すると，社会保障に関する支出が財政に占める割合が，さら
に大きくなることがわかる。次節では特別会計とはどのようなものであり，社
会保障制度においてはどのような項目が特別会計として扱われているのかを整
理しよう。

一般会計と特別会計

　国の会計については，「**予算単一の原則**」（単一会計主義）という原則がある。
国の会計は単一の会計（一般会計）で一体として経理することを求めているも
ので，これは毎会計年度における国の施策を網羅して通観し，財政の健全性を
確保するための原則である。

　しかし一方で，特別会計という存在がある。これは財政法に規定されている
ものであり，単一の会計では事業の状況や資金の運営実績等が不明確になる場
合に設けられる。すなわち，特定の歳入と特定の歳出を一般会計と区別して経
理することで，特定の事業や資金運用の状況を明確化することを目指すもので
ある。なお，特別会計の設置要件としては，財政法第13条第2項において，次
の3つの場合が定められている。

　①特定の事業を行う場合

　②特定の資金を保有してその運用を行う場合

　③その他特定の歳入をもって特定の歳出に充て一般の歳入歳出と区分して経
　　理する必要がある場合

　また，「特別会計に関する法律」において，特別会計の設置，管理および経

76

第3章 社会保障を取り巻く環境（1）

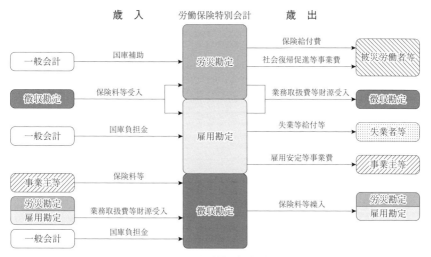

図3-1 労働保険特別会計の仕組み
（出典） 財務省『特別会計ガイドブック（平成28年版）』。

理の基本理念についても定められている。これらの定めにより，平成28年度には14の特別会計が設けられている。この中で社会保障に関係が深いものとしては，「**労働保険特別会計**」と「**年金特別会計**」がある。

労働保険特別会計　　労働保険特別会計は，「労災勘定」「雇用勘定」「徴収勘定」の3勘定からなり，それぞれ一般会計や他の勘定からの歳入を受けて，被災労働者や失業者，事業主等への支出を行うとともに，他勘定へも支出を行っている。これを図にすると図3-1のようになる。

また，歳入歳出予算を見ると，歳入は6兆5,248億円，歳出は6兆3,660億円である。

年金特別会計　　年金特別会計は，国民年金・厚生年金だけでなく，健康保険・船員保険についても，徴収と給付を行っている。また，「基礎年金勘定」「国民年金勘定」「厚生年金勘定」「健康勘定」「子ども・子育て支援勘定」「業務勘定」の6つの勘定に区分される。年金特別会計は，各種保険料や積立金，積立金の運用収入，国庫負担金を財源として，年金給付や保険料等交付金の交付，児童手当等の給付を行っている。これを図にすると図3-2の

77

第Ⅰ部 社会保障の概論

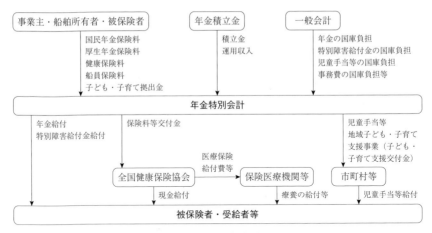

図3-2 年金特別会計の仕組み
(出典) 財務省『特別会計ガイドブック(平成28年版)』。

ようになる。

年金特別会計の予算は、歳入歳出の総額で見れば87兆9,058億円となり、一般会計における社会保障関係費よりもはるかに大きな額が社会保障に費やされていることがわかる。

一般会計と特別会計の重複

一般会計と特別会計は完全に独立した存在ではなく、一般会計から特別会計への財源の繰り入れも行われている。したがって、国全体での財政規模を考える上では、両者を単純に合計した**総額ベース**で見るだけでなく、重複計上分について控除した**純計ベース**でも見ることが必要となる。

総額ベースと純計ベース　総額ベースで見ると、2016(平成28年)度予算における歳入は、一般会計95.0兆円、特別会計407.3兆円で、合計504.0兆円となる。また歳出は、一般会計96.7兆円、特別会計403.9兆円の、合計500.6兆円となる。ただし前記のとおり、これには重複分が含まれている。

純計での社会保障関係費　純計で見ると、2016(平成28)年度予算における歳入は、一般会計95.0兆円、特別会計151.4兆円の、合計246.4兆円となる。

第**3**章　社会保障を取り巻く環境（1）

歳出は，一般会計43.1兆円，特別会計201.5兆円の合計244.6兆円となる。歳出の中で最も大きな割合を示す分野は国債費（92.0兆円）であるが，社会保障関係費も国債費に次ぐかなり大きな割合（86.4兆円）を占めている。また社会保障に関係する特別会計においても，純計で計算してみよう。労働保険特別会計における各勘定間の受入・繰入，一般会計への受入を相殺し，歳出の純計額を求めると，3兆5,268億円となる。同様の計算を年金特別会計についても行い，歳出の純計額を計算すると，64兆231億円となる。

3　様々な指標

社会保障に関する費用の集計としては，これまで見てきた社会保障関係費のほかに，「社会支出」や「社会保障給付費」がある。この2つの指標について，定義を明らかにしつつ，どのような値になっているかを見てみよう。さらに，一国経済の集計の中で社会保障についても集計している例として，国民経済計算における社会保障制度の集計についても見てみよう。

社会支出

社会支出は **OECD**（Organisation for Economic Co-operation and Development: 経済協力開発機構）の基準にしたがった指標であり，「人々の厚生水準が極端に低下した場合に，それを補うために個人や世帯に対して財政支援や給付をする公的あるいは私的供給」が社会支出の範囲と定義される。わが国では公的社会支出・義務的私的社会支出・施設整備費を社会支出として集計している。OECD の基準は，個人に帰着する支出にとどまらず，施設整備費などの支出も含んでいることに特徴がある。

公的社会支出とは，一般政府によって資金の流れがコントロールされる社会支出を指し，給付の形態としては，社会保険や社会扶助給付がある。

義務的私的社会支出とは，私的部門により運営されるものの，法令により定められた社会的支援を指す。給付の形態としては，雇主による休業被用者への

79

第Ⅰ部 社会保障の概論

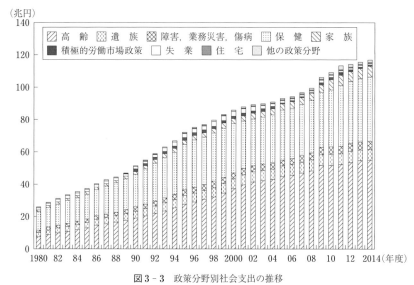

図3-3 政策分野別社会支出の推移
(出典) 国立社会保障・人口問題研究所『平成26年度 社会保障費用統計』。

直接疾病手当，私的保険基金への強制拠出による給付などがある。社会支出の総額は，一貫して上昇を続けており，2014（平成26）年度には116兆8,532億円に達している。対名目GDP比で見れば，この値は23.87％に相当する。

さらに，社会支出を政策分野別に分類して集計してみよう（図3-3）。分類項目としては，「高齢」「遺族」「障害，業務災害，傷病」「保健」「家族」「積極的労働市場政策」「失業」「住宅」「他の政策分野」がある。

圧倒的に大きな割合を占めているのは高齢であり，2014（平成26）年度には全体の47.0％に相当する54兆8,747億円となっている。次いで大きな割合なのは保健であり，33.8％に相当する39兆5,385億円である。この2つの項目で社会支出の合計額の80％程度となる。時系列で見ても，高齢向けの支出の伸びが大きいことがわかる。平均寿命が伸び，高齢者が増加することの影響を強く受けているといえるだろう。

第3章　社会保障を取り巻く環境（1）

社会保障給付費

　社会保障給付費はILO（International Labour Organization: 国際労働機関）の定義に基づく集計である。ILOの定義では，「機能」「給付の根拠」「給付管理の主体」の3つの基準を満たすものが社会保障制度とされる。3つの基準について具体的に説明すると，以下のようになる。

①機能：制度の目的が，次のリスクやニーズのいずれかに対する給付を提供するものであること。
　　(1)高齢，(2)遺族，(3)障害，(4)労働災害，(5)保健医療，(6)家族，(7)失業，(8)住宅，(9)生活保護その他
②給付の根拠：制度が法令によって定められ，それによって公的，準公的，もしくは独立の機関に特定の権利が付与されるか，あるいは責任が課されるものであること。
③給付管理の主体：制度が法令によって定められた公的，準公的，もしくは独立の機関によって管理されていること。

　社会保障給付費では，総額のほかに部門別，機能別の値が集計されるほか，社会保障費用財源や制度間移転についても集計されていることに特徴がある。金額については，施設整備費等を含まないため，社会支出よりは多少低い値となるが，それでも2014（平成26）年度において112兆1,020億円，対名目GDP比では22.90％となっている。部門別に見れば，1970（昭和45）年には福祉その他とあまり変わらない水準であった年金の伸びが著しく，2014（平成26）年度では全体の48.5％に当たる54兆3,429億円に達している。医療・福祉その他も，年金ほどではないもののほぼ一貫して上昇を続けており，医療は36兆3,357億円，福祉その他は21兆4,234億円となっている。

　機能別社会保障給付費を見ても，やはり社会支出と同様に高齢が圧倒的に多く，全体の半分近くを占めていることがわかる。なお，「年金」「医療」「福祉その他」の部門別内訳を機能別に割り振ると，図3‒4のように再分類される。

第Ⅰ部　社会保障の概論

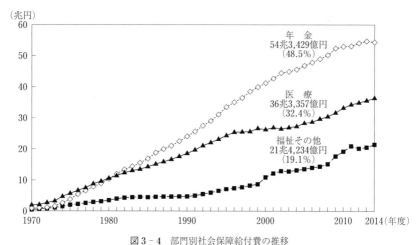

図3-4　部門別社会保障給付費の推移
（出典）　国立社会保障・人口問題研究所『平成26年度　社会保障費用統計』。

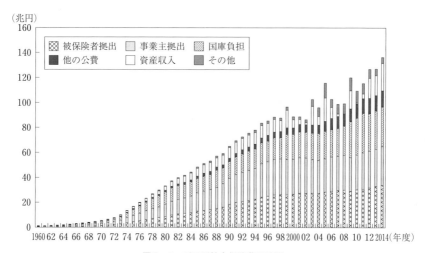

図3-5　項目別社会保障費用財源
（出典）　国立社会保障・人口問題研究所『平成26年度　社会保障費用統計』。

第3章 社会保障を取り巻く環境（1）

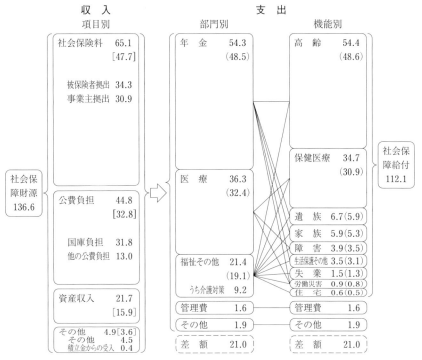

図3-6 ILO基準における社会保障財源と社会保障給付のイメージ図（2014年度，単位：兆円，％）
（出典） 国立社会保障・人口問題研究所『平成26年度　社会保障費用統計』。

　さらに，社会保障給付費は，財源についても集計を行っていることに特徴がある。2014（平成26）年度においては，項目別社会保障費用財源の総額は136兆5,729億円である。そのうち**社会保険料**（被保険者拠出＋事業主拠出）が全体の47.7％に相当する65兆1,513億円，**公費負担**（国庫負担＋その他公費）が32.8％にあたる44兆8,373億円，他の収入が19.5％に当たる26兆5,843億円となる（図3-5，3-6）。

　以上見てきたように，社会支出，社会保障給付費のいずれを見ても，わが国の社会保障制度は高齢者向けの分野が充実している傾向にあることがわかる。老後の保障は重要であり，またわが国は高齢化がとくに進んでいることから，高齢者向けの支出が大きな割合を占めることは避けられないが，今後も進む少

第 I 部　社会保障の概論

子高齢化の中で，ますます高齢向け支出を増加させ，他の分野への支出を行う
上での制約となる可能性もある。

国民経済計算に基づく社会保障給付・負担

　一国経済の経済活動を網羅的に集計することを目的とした国民経済計算にお
いても，社会保障の給付と負担が計算されている。一般政府から家計への移転
を示した付表 9 においては，社会保障関係の給付（**社会保障給付・その他の社会
保険非年金給付・社会扶助給付**）は110兆8,697億円となる。また社会保障負担に
ついては，62兆2,519億円と計算されている。この値もまた社会支出や社会保
障給付費と異なっているが，これは集計する範囲の違いによるものである。す
なわち，一国経済を漏れなく，また重複なく集計するために，社会支出や社会
保障給付費では社会保障として扱われているものの一部は，他部門で計上され，
社会保障の項では集計されていない。また政府内部での移転は扱っていないた
め，国庫負担などが計上されていない。もちろん社会保障として扱われないと
しても，一国経済の活動の一部であるため，社会保障以外の経済活動として，
経済活動の成果は記録されている。

　以上のように，どのような観点から集計するのかにより，最終的に集計され
る額にも違いが発生する。データを用いる際には，それぞれの特徴を正しく把
握することが必要である。

4　社会保障の国際比較

　次に，諸外国との比較を行うことで，わが国の社会保障制度の特徴を見てみ
よう。ここで比較の対象とするのは，アメリカ・イギリス・ドイツ・スウェー
デン・フランスの 5 カ国である。このような比較の際に有用な指標は「社会支
出」である。社会支出は OECD の基準に準拠して集計がなされているため，
わが国だけでなく先進各国の社会支出の水準も，ほぼ同様の集計内容で把握す
ることができることに特徴がある。

第3章 社会保障を取り巻く環境（1）

　まず社会支出の対GDP比を見ると，日本の社会支出の水準は24％弱となる。日本も含めた6カ国の中で最も少ないアメリカでも19％程度，最も多いフランスでは32％程度となっている。したがって，日本が突出して大きな割合を占めているとはいえず，社会支出が大きな割合を示すことは，ある程度先進国に共通する特徴であるといえるだろう。

　また各政策分野への支出割合を見ると，日本においては，高齢が約半分を占めており，これが諸外国と比較した場合の大きな特徴となっている。もちろん高齢化が進めば高齢に対する支出が大きくなることは避けられず，そのため他の諸国においても高齢が大きな比率を占めてはいるものの，日本における高齢が突出して大きな割合になっていることは明らかである。他方日本において諸外国と比べて極端に少ないのは，失業と住宅である。この2項目はいずれの国もそこまで大きな値にはなっていないものの，全体の1％にも満たないのは日本のみである。またヨーロッパ各国では比較的充実している家族や積極的労働政策についても，わが国では手薄であることがわかる。のちに触れるが，このように高齢に偏った社会支出のあり方については，「社会保障と税の一体改革」の中で，改善を図ろうとしているところである。

5　様々な財政方式

社会保険方式と税方式

　一般会計における主な収入は租税であるのに対して，特別会計においては，収入は保険料や一般会計からの移転が中心となることが大きな特徴である。それではなぜ，財源調達の方法に違いがあるのだろうか。これは主に，制度の運営の方法の相違であるといえる。すなわち，「社会保険方式」として運営されている制度については，基本的にはその制度に加入する者からの保険料を収入とし，必要に応じて給付を行っている。他方「税方式」として運営されている制度は，徴収された租税をもとに給付が行われる。この運営方針については，それぞれの制度の理念が反映されている。社会保険方式は「自助」を通じた

85

第Ⅰ部　社会保障の概論

「共助」の考え方が基本となっており，権利的な性格が強いといえる。一方税方式は「公助」の考え方が基本となり，恩恵的な性格の強いものである。制度によってどちらの性格がより強くなるのかは異なるが，わが国において，年金・医療・介護といった分野は社会保険方式を採る一方で，生活保護などは税方式を採っている。

　また公的年金に関しては，基礎年金部分を税方式に変更するべきであるといった議論もなされてきた。既に基礎年金部分は2分の1が国庫負担となっているが，これを全面的に税負担にすべきという議論である。現在国民年金では多数の未納者がいることが問題となっているが，保険料の拠出が給付の要件となっているために，未納は老後の無年金・低年金にもつながる。したがって，拠出と給付がつながりをもたない税方式は，この問題を解消する1つの方法となりうるだろう。しかし一方で，租税のみで基礎年金の給付をまかなおうとすれば相当高い税率が必要になることや，後述する「**二重の負担**」の問題が生じること，生活保護との役割分担をどのようにするかということなど，問題点も多く，容易に実現できるとはいえない。

公的年金の財政方式

　わが国の公的年金は，現役世代が拠出した保険料が引退世代への給付に充てられる「**賦課方式**」を採用している。したがって，賦課方式のもとでは世代間の再分配が行われていると考えることができる。一方，自らの拠出した保険料が将来の自分自身の給付に充てられるような方法を「**積立方式**」と呼ぶ。積立方式のもとでは，各世代が独立しており，世代間の再分配は考慮されない。また，非常に簡単に説明すれば，賦課方式における年金の収益率は人口成長率に，積立方式における年金の収益率は利子率に依存する。人口が減少局面に入ったことで，収益率が人口成長率に依存しない積立方式への移行がさかんに主張された時期もあったが，「二重の負担」などの問題が生じるため，移行は容易ではない。二重の負担とは，既に賦課方式の年金制度において保険料の拠出を行っている世代に発生する負担のことである。すなわち，自らのそれまでの拠出

第3章　社会保障を取り巻く環境（1）

―― *Column* ④　**積立方式と賦課方式** ――――――――――――――

　公的年金制度の運営方式としては，積立方式と賦課方式が存在し，それぞれ
の収益率は，前者は利子率，後者は人口成長率に依存すると説明した。このこ
とについて，モデルを用いてもう少し説明してみよう。

　2期間生存する個人を想定し，各個人は1期目（若年期）に保険料の拠出を
行い，2期目（老年期）に年金の給付を受けるものとする。また毎期人口は n
の割合で増加するものとする。すなわち，初期時点での若年期の人口が N で
あれば，次の期の若年期の人口は $(1+n)N$ となる。

　さらに，若年期における保険料は定額の p であるとしよう。このとき，保
険料拠出の総額は，個人の保険料拠出額に人口を乗じた pN となる。

　賦課方式が採用されていれば，若年からの拠出が老年への給付に充てられる
ため，拠出総額 pN を，その時点における老年の人数で除算することにより，
1人当たりの給付額を計算することができる。したがって，給付額 b_p は，
$b_p = pN/(N/(1+n)) = (1+n)p$ となる。すなわち，自らが拠出した額の
$(1+n)$ 倍の給付を受けることになる。

　一方積立方式であれば，自らの拠出した保険料 p に対して，運用利子率 r
を乗じた額が給付される。したがって，給付額 b_F は，$b_F = (1+r)p$ となる。
通常利子率はマイナスの値をとらないのに対して，現在わが国の人口は減少局
面に入っている。すなわち n がマイナスになっていることから，負担を現在
世代や将来世代へと回しているとされ，積立方式への移行がさかんに議論され
る時期があった。

―――――――――――――――――――――――――――――――――――

は既に引退世代への給付に使われているため，移行後には新たに自らの退職後
のための積立を行わなければならず，それが従来制度下での負担に加えて発生
するために，二重に負担をしなければならないということを表している。さら
には，積立方式においてはインフレーションや賃金の変動への対応が難しいと
いえる。すなわち，賦課方式において採用されている物価スライドなどは，積
立方式では対応しきれない部分であると考えられる。したがって，人口が減少
局面に入ったからといって，積立方式に移行すればすべての問題が解決すると
はいえない。もちろん賦課方式は世代間での再分配が行われることから，世代
間の不公平性が問題にされるなど，解決すべき問題は残されているが，改革の

第 I 部　社会保障の概論

方向性については慎重に議論することが必要である。

保険料水準固定方式と給付水準固定方式

　また，少子高齢化が進むことにより，社会保障の給付と負担のバランスも変化している。前項にて説明したように，わが国の公的年金制度は賦課方式を採用している。すなわち，現役世代の拠出した保険料が高齢者への給付に充てられる。したがって，若年者が減少すれば，1人当たりの負担を重くする，あるいは高齢者の給付を削減することが必要になる。わが国においては，2004（平成16）年の年金改革以前は給付水準を固定し，その給付を賄う拠出を行うことになっていたが，2004（平成16）年改革以降，保険料固定方式が導入され，きめられた保険料の水準をもとに，その範囲内での給付が行われるようになった。このような改革は，少子高齢化に伴う給付と負担のバランスの見直しであるといえる。

6　財政危機と社会保障改革

　ここまでは，わが国の財政状況と，社会保障制度の概要，国際比較を行ってきた。危機的な状況にあるわが国の財政状況を考慮すると，社会保障制度についても，様々な改革が必要とされている。政府は「社会保障と税の一体改革」として，財源と配分を大きなテーマとして扱っている。財源については，これ以上負担を将来世代へと先送りすることは許されないということを背景に，消費税を増税するとともに，増税分はすべて社会保障財源として使用することとしている。また配分については，高齢に偏っていたものを，「**全世代型の社会保障へ**」ということで，子供・子育てといった分野にも，これまでより多くの支出をすることを目指している。

　消費税の増税は，高齢化により急増する社会保障費用は，現役世代だけで支えていくのは限界があるという理由によるものである。この増税により基礎年金国庫負担割合2分の1の恒久化を実現し，社会保障制度の持続可能性の確保

第3章 社会保障を取り巻く環境（1）

を目指している。消費税を財源とすることについては，3つの理由が挙げられている。すなわち，①景気や人口構成の変化に左右されにくく，税収が安定していること，②働く世代など特定の人に負担が集中することなく，経済活動に中立的であること，③高い財源調達力があることである。なお，既に説明した通り，社会保障財源のほうが消費税収よりも大きいため，消費税収以外の税収，あるいは公債金収入の一部も社会保障に充てられる。

また全世代を対象とする社会保障の充実として，消費税の増税分は従来からの高齢者3経費（基礎年金，老人医療，介護）に代わり，社会保障4経費（子供・子育て，医療，介護，年金）に充てられることになった。すなわち，子供・子育てへの振り分けが行われることになり，より幅広い世代に対する社会保障の充実が図られることとなった。背景としては，少子化が深刻な問題になっているということがあるだろう。もちろん，子供・子育てへの支出を増加させれば，それだけで少子化に歯止めがかかるとは限らない。しかし現在のわが国の少子化の状況は，何らかの対策を必要とすることは明らかであり，こうして対策を図ることは非常に重要であるといえるだろう。

参考文献

国立社会保障・人口問題研究所『平成26年度 社会保障費用統計』。

財務省「平成28年度一般会計予算（平成28年3月29日成立）の概要」（http: //www.mof.go.jp/tax_policy/summary/condition/002.htm）。

財務省「平成28年度社会保障関係予算のポイント」（https://www.mof.go.jp/ budget/budger_workflow/budget/fy2016/seifuan28/09.pdf）。

財務省『特別会計ガイドブック（平成28年版）』。

内閣府『平成28年度年次経済財政報告（経済財政政策担当大臣報告）――リスクを越えて好循環の確立へ』平成28年8月。

内閣府経済社会総合研究所『2015年度国民経済計算（2011年基準・2008SNA）』。

この章の基本書

宇波弘貴『図説日本の財政（平成29年度版）』東洋経済新報社

　＊わが国の財政状況と予算の概要について，データを用いて詳しく解説している。毎年出版されているため，最新版を参照されたい。

第 I 部　社会保障の概論

小塩隆士『社会保障の経済学　第4版』日本評論社
　＊社会保障制度について経済学の観点から解説し，問題点やその解決方法を議論している。本章で扱ったようなマクロ経済における社会保障の位置づけについても，1つの章を割いて解説している。

練習問題

問題1
わが国の社会保障制度の特徴について整理せよ。

問題2
現在のわが国において，社会保障改革が必要とされているのはどのような理由によるものか。また，どのような改革を目指しているか。

問題3
賦課方式と積立方式の違いを説明せよ。

問題4
社会支出と社会保障給付費は，それぞれどのような基準にしたがい，どのような特徴を持つのかを整理せよ。

問題5
財政赤字と高齢化の関係について，わが国の現状を踏まえつつ整理せよ。

（佐藤　格）

第4章

社会保障を取り巻く環境（2）
──人口の動向──

―― 本章のねらい ――

　わが国の人口構造について広く知ることが本章のテーマである。少子高齢化についての現状を国立社会保障・人口問題研究所の将来人口推計に基づいて説明した後，なぜ少子化，高齢化が進行したかについて見ていく。そして，少子化・高齢化が波及した帰結として，「地方の消滅」について見ていく。また，本章では労働力人口を見ていく過程で，昨今の非正規化の問題を見ていくことにする。

1　わが国の人口の動向

　戦後，わが国の総人口は増加を続け，1967（昭和42）年には初めて1億人を超えたが，2008（平成20）年の1億2,808万人をピークに減少に転じている。国立社会保障・人口問題研究所（以下，社人研）では「日本の**将来推計人口**（平成24年1月推計）」において，日本の将来推計人口を算定している。将来推計人口とは，基準となる年（**国勢調査**の実施される年）の人口を基に，人口が変動する要因（**出生，死亡，国際人口移動**）について仮定を設け，推計した将来の人口のことである。将来の出生，死亡の推移は不確実であることから，それぞれ中位，高位，低位の3仮定を設け，それらの組合せにより9通りの推計を行っている。直近の国勢調査は2015年に実施されており，これを基に社人研では新しい将来人口推計を実施している最中である。

　2010年の国勢調査に基づく「日本の将来推計人口（平成24年1月推計）」では，

第Ⅰ部 社会保障の概論

人口を2010年10月1日の総人口1億2,806万人を基準として使用している。そして，出生の推移を中位（合計特殊出生率について，2010年に1.39の実績値が2013年まで推移し，その後，2024年までに1.33に下降，その後，2060年までに1.35まで上昇），死亡の推移を中位（平均寿命について，2010年には男性79.64歳，女性86.39歳が，2060年には男性84.19歳，女性90.93歳まで上昇），国際人口移動（日本人は2004年から2009年までの入国超過率の平均値を，外国人は1970年以降の入国超過数の平均値として算定）として試算している。その結果に基づけば，総人口は2030年の1億1,662万人を経て，2048年には1億人を割って9,913万人程度となり，2060年には8,674万人程度になるものと推計され，現在の3分の2の規模まで減少することとなっている。さらに，同仮定を長期まで延長すると，100年後の2110年には4,286万人程度になるものと推計されている（図4-1）。

　わが国では，国内の人口・世帯の実態を把握し，各種行政施策その他の基礎資料を得ることを目的として国勢調査が5年に一度実施されている。最近で2015（平成27）年に実施されているが，2016（平成28）年2月26日に公表された平成27年国勢調査の速報値は人口減少傾向の決定的な証左となった。これによると，日本の総人口は1億2,711万人で，2010（平成22）年実施の前回調査から94万7,000人減り，1920（大正9）年の国勢調査開始以来，初の人口減となったのである。減少率は0.7％で，高齢化の進行で死亡数が大幅に増加し，自然減が拡大したと見られている。どうして，日本の人口は減少してしまったのであろうか。

　人口の増減のカギを握るのが，寿命と出生数である。寿命とは0歳児が平均的にあと何年生きられるか，すなわち，0歳児の余命のことを言う。2015（平成27）年の**平均寿命**は男性で80.79歳，女性で87.05歳であるが，誰もがこの年齢まで生きるというわけではない。例えば，厚労省の2015年の簡易生命表によると，65歳の男性の平均余命は19.46歳で，65歳の男性は84.46歳まで平均的には生きると言える。つまり，65歳の男性は平均寿命の80.79歳よりも3.67年長く生きられるのである。これは，65歳まで生き残った「元気な」男性の平均を取っているので（実際は，もう少し面倒な計算をするが），0歳児の平均余命に比

92

第 4 章　社会保障を取り巻く環境（2）

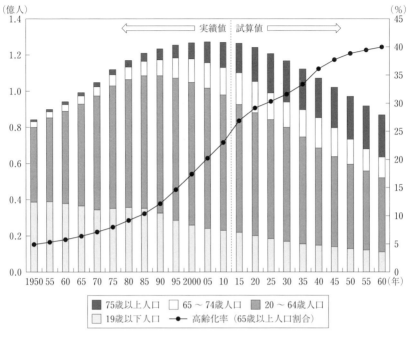

図 4 - 1　高齢化の進展と将来人口推移

（注）　1950～2010年の総数は年齢不詳を含む。
（出典）　2010年までは総務省「国勢調査」，2015年以降は国立社会保障・人口問題研究所「日本の将来推計人口（平成24年1月推計）」の出生中位・死亡中位仮定による推計結果。

べれば長くなる。

　寿命と密接な関係にあるのは死因である。最近，平均寿命以上の年齢で亡くなった人に対して，「天寿を全うされた」という言葉を聞くことが多くなった。天寿の全うは，学術的な用語では「老衰」という言葉が当たる。2014年の死因順位では，老衰は5番目であった。わが国の死因は，戦前から1950年までは肺炎・気管支炎や結核が死因のトップであった。それが，1951年から1980年までは脳血管疾患（昔は脳出血が多かった）がトップになり，その後はがん（悪性新生物）がずっとトップになっている。結核が減ったのは，栄養水準の向上とBCG（予防接種）のおかげである。また，脳血管疾患がトップを譲ったのは，減塩運動等による食生活の改善が挙げられる。この死因の変化を見ると，感染

93

第 I 部　社会保障の概論

症から慢性疾患（昔は成人病と呼ばれていた）へという疾病構造の変化の反映であることがわかる（第 6 章を参照）。

　一方，出生数の年次推移を見ると，第 2 次世界大戦前はおおむね増加していた。戦後は，旧軍人や軍属等の海外に出ていた者が帰国し，いわゆるベビーブームを作り出したのである。ベビーブームとは，新生児の出生が一時的に急増することをいう。日本では，第 2 次世界大戦後，2 回のベビーブームがあった。第 1 次ベビーブームは1947（昭和22）年から1949（昭和24）年，第 2 次ベビーブームは1971（昭和46）年から1974（昭和49）年である。第 1 次ベビーブーム世代は「団塊の世代」，第 2 次ベビーブーム世代は「団塊ジュニア」と呼ばれている。「第 1 次ベビーブーム」期（ピーク時の昭和24年には270万人が生まれた）の者が結婚し，「第 2 次ベビーブーム」期（ピーク時の1973〔昭和48〕年には209万人）を作り出したのである。このように，出生数には 2 つの山がみられたが，その後は減少傾向にあり，近年の出生数は120万人前後で推移している。

　では，なぜ，出生数が減少したのであろうか。多くの先進国では，以下のような流れによって人口が規定されている。すなわち，経済・社会の持続的な発展にともなって，多くの者が生まれるが多くの者が死ぬ社会（多産多死社会）から多くの者が生まれるが死ぬ者は少ない社会（多産少死社会）を経て，やがて生まれる者も少ないが死ぬ者も少ない社会（少産少死社会）に至ると言われている。これを，人口転換（Demographic Transition）と呼ぶ。現在の多くの先進諸国はこの人口転換によって，人口はほぼ一定かやや減少に転じ，老年人口の割合が高くなってきている。そして，疾病構造が周産期疾患や結核など感染症が主体の段階から，肥満，高血圧，糖尿病などの慢性疾患やがんなど非感染症が主要な段階へと転換していっているのである。

　わが国の場合，明治維新までが「多産多死」，明治から1950年代半ばまでが「多産少死」，そしてそれ以降は「少産少子」であると言われているが，1970年代から出生数より死亡数が上昇し，2005年には死亡が出生を上回ってしまった。これは，従来の人口転換のパターンに当てはまらないので，「第 2 の人口転換」と呼ばれる。出生数が死亡数を上回らないので日本の人口が減少してしまった

第4章　社会保障を取り巻く環境（2）

―― *Column* ⑤　定常人口 ――――――――――――――――――――

　移民などの国際人口移動を考えず，毎年同じ数だけ出生して，それが同じ年齢別死亡確率に基づいて，やはり同じ数だけ死亡すれば，人口増加率ゼロで出生と死亡が等しくなる。これを定常人口（静止人口）と呼ぶ。この安定的な年齢分布は，当初の年齢分布とは関係なく，一定に保たれた年齢別出生率と死亡率にのみ依存する（現実に年齢別出生率と死亡率は常に変化するので，実際の人口が安定状態に達することはない）。

　この定常人口の考え方は，わが国の現在の人口を維持するために必要な出生率の計算をするときに用いられる。わが国の場合，合計特殊出生率が2.07ないと1億2700万人の人口を維持できない（安倍内閣が言う，1億人の人口を維持するためには1.8の合計特殊出生率が必要というのも同じ）。

　定常人口は，人口モデルの中でも最も利用されるモデルで，余命（ある年齢の者が何年生きるか）の計算や，同級生が何人生き残っているかという計算にも利用されている。

――――――――――――――――――――――――――――――――――

というのが，疑問の答えになる。以降，もう少し詳しく死亡や出生について見ていくことにする。

2　寿命・死亡の状況

　平成27年簡易生命表によると，わが国の寿命（0歳児の平均余命）は男で80.79年，女で87.05年となり前年と比較して男は0.29年，女は0.22年上回っている。平均寿命の男女差は，6.26年で前年より0.07年減少していた。実は，この生命表には2種類あって，毎年作成され公開されるもので，該当年の10月1日の推計人口や人口動態統計の月報による概数値で算出されるものを**簡易生命表**と言う。また，5年毎に作成され，国勢調査（5年おき）の結果や人口動態統計の確定値から算出されるものを**完全生命表**と言う。後で述べる将来人口推計に使用されるのは完全生命表である。

　また，わが国の死亡の状況は，厚生労働省の人口動態調査を見るとわかる。人口動態調査は，1898（明治31）年に「戸籍法」が制定され，登録制度が法体

第Ⅰ部　社会保障の概論

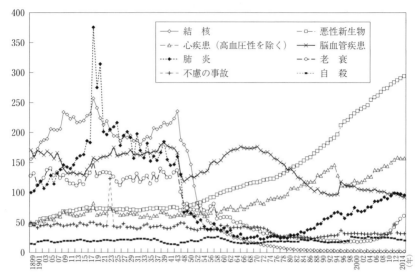

図4-2　主な死因別の10万人当たりの死亡率
（出典）　厚生労働省統計情報部『人口動態統計』。

系的にも整備されたのを機会に作られた。1899（明治32）年から人口動態調査票は1件につき1枚の個別票を作成し，中央集計をする近代的な人口動態統計制度が確立したのである。その後，1947（昭和22）年6月に「統計法」に基づき「指定統計第5号」として指定され，その事務の所管は同年9月1日に総理庁（現・内閣府）から厚生省（現・厚生労働省）に移管された。さらに，2009（平成21）年4月からは，新「統計法」（平成19年法律第53号）に基づく基幹統計調査となっている（基幹統計とは，社会全体で利用される情報基盤のことである）。

　主な死因別の10万人当たりの死亡率の推移を，1899（明治32）年以降，描いたものが図4-2である。上述のように，統計を取り始めた当初は結核の死亡率が目立っていた（1918年あたりの肺炎の死亡率がとても高いのはスペイン風邪とよばれるインフルエンザの世界的大流行の影響である）。不慮の事故の値が1923年，1995年，2011年と高くなっているのは，それぞれ関東大震災，阪神・淡路大震災，東日本大震災の影響である。

　戦後，結核に変わって死亡率が高くなったのは脳血管疾患，中でも脳出血の

第4章 社会保障を取り巻く環境（2）

死亡率が高くなった。結核の死亡率が低下したのは，結核の特効薬である抗生物質ストレプトマイシン（Streptomycin）が開発されたためである（抗生物質は医薬品の中でも，化学療法剤というものに分類され，化学療法（chemotherapy）とは「化学物質を用いて病原となる寄生生物もしくは悪性腫瘍物（がん）を宿主の生体内で発育阻害・死滅させる治療法」と定義されている）。また，脳血管疾患の死亡率の低下は，減塩運動，栄養の向上（特にタンパク質摂取），冬季の暖房の普及の成果であると言われている。また，唯一，一貫して伸びていて，かつ，1980年以来，ずっと死亡率トップなのが悪性新生物である。

3 出生の状況

合計特殊出生率

合計特殊出生率は「15～49歳までの女性の年齢別出生率を合計したもの」で，1人の女性がその年齢別出生率で一生の間に産むとしたときの子供の数に相当する（次の2つの種類がある）。①「期間」合計特殊出生率：ある期間（1年間）の出生状況に着目し，その年における各年齢（15～49歳）の女性の出生率を合計したもので，女性人口の年齢構成の違いを除いた「その年の出生率」を示し，年次比較，国際比較，地域比較に用いられている。②「コーホート」合計特殊出生率：ある世代の出生状況に着目したもので，同一世代生まれ（コーホート）の女性の各年齢（15～49歳）の出生率を過去から積み上げたもので「その世代の出生率」にあたる。

実際に「1人の女性が一生の間に産む子供の数」は②のコーホート合計特殊出生率であるが，この値はその世代が50歳（生み終える年齢）に到達するまで得られないため，それに相当するものとして①の期間合計特殊出生率が一般に用いられている。なお，各年齢別の出生率が世代（コーホート）によらず同じであれば，この2つの「合計特殊出生率」は同じ値になる。ただし，晩婚化・晩産化が進行している状況など，各世代の結婚や出産の行動に違いがあり，各年齢の出生率が世代により異なる場合には，別々の世代の年齢別出生率の合計で

97

第Ⅰ部　社会保障の概論

ある①の期間合計特殊出生率は，同一世代の②のコーホート合計特殊出生率の値と異なることに注意が必要である。

　この合計特殊出生率を見ると，第1次ベビーブーム期には4.3を超えていたのだが，1950（昭和25）年以降急激に低下することになる。1947～1949年の3年間の年間出生数は260万人を超えていた。1947（昭和22）年生まれは267万8,792人，1948（昭和23）年生まれは268万1,624人，1949（昭和24）年生まれは269万6,638人で，3年間の合計出生数は約806万人にのぼったのであった（実は，新生児が200万人を超えていたのは1950年：233万7,507人，1951年：213万7,689人，1952年：200万5,162人で，論者によっては1947～52年を一塊にして議論することもある）。

　その後，第2次ベビーブーム期を含め，ほぼ2.1台で推移していたが，1975年に2.0を下回ってから再び低下傾向となっている。1989（昭和64，平成元）年にはそれまで最低であった1966（昭和41）年（丙午：ひのえうま）の数値を下回る1.57を記録し，さらに，2005（平成17）年には過去最低である1.26まで落ち込んでいる。現在の人口を維持できる合計特殊出生率の目安を人口置換水準というのだが，この値は2.07なので（2010年の国勢調査から計算），1.26という数値の小ささがわかる。どうして出生率が低下したのであろうか。

　出生率の低下には，大きく分けて，3つの原因があったと思われる。それは，戦後の優生保護法の改定，後述される人口移動による都市部周辺の住居環境，そして女性の社会進出である。

戦後の優生保護法の改定

　戦中の「国民優性法」が1948年に改正され，優生保護法が成立した。戦中の国民優性法は，「産めよ殖やせよ」のスローガンの下，人口増加のための多産奨励策のみならず，子孫に悪影響をもたらすと思われる遺伝的要因を排除した分娩を実質的に禁ずる法律であった。戦後，国民優性法は改正され，優性学的な側面は強調されなくなったが堕胎を認める新たな項目として，経済的理由が追加されたのである。この追加項目の目的は「食糧難と人口増加，ヤミの人工

第4章　社会保障を取り巻く環境（2）

中絶をやめさせること」であると優生保護法の成立に尽力した太田典礼は述べている。優生保護法が施行された後，出生率が一気に低下したことは，既に述べたとおりである。

人口移動による地縁・血縁の断絶と都市部周辺の住居環境

後述するが，高度経済成長期には中学校・高等学校の卒業生が就職・進学のために地方から都市部に移動した。団塊世代は兄弟姉妹が多く，長男以外の多くは大都市部に出ることになったのである（長子相続の名残である）。地方の零細農家では多数の家族を養う力はなかったのに対して，高度成長に沸く都市部では多くの人手を必要としていた。中学卒の集団就職列車が仕立てられ，「金の卵」ともてはやされたのである。また，短大や大学などへの進学も徐々に増えていたが，地元には大学や短大を出た高学歴の団塊世代の受け入れ先がないために，やはり大都市部で仕事を求めざるを得なかった。

こうした都市部に集団で就職した人たちや大学に進学した人たちに共通しているのが，伝統的な出身地の地域社会や「家（イエ）」を離れ，大都市で核家族を形成してきた点である。彼らの多くは，上の世代の日本人に比べ血縁や地域社会との紐帯が極めて弱く，社会的な意識も大きく様変わりしたと言われている。特に，団塊世代が結婚を迎える1960年代後半から70年代にかけては，恋愛結婚の割合がお見合い結婚の割合を上回り，家庭は地縁・血縁を持たない小さな集団となっていったと言われている（専業主婦が増えたのも団塊世代から）。また，こうした結婚のあり方は友達夫婦・ニューファミリーと言われ，男女平等意識が強いと言われている。

この団塊世代が「家」から切り離されたことが，戦後のわが国の持ち家政策と合致して，不動産・住宅関連業界の発展を支えたと言えよう。例えば，日本住宅公団（現在の独立行政法人都市再生機構）が行った多摩ニュータウン初の宅地分譲は1979年で，実に平均倍率155倍という人気だった。次いで83年には港北ニュータウンの分譲住宅入居が始まり，公団は郊外ニュータウンへの入居を促進するため，公団鉄道事業にまで手を広げることになる。国の積極的な持ち

第Ⅰ部　社会保障の概論

家政策推進と団塊世代の住宅取得の高さが相まって，高度成長時代に土地神話，持ち家神話が形成されることとなり，大都市圏における持ち家率も急速に高まることになる。戦前のわが国の大都市部においては，持ち家指向がさほど強いとは言えず，借家住まいが当たり前のように考えられていたのが，この時期に大きく変化する。その変化の主要な担い手が実は団塊世代だったのである。

　ただし，住宅環境は芳しいものではなかった。昭和40年代の典型的な集合住宅の間取りは田の字型という形態であり，3つの和室と，和室1つ分に台所，風呂，トイレが収められた「ウサギ小屋」のような住居が一般的であった。こうした住居環境と核家族ということが，一層の少子化をもたらしたことは言うまでもないであろう。

女性の晩婚化・晩産化と未婚率の上昇

　団塊世代の家族は男女平等意識が強いと述べたが，これは夫婦間だけでは無く子育てにも大きく影響した。端的には，男子だけではなく女子にも高等教育を受けさせるという親が増えたことがその帰結の一部である。では，女性が高等教育を受けると，なぜ，少子化が進むのであろうか。それは，まず，高等教育を受けたなら，それなりの職業に就きたいと考えるのは当然であり，こうした女性のキャリア形成も晩婚化の一因である。わが国の場合，法律に基づいた結婚の後に出産行動に移るという特性があるからである。『厚生労働白書（平成25年版）』でも指摘しているように，わが国の場合は98％が婚姻関係にある男女の嫡出子である。すなわち，まず結婚し，それから出産するという形態を採っているのである。厚生労働省の「人口動態調査」によると，1970年の平均的な初婚年齢は男性で26.9歳，女性で24.2歳であった。これが1980年には男性27.8歳，女性25.2歳に，2000年には男性28.8歳，女性27.0歳へと上昇し，2015年には男性31.1歳，女性29.4歳になっている。このように，晩婚化が進んだのである。同じく「人口動態調査」によると，1970年の平均的な第1子出産年齢は25.6歳であった。これが1980年には26.4歳に，2000年には28.0歳へと上昇し，2015年には30.7歳になっている。つまり，晩産化も着実に進行している。出産

第 4 章　社会保障を取り巻く環境（2）

が可能な時間には生物学的な期限がある。一応，15歳から45歳が再生産年齢と定められているが，高校生ぐらいの年齢で出産する方も少ないであろうし，45歳ぐらいの年齢で出産する方も少ないのが現実である。「人口動態調査」の平成27年の例で言えば，15〜19歳での初産は2.2％，40〜44歳での初産は4.3％となっている。一方，25〜29歳は32.0％，30〜34歳は32.5％である。

　さらに，子どもを産む母数としての婚姻件数も減少している。「人口動態調査」によると，1970年の1,000人当たりの婚姻率は10.0％であったが1980年には6.7％，2000年には5.9％となり，2014年には5.1％に低下している。以上のように婚姻件数は低下しているが，結婚しない者も増えているのが現状なのである。1970年には男性の25〜29歳の未婚率は46.5％であったが，80年には55.2％，2000年には69.4％になり，2015年には72.5％と4人に3人は結婚していないのである。一方，1970年の女性の25〜29歳の未婚率は18.1％であったが，80年には24.0％，2000年には54.0％になり，2015年には61.0％である。また，50歳時の未婚率を生涯未婚率というが，これは1970年には男性の25〜29歳で1.7％であったが，80年には2.6％，2000年には12.6％になり，2015年には22.8％となり，およそ9人に1人は生涯独身ということになる。一方，女性は1970年で3.3％，80年には4.4％，2000年には5.8％になり，2015年には13.3％である。

　若年層が結婚しなくなった原因はいくつかあるが，結婚についての基本的な考えが変化したことが挙げられる。「男女共同参画に関する世論調査」（内閣府）によると，「どちらかといえば賛成」を含めると70.0％が「結婚は個人の自由である」と考えていて，1992（平成4）年時点（62.7％）と比較すると，約7ポイント増加している。とくに，20歳代，30歳代では9割近くが結婚は個人の自由であるという考え方に「（どちらかといえば）賛成」としている。さらに，経済的な問題（資金，住居，仕事）等の問題を抱えており，結婚に踏み切れない場合もある。

101

第Ⅰ部　社会保障の概論

4　少子化の端緒としての人口移動

都市部の高齢化

　高齢化の話をしたが，残念ながら，現在の状況は，まだ高齢化の序章に過ぎない。2025年問題というのを耳にしたことがあるかもしれないが，これは上述した団塊の世代が後期高齢者を迎える年が2025年だからに他ならない。介護保険制度が施行された2000年当時，後期高齢者数は約900万人であったが，現在は約1,400万人となっており，2025年には約2,200万人となり，「後期高齢者2,000万人社会」になるものと予測されている。

　2010年から2025年までの15年間で，75歳以上高齢者の増加数が上位の6都府県（東京都，神奈川県，大阪府，埼玉県，千葉県，愛知県。以下「都市部6都府県」という。）をみると，75歳以上高齢者の増加数は約373.4万人と，この間の全国の増加数約759.2万人の半分程度を占めることになる。また，1995年から2010年までの15年間の増加数が約253.7万人であったことと比べると，約1.5倍のスピードで増加するのである。

　増加数が一番多いのは東京都で，2010年123.4万人から2025年197.7万人へ74.3万人増加する。また，増加率が一番高いのは埼玉県で2010年58.9万人から2025年117.7万人へ倍増する。一方，この間に地方の労働人口は激減する。とくに，秋田県，青森県，高知県，岩手県，山形県といった県では生産年齢人口が20％以上も減少してしまうのである。この意味で，地方の高齢化はほぼ終息したが，都会の高齢化はこれから深刻になっていくと言われるのである。では，どうして，こうした事態が生じてしまったのであろうか。

人口移動の状況①──高度経済成長期

　それは，先ほども述べたが，1950年代半ばから第1次オイルショックまでに大きな人口移動が生じたからである。言い換えれば，高度経済成長期の人口移動が，現在の人口分布の歪さの原因なのである。1950年の時点において南関東

第4章　社会保障を取り巻く環境（2）

の人口は九州・沖縄と，近畿の人口は東北の人口とほぼ同規模であった。それが1970年になると，南関東，近畿の比率が高まっていき（対全国比で南関東：15.5%→23.0%，近畿：13.8%→16.6%），反対に東北（13.7%→10.9%），九州（15.5%→12.4%），中国（8.1%→6.7%），四国（5.0%→3.7%）の比率が低下していったのである。1950年においては，3大都市圏にはわが国の総人口の約3分の1（34.7%）が，その他の地方には3分の2（65.3%）が居住していた。その後も3大都市圏の比率は一貫して増加し，2005年からは3大都市圏が50.2%，その他の地方が49.8%と両者の比率が逆転し，3大都市圏が総人口の過半数を占めている。地方圏で生まれた人の多くが就職や進学などのために大都市圏へ転出したことが，大都市圏への人口集中の要因であった。

これによって，1950年から2005年の55年間で日本の人口は4,365万人増加したが，このうち8割に当たる3,497万人が3大都市圏の人口増になっている。ちなみに，3大都市圏とは東京圏（埼玉県，千葉県，東京都，神奈川県），名古屋圏（岐阜県，愛知県，三重県），大阪圏（京都府，大阪府，兵庫県，奈良県）のことである。地方圏とは3大都市圏以外の道県のことをいう。

また，生産年齢人口について見ると，既に1990年の時点で3大都市圏が全国の過半数を占めていた。社人研の予測によると2035年時点で，3大都市圏の人口比率は全国の53.2%，生産年齢人口は全国の54.7%を占めることになる。わが国は長期にわたる人口減少の時代を迎えることになるが，2005年から2035年の30年間で3大都市圏の人口減少が約530万人であるのに対し，その他の地方の人口減少が約1,179万人と2倍以上減少する。人口減少のスピードにも地域差があり，当面は3大都市圏への人口の集中がより一層進むことになるのである。

人口移動の状況②——高度経済成長期以降

高度経済成長の終焉とともに，大規模な人口移動も終わりを迎えた。日本経済が安定成長期に入った1970年代半ば以降について見ると，人口総数の伸びは鈍化した。また，名古屋圏および大阪圏の人口の伸びが鈍化する中で東京圏の

103

第Ⅰ部　社会保障の概論

人口は増加したため，人口の東京一極集中が進んでいるのである。3大都市圏への転入超過数をみると，1970年代半ば以降は，転出者数，転入者数ともに高度成長期に比べて縮小しているが，東京圏と名古屋圏および大阪圏とでは様相が異なっている。大阪圏では1970年代半ば以降転出超過となり，この転出超過が現在まで続いている。また，名古屋圏では1970年代半ば以降小幅ながら転出超過に転じ，その後，1980年代後半には転入超過となったが，超過幅は以前に比べて小さく，現在までの経過を長期的にならしてみれば人口の純流入はほぼゼロとなっている。一方，東京圏では1970年代後半に転入超過数が減少したものの，現在までほぼ一貫して人口の転入超過が続いている。つまり，高度経済成長期を終えた安定成長期以降に地方圏から人口を吸収し続けることができたのは，大都市圏の中でも東京圏だけとなったのである。

ニュータウン計画

　繰り返しになるが，大都市圏への人口移動は，1956年から70年までの15年間の累計で，東京圏に476万人，大阪圏に210万人，名古屋圏に61万人，合計で748万人に達した（流出者を除いた純流入）。これは，70年時点の日本の人口の7％，大都市圏人口の15％に相当する規模であった。その多くは，集団就職・進学などを理由とする若年層であったため，結果的には彼らが産む子供の世代までが大都市圏に移動していったことになったのである。

　移動してきた人たちが，最初に直面するのは住宅不足をはじめとした住宅問題であった。当初は，木賃アパート（戦後の住宅供給が十分ではなかった時期に建てられた木造アパートの総称）に居住していたが，移動してきた人たちが結婚し，核家族を形成し始めると木賃アパートの狭さが問題になってきたのであった。そこで，政府は大都市近郊にニュータウンの建設を図ったのである。ニュータウンとは，都市の郊外に開発される市街地のことで，ベッドタウンとしての性格が色濃い住宅地である。

　上記のようにニュータウンは，当初，核家族が増えたことによる住宅問題を解消することを主目的として開発された。商業や企業，交通網とは隔絶された

第4章　社会保障を取り巻く環境（2）

人工的な衛星都市の様相を呈していたが，千里や多摩など，歴史の古いニュータウンでは，現在では交通網が整備され，経済活動を外部だけに頼らない，1つの独立した街に成長しているところも増えている。基本は3DK程度の団地中心のニュータウンが多く，近年では入居当時の住民の高齢化や，核家族がもたらした過疎化（二世帯での居住が不可），建物の老朽化などの問題がある。

　国土交通省が2004年に出した「わが国のニュータウンの総括に関する調査研究報告書」によると，わが国のニュータウンの歴史は次のような5区分ができるそうだ。第1期（1960〜65年ごろ）は日本のニュータウン事業のスタート期である。1955年ごろから始まった高度経済成長による住宅需要増の対応に，日本住宅公団が設立され，同時に常盤平団地等の大規模団地の開発が始まった。また，大阪府では，日本最初のニュータウンである千里ニュータウンの開発が始まった。1963年には，「新住宅市街地開発法」が施行され，良好な大規模住宅地の供給が促進されたのであった。

　第2期（1965〜73年ごろ）は，いわば，大規模ニュータウン事業が開始されたけれども，それが自治体の意向によって制約を受け始めた時期になる。高度成長の真っ盛りに相次いで大規模ニュータウン事業が着手された。しかし，人口増加および市街地の拡大に伴う公共公益施設整備の財政負担を抑制するため，自治体が，いわゆる「宅地開発指導要綱」による開発抑制策を取り始めたことによって，ニュータウン事業は停滞したのであった（この時期，日本を代表する多摩ニュータウン等の開発が着手されている）。

　ここで，「宅地開発指導要綱」とは，地方公共団体が宅地開発業に対して定めた開発規定のことである。乱開発による環境の悪化や急激な人口増による公共設備の整備の遅れを防ぐため，各地方自治体で明文化している。1967年に兵庫県川西市で制定されたものが日本最初の本格的な指導要綱である。内容はいろいろあって，一定規模の宅地開発を行う業者などに対して，道路や駐車場の設置基準，建築物に関する規制，公園や教育機関など公共施設水準の遵守，開発者負担金を課すこと，などを規定している。また，ワンルームマンションなど特定の建築物に関する指導要綱もあるようである。

105

第Ⅰ部　社会保障の概論

　第3期（1973〜79年ごろ）は住宅需要自体の変化に伴うニュータウン事業の低迷期になる。1973年の「住宅統計調査」において，すべての都道府県で住宅数が世帯数を上回り，日本の住宅問題は量的確保から質の向上を課題とする時代に入ったと言われた。同年秋，オイルショックが日本の高度経済成長を終焉させ，大都市圏への人口移動は大幅に縮小した。高騰した住宅・宅地価格と供給地の郊外化，通勤時間の長時間化によって，大都市圏の住宅・宅地供給は低迷期を迎えた。1978年に地方公共団体の財政負担を軽減し，ニュータウン等の計画的な住宅地開発を推進するために通常の公共施設整備事業とは別枠で補助を行う「住宅宅地関連公共施設整備促進事業制度」が創設されたのである。「住宅宅地関連公共施設整備促進事業制度」とは，住宅および宅地の供給をとくに促進する必要がある都市部などの地域において，良質で良好な住宅宅地事業の促進を図るため，これに関連して必要となる道路，公園，下水道，河川等の公共施設に関する事業について，通常の公共施設整備事業に加え別枠で補助を行えるようにしたものである。すなわち，総合的な事業を行うことにより，より良好な住宅宅地の供給促進を図られるようにした。

　第4期（1980〜90年代半ば）は，経済・産業構造の転換に向けた複合機能型ニュータウン事業の展開期である。1980年に入り，従来型のベッドタウン整備ではなく，産業振興につながる研究開発拠点の整備や地域の特性・環境を反映した個性豊かな住宅地づくりが推進されるようになった。また，1980年代半ば以降のバブル経済により，ニュータウンにおける住宅・宅地供給は一時的に拡大・加速化するのである。このころの新聞記事に次のようなものがある。「バブル期の1989年に一軒5億〜15億円もする超高級の土地付き一戸建て住宅（土地が500〜1,000坪，延べ床面積130〜150坪）が売り出された。60戸の計画だったが，建ったのは49戸で，売れたのは24戸のみであった。都心に遠過ぎること，バブル期とは言え，あまりに価格が高過ぎたことが，その理由である。バブル崩壊でますます売れず，残りの住宅着工もストップし，売り出しPRもしていない。廃墟，超高級ゴーストタウン，バブル遺跡とまで呼ぶ人もいる。チバリーヒルズへの行き方はJR外房線土気駅で下車し，千葉中央バス「あすみが丘南」行

第4章 社会保障を取り巻く環境（2）

きに乗り，「創造の杜」バス停で下車する。主のいない豪邸の前で門番が所在なさげに立っている。ローンが払えず金融機関に差し押さえられた邸宅，競売にかけられた邸宅もある。入居中なのは数戸で，多くは別荘や会社の保養施設になっている」（チバリーヒルズ，朝日新聞2000年1月23日）。

5期（1990年代半ば以降）は住宅需要総体の都心回帰を受けたニュータウン事業の収束期と区分されている。大都市圏では，都心部でのマンション建設が盛んになり，人口の都心回帰が生じている。一方，初期のニュータウンでは人口の減少や高齢化が進み，住宅・施設の老朽化とあいまって，地域活力の低下が問題になっている。

まとめると，人口の集中する都市部では，住宅事情の悪さや生活コストの高さもあって，従来から，地方と比べて子供を産む数を少なくせざるを得なかった。加えて，都会では，親や親類に子育ての支援を期待することはできなかった。すなわち，高度成長期の人口移動は，子供を産み育てる年代の人々を，子育てに不向きな場所へ導く形になったと言えるであろう。

世帯の変容

こうした人口移動によって，1つには少子化が推し進められる結果となり，もう1つには世帯のあり様を変えることになった。2015年の国勢調査の速報値によると，平成27年1月1日現在において，全国の世帯数は5,641万2,140世帯で，このうち日本人住民および複数国籍の世帯数は5,536万4,197世帯，外国人住民の世帯数は104万7,943世帯となっている。また，日本人住民および複数国籍の世帯の1世帯の平均構成人員は，2.28人と，現行調査開始以降毎年減少している。このように，人口減少の中で世帯数だけ増加するというのは，世帯当たり人口の減少を意味するのである。

また，社人研の「日本の世帯数の将来推計（全国推計）2013（平成25）年1月推計」の要旨では，

①世帯総数は2019年をピークに減少開始，平均世帯人員は減少が続く

第Ⅰ部　社会保障の概論

②「単独」「夫婦のみ」「ひとり親と子」の割合が増加

③世帯主の高齢化が進み，65歳以上の高齢世帯が増加する

④高齢世帯で増加が著しいのは「単独」と「ひとり親と子」

ということが指摘されている。介護離職を考えた場合，とくに「ひとり親と子」の動きには目を配る必要がある。

5　労働力不足と非正規化

都市の消滅

2014年5月8日に，日本創成会議・人口減少問題検討分科会（座長：増田寛也元総務相）が発表した政策提言「ストップ少子化・地方元気戦略」は，大きなショックを自治体関係者に与えた。これは，人口の再生産を中心的に担う「20〜39歳の女性人口」に着目し，2010年の「国勢調査」・社人研の将来人口推計などを基にした地域別将来人口予測が基になったものであった。主な結果は，2040年までに20〜39歳の女性人口が5割以下に減少する自治体は全自治体49.8％（896自治体），このうち523市町村は40年に人口が1万人を切るとし，これらを「消滅可能性都市」として公表したのである。

消滅可能性都市は，北海道や東北地方の山間部などに集中している。ただ，大阪市の西成区（減少率55.2％）や大正区（同54.2％），東京都豊島区（同50.8％）のように大都市部にも分布している。都道府県別で見ると，消滅可能性都市の割合が最も高かったのは96.0％の秋田県で，次いで87.5％の青森県，84.2％の島根県，81.8％の岩手県の割合が高く，東北地方に目立っている。和歌山県（76.7％），徳島県（70.8％），鹿児島県（69.8％）など，近畿以西にも割合の高い県が集中していた。ここで注意したいのは，自治体（市区町村）消滅は消えてなくなるという意味の消滅ではない。自治体の消滅は，現在の行政機能を維持できなくなる（財政破綻）という意味なのである（レポート・データは地方創世会議のホームページからダウンロードできる）。

第 4 章　社会保障を取り巻く環境（2）

「消滅可能性都市」の提示に対しては批判もあり，とくに坂本（2014）では
いくつかの批判を行っているが，中でも推計結果が地域に及ぼす影響に対する
配慮の不足は傾聴に値する。坂本（2014）は「『増田レポート』の問題は，（中
略）そのような精度の低い推計を基に，センセーショナルに『消滅可能性が高
い』と称して該当する市区町村のリストを示したことである。世論を喚起する
意味で敢えてこうした方法を採ったのだろうが，リストが独り歩きしているの
が現状である。これを危機バネとして将来に向けた対応策につなげる市区町村
もあるだろうが，逆に地域の将来を切り拓く意欲を失ってしまい，かえって疲
弊を早めてしまう市区町村もあるのではないか」と述べている。

　少子化の影響はあらゆるところに及ぶが，ここでは労働力に関する事実を見
ていこう。現状では，高度成長期の人口移動により都市部には比較的若い人口
が多く，地方では高齢者が多いということが挙げられる。労働力人口とは15歳
以上の人口のうち，「就業者」と「完全失業者」を合わせたものである。また，
労働力率とは就業者数と完全失業者数とを合わせた労働力人口が15歳以上の人
口に占める割合のことで，労働力人口÷15歳以上の人口×100の数値で示され
る。そして，一般に労働力人口や労働力率の関係は，

都市　＞　地方

となっている。ここで注意したいのは労働力率の性質である。分母である15歳
以上の人口が減少すれば，見かけ上，労働力率は増加する。実数と率の両方を
見ることが大切である。

　最近の雇用情勢について厚生労働省の「労働経済の分析　平成28年版」を見
ると以下のようになっている。「完全失業率は，2015年10月には3.2％と18年6
カ月ぶりの低い水準まで改善し，有効求人倍率は，2016年3年には1.30倍と24
年3カ月ぶりの高い水準となった。また新規求人倍率は2016年1月には2.07倍
と24年7カ月ぶりの高い水準となった他，正社員の有効求人倍率は2016年3月
に0.82倍となり，統計を取り始めた2004年11月以降，過去最高の水準となっ
た」としている。

第Ⅰ部　社会保障の概論

　そして，地域別の失業率の動向に関しても，「2012年は北海道5.2％，2013年
は北海道4.6％，2014年は近畿，北海道4.1％，2015年は近畿，九州3.8％とな
っており，各年における最も高い地域の失業率の水準も着実に改善した。(中
略) まず，各年における地域別の有効求人倍率が最も低い地域に注目すると，
2012年から2015年にかけては，有効求人倍率が最も低い地域は北海道となって
いる。そのため，北海道の有効求人倍率の推移をみると，2012年は0.59倍，
2013年は0.74倍，2014年は0.86倍，2015年は0.96倍となっており，各年におけ
る最も低い地域の有効求人倍率の水準も着実に改善した。(中略) また，都道
府県別でみると2016年3月では，沖縄県，鹿児島県，埼玉県を除く44の都道府
県で，有効求人倍率は1倍を超えた」(厚生労働省 2016：13-14) とされている。

　この結果から景気回復を導けるか否かは難しいところである。なぜなら，労
働需要の大きい産業は，医療を除いて「スキル」をあまり必要としない産業が
多くなっているからである。たしかに，「専門・技術」といった特定の職種に
ついては常に不足感が高い一方で，「技能工」「単純工」といった職種について
は景気に強く影響されるということがこれまでも観察されている。その意味で
言えば，「2016年1～3月期をみると，「運輸業，郵便業」「宿泊業，飲食サー
ビス業」「医療，福祉」において不足感が強くなっていることがわかる。また
2012年1～3月期から2016年1～3月期の変化幅をみてみると，「製造業」「サ
ービス業 (他に分類されないもの)」「卸売業，小売業」「宿泊業，飲食サービス
業」において不足感が高まっている」(厚生労働省 2016：20) というのは景気回
復と思われるかもしれないが，判断は人によって大きく変わる。

雇用の非正規化

　ここ60年余りの歳月により，わが国における産業構造が大きく変化した。
1950年には「農林漁業」が48.5％で最大の産業であり，「製造業」は15.8％，
「卸売・小売業」は11.1％，「サービス業」は9.2％であった。しかし，高度経
済成長期に，「農林漁業」はその割合を大きく低下させ，1970年には「製造業」
の割合が26.1％で最大となった。その後，「農林漁業」「製造業」はその割合を

第4章　社会保障を取り巻く環境（2）

低下させていき，就業構造のサービス化，第3次産業化が進んだのである。統計上，産業分類が変更されており厳密な比較はできないが，第1次産業は1970年の1,015万人（就業者全体の19.3%）から2010年の238万人（同4.2%）へ，第2次産業が1970年の1,790万人（同34.1%）から2010年の1,412万人（同25.2%）へ減少した。一方，第3次産業は1970年の2,451万人（同46.6%）から2010年の3,965万人（同70.6%）へ増加している。すなわち，第3次産業がわが国の主力産業になったのである。

　第3次産業の特徴としては，雇用が正規でなくても済む場合が多いことが挙げられる。サービス業（飲食，小売等）は直接雇用であっても契約社員の場合が多く，他産業に比べ非正規雇用は圧倒的に高くなる。例えば，牛丼チェーンに代表されるような飲食店では，店長だけが社員で残りはアルバイト，パートだけの店舗が常態化している。加えて店長も契約社員である場合も多く，非正規率100%の店舗も多数存在する。こうした傾向は製造業にも波及する。とくに，製造業はバブル期に過剰雇用を経験したために，ポストバブル期においては減量経営（人員の整理や設備投資の見直し）を指向し，新規に採用する人員にも「工夫」が求められた。その工夫の1つが90年代の労働者派遣法の改正である。労働者派遣法は1985年に制定されたが，当初は派遣の利用は一部業種（ネガティブリスト）に限られていた。しかし90年代に入り企業側から人件費圧縮圧力が高まる中で，96年には対象業種が拡大され，さらに99年には特例業種以外は原則自由（ポジティブリスト）に派遣を利用できるまでに条件が緩められたのである。その後，2003年には派遣期間制限が1年から3年に延長されるとともに，対象業種として製造業も解禁されることになった。このような制度改正に対応する形で派遣労働者の数も増加していることから，労働者派遣法制度の変更は非正規雇用者を増加させる方向に寄与したものと考えられている。

　図4-3では，性別・年齢階級別非正規雇用割合の推移を示している。男性の総数では，1997年に10%を超え，2011年には20%を超えていて，女性の総数では，2003年以降，50%を超えている。とくに，男女とも15〜24歳の若者の非正規比率が急激に高まっている。2009年には派遣切り等の影響で失業し，男女

第Ⅰ部 社会保障の概論

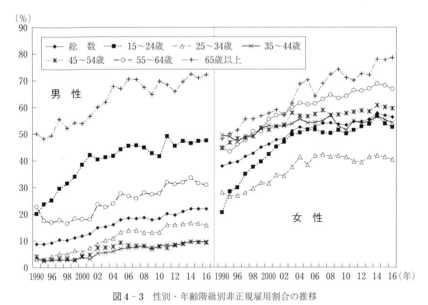

図4-3 性別・年齢階級別非正規雇用割合の推移
(注) 非農林業雇用者(役員を除く)に占める割合。2001年以前は2月調査,それ以降1〜3月平均。非正規雇用者にはパート・アルバイトの他,派遣社員,契約社員,嘱託などが含まれる。2011年には岩手,宮城,福島を除く。
(出典) 労働力調査。

ともに合計の非正規比率が低下している。2014年には非正規比率が男21.9%,女57.7%と男女とも過去最高値になった。2015年以降には非正規比率は横ばい,あるいは,微減であった。2011年をピークに15〜24歳男の非正規比率の高止まりが目立っている。65歳以上の高齢者の非正規比率が高くなっているのは,定年後に嘱託等で継続雇用される割合が高くなっているためだと考えられる(高年齢者雇用安定法)。

参考文献

荻野美穂『「家族計画」への道──近代日本の生殖をめぐる政治』岩波書店,2008年。
北城恪太郎ほか『団塊の世代』生産性出版,2006年。
厚生労働省『平成28年版 労働経済の分析』(http://www.mhlw.go.jp/toukei_hakusho/hakusho)。

国土交通省『わが国のニュータウンの総括に関する調査研究報告書』2004年。
坂本誠「人口減少対策を考える――真の『田園回帰』時代を実現するためにできる
　こと」『JC総研』Vol. 32，2014年。

この章の基本書
阿藤誠『現代人口学――少子高齢社会の基礎知識』日本評論社，2000年。
　＊国立社会保障・人口問題研究所所長であった著者が連載した記事をまとめた人口学
　　のテキスト。日本の抱えている人口問題とは何かを歴史的背景を含めて概観するこ
　　とができる。
加藤久和『人口経済学』日本経済新聞社，2007年。
　＊人口経済学は人口と経済との相互関係を探る学問のこと。本書では労働市場，人口
　　変動とマクロ経済との関係，年金制度の解説など，日本の経済・社会政策を人口経
　　済学の視点から読み解いている。

練習問題
問題1
人口転換理論とは何か説明せよ。

問題2
第2の人口転換とは何か説明せよ。

問題3
わが国における高度成長期の人口移動について，その主たる原因ともたらされた帰
結について簡潔に述べよ。

問題4
少子化という観点からわが国における高度成長期の人口移動を捉えるとどうなるか。

問題5
抜本的な少子化対策はありうるのだろうか。

（山本克也）

第Ⅱ部

社会保障の制度各論

第5章

生活の糧を失ったらどうなるか
——生活保護制度——

本章のねらい

　生活保護制度は，国が国民の生存権を最終的に保障するためのものである。これは，憲法第25条にある基本的人権「健康で文化的な最低限度の生活を営む権利」の確保を具体化したものである。制度が国の一元的責任の下にあり，財源はすべて税金である。その負担は国が4分の3，地方自治体が4分の1である。

　2017年3月時点で，被保護者（生活保護を受ける人）の数は約214万人で，保護率（人口に対する被保護者の割合）は約1.7%となっている。

　その給付の内容は，生活扶助，教育扶助，住宅扶助，医療扶助，介護扶助，出産扶助，生業扶助，葬祭扶助の8種類である。原則として，金銭給付であるものの，医療扶助，介護扶助は例外となっている。それは金銭給付にすると高額になるため，他の用途に使用してしまう危険性があることによる。給付は，厚生労働大臣や知事が指定した医療・介護機関から行われ，その費用は生活保護の実施主体から直接，該当機関に支払われる。

　本章では，こうした生活保護・公的扶助の仕組みと役割，その実態や課題を理解することを目指す。その上で，こうした問題点の克服策や生活保護に代わる制度を学ぶ。

1　生活保護法と生活保護の原則

生活保護の諸原則

　生活保護制度は，国が国民の生存権を最終的に保障するためのものである。これは，憲法第25条にある**基本的人権**「健康で文化的な最低限度の生活を営む

第Ⅱ部　社会保障の制度各論

権利」の確保を具体化したことになる。**生活保護法**の第1条には，国の責任による最低生活保障が明記されている。また，こうした権利はすべての国民に等しく保障されており，主義信条，社会的身分，生活や就労実態によって差別されることはない。「貧困状況」や「生活困窮状態」を条件とした普遍的な制度で，このことは生活保護法の第2条に，**保護の無差別平等原則**として記されている。

その水準については，憲法第25条にある基本的人権を受け，決して生存可能なギリギリの水準，必要最低限の衣食住を賄う水準を意味しない（生活保護法の第3条）。実態に即して見れば，この水準は，年齢，地域，家族構成，就労状況，健康状態そして住宅保有状況などに応じて異なることになる。このため，あくまで普遍性を維持しながらも，なお個人や世帯の状況に即して，柔軟かつ詳細に定められている。

生活保護法の第4条には，**保護の補足性**が規定されている。これはその財源が国民の税金である点とも関連している。現時点で保有している資産，稼得能力をフル活用し，かつ民法上の扶養義務者からの支援も依頼し，さらに他の公的制度も活用した上で，なお最低水準の生活が維持できない場合に，初めて生活保護の適用が受けられる。ただし後述するように，この原則には，すべての資産を処分することで貧困状態から抜け出しにくくなることや，親族からの支援は不安定なものであることなど，いくつかの問題点が指摘されている。

つぎに，生活保護法の第7条から第10条までに，保護の原則ならびにその手続きが示されている。まず，第7条で**申請保護の原則**が規定され，生活保護（公的扶助）は本人（もしくは法定代理人）の申請に基づくことが示されている。これは，生活保護の申請が国民の権利であることを表している。反面，申請がない場合には，貧困状態にあっても保護の対象とならず，必要な個人や世帯に救済の手が届かないことがあり得る。

生活保護の実務

こうした生活保護の申請と受理を，手続き面から見てみる。まず，こうした

第**5**章　生活の糧を失ったらどうなるか

業務は，地方自治体が国から法定受託により請け負っている。生活保護制度の運営については国が一元的に責任を負うものの，地域の実情に精通した自治体の方が，よりきめ細やかな実情に即したサービスを提供できる。ただ実際には，実務を担当する福祉事務所を，すべての市町村が有しているわけではなく，いくつかの市町村が共同運営している場合もある。全国で1,000を超える**福祉事務所**が実務を担っている。

　通例，生活保護の手続きは，申請者が福祉事務所のケースワーカーに相談するところから始まる。ケースワーカーは都市部では，被保護80世帯当たりに1人，町村部では同じく65世帯に1人の割合で配置されている。多くのケースで，同一のケースワーカーが資力調査などの各種審査も担当し，申請受理の可否を決めている。ケースワーカーには，迅速かつ，個々の申請者の実情に寄り添った手続き処理が要請され，マニュアルに沿った画一的対応や杓子定規な態度でないことが望まれている。また，同一事務所内の構成員である所長や**査察指導員**と，ケースワーカーとの情報共有も，適切な処理手続きに役立つことになる。

　前述のとおり，生活保護の適用は，現有の資産を使い切り，稼得能力を最大限発揮した上で，親類縁者の支援も受けられない場合に限定される。そのため，実際に給付が開始されても，給付金額は基準金額と収入額の差額部分でしかない。これは，生活保護法の第8条の「**基準及び程度の原則**」に則ってのことである。不足する金額だけを補てんすることになるために，補足性の原理とも称されている。こうした仕組みから，要（被）保護世帯の資産や稼得能力などを調べる**資力調査**（通称・ミーンズテスト）により，収入額を確定する必要がある。

　この資力調査に関する最大の論点は，申請が認められる際に容認される保有資産とそうでない資産との区分にある。一定の基準は定められているものの，その判断がケースワーカーに委ねられる部分もあり曖昧さを残している。また，実際に保有資産の処分が執行されることで屈辱感（スティグマ）を感じることもあり，こうした事態を避けたいがために申請を憚る事態も生じている。

　具体的には，貯蓄や保険契約などの金融資産の処分や解約を強いられ，また実物資産である居住家屋についても処分が求められる場合がある。耐久消費財

119

第Ⅱ部　社会保障の制度各論

については，当該地域で70%以下の保有率である財について，原則的には，それを破棄する規定になっている。自動車の保有についての判断は一層複雑であり，生活圏内で代替的な公共交通手段の確保が困難な場合のみ，保有が認められることが多い。

　生活保護法の第9条には，**必要即応の原則**が，第10条には**世帯単位の原則**がある。前者は，**基準及び程度の原則**を踏まえつつ，要保護者・要保護世帯の実態に即した保護を目的とする。年齢や性別などの個人属性以外でも，家族構成や健康状態に応じてきめ細かな制度運用を行うもので，保護の種別や適用範囲が相違することになる。後者では，原則として要保護の決定や給付内容を世帯単位としている。1つの世帯の構成員全員の生活水準を勘案して，保護の内容や給付水準を判断している。ただし，同一世帯内で稼得能力があっても働く意欲を欠く構成員がいる場合には，世帯から分離して個人を保護する柔軟な運用も行われている。

　以上の原則に基づいて，実態に即した保護行うために，資金用途に応じて細かく給付内容は区分されている。その区分には，生活扶助，教育扶助，住宅扶助，医療扶助，介護扶助，出産扶助，生業扶助そして葬祭扶助の8種類がある。これらの扶助が要保護の実情に即して組み合わされて給付されることになる。なお，医療扶助と介護扶助は現物給付であり，他は原則として金銭給付となっている。

　給付内容について

　個別の給付内容について，生活扶助は基本的な日常生活費に対応するものであり，第1類費と第2類費に大別されている。前者は食費や被服費などの個人単位の支出に充当され，後者は光熱費や新聞代などの世帯単位の経費に充てられる。これに特別な経費が想定される妊産婦や障害者への加算も行われている。住宅扶助は居住費を賄うためのものであり，家賃や土地代金などが対象となる。住宅改造や改修費用は対象外とされている。これらの金額は，居住地ごとにその基準値が設定されている。

要保護者は国民健康保険の加入対象外であるために，医療扶助を通じて，受診や入院の際に医療サービスをはじめとした現物給付が行われる。こうした医療扶助を受ける場合には，要保護者に自己負担部分は課されない。同様に，介護扶助では，介護保険の自己負担部分に充当される。加えて，福祉機器・器具のレンタル料や介護予防のための住宅改修費用なども介護扶助により賄われる。出産扶助では，出産前後の助産費用を主な対象とする。

教育扶助には，義務教育に伴う学用品費，通学用品費そして学校給食費などが含まれる。葬祭扶助は，要保護者の死亡時点で，葬式代や埋葬料を賄うことになる。最後に，生業扶助は自立支援のための諸費用に充当される。就労を促進して，自立して生計を立てることを支援するために，技術・技能の習得費用や就職準備のための諸経費を対象に給付を行っている。

これまで説明した各種の扶助は，その給付基準額を足し合わせることで，最低生活費を算出するために用いられる。個人のニーズや家族構成の特徴に応じて，各種の扶助が組み合わされ，その合計金額が当該要保護者の基準額となる。このようにして算出される月額ベースの基準額（最低生活費）と世帯月収の差額として，実際の扶助（月）額が決定され，要保護世帯に支給されることになる。

2 生活保護の歴史的変遷と現状

戦後から1950年代まで

ここ30年程度をとっても，生活保護の対象世帯，保護費総額は急速に上昇している（図5-1，図5-2）。そこでこの節では，生活保護制度の歴史的経緯を辿ってみる。

戦後1948年に，戦前からの生活保護法が改定され，第8次基準改定として，基準額の設定に**マーケット・バスケット方式**が導入された。この方式では，身体を維持することを目的とした栄養所要量に基づいて最低生活水準を捉えている。またこの改定以降，標準世帯を定めて，世帯単位でその水準を決定するこ

第Ⅱ部　社会保障の制度各論

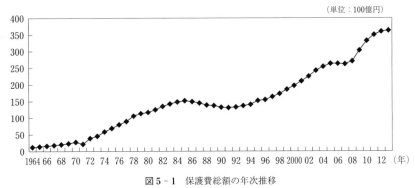

図5-1　保護費総額の年次推移
（出典）　国立社会保障・人口問題研究所編「社会保障統計年報」各年度版。

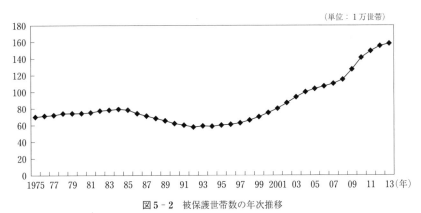

図5-2　被保護世帯数の年次推移
（出典）　国立社会保障・人口問題研究所編「社会保障統計年報」各年度版。

とも慣行化された。地域別，世帯構成別，年齢構成別に基準額が決められ，世帯単位で給付が行われている。さらに，栄養所要量の上乗せが必要な妊産婦や，介護を要する障害者などに対して，特別な加算が行われることも常態化した。1957年には，居住地の認定や資産活用，そして扶養義務者の取り決めなどが規定され，体系化が図られていく。なお，1948年の5人の標準世帯の考え方は，1961年に標準4人世帯（35歳男性，30歳女性，9歳男子，4歳女子），1986年には標準3人世帯（32歳男性，29歳女性，4歳子供）に変更され，現在に至っている。

第**5**章　生活の糧を失ったらどうなるか

　1961年になって，生活保護（公的扶助）の基準額算定方式は，**エンゲル方式**に改められた。この方式では，算式〈エンゲル係数＝飲食物費／（総）生活費〉を用いて，飲食物費をエンゲル係数で割ることによって基準額となる最低生活費を算出する。マーケット・バスケット方式と同様に最低限必要となる栄養所要量を基礎とするものの，エンゲル係数を用いてより合理的に基準額を決める点に特徴が見られる。ただし，あくまでも英国の**ラウントリー調査**以来の，栄養所要量を基礎とした絶対的貧困の考え方に依拠していることに変わりはない。また，世帯単位で基準額を設定する点も変更はない。そのため，経済成長や発展にかかわらず，貧困世帯を最低生活水準に押しとどめてしまう危険性がある。

1960年代以降

　わが国では，1960年代に入り，勤労世帯を中心に賃金（率）の上昇から生活水準が向上の兆しをみせ，一方で物価は時に高騰することもあった。こうした状況下で，絶対的貧困の考え方では，生活保護世帯と要保護者の生活水準は相対的に低下することになる。この事態を避けるには，勤労世帯の生活水準に合わせて，基準額を徐々に引き上げる工夫，すなわち「スライド」の仕組みが要ることになる。具体的には，勤労世帯の個人消費支出の伸び率を，生活保護基準額の改定率に適用することである。こうして，1965年の改定以降，経済成長の恩恵を生活保護世帯にも行き渡らせ，勤労世帯とのバランスをとる「**格差縮小方式**」を導入することになった。

　その後の1984年に，こうした考え方を徹底させた「**水準均衡方式**」に移行し現在に至っている。ただ，「格差縮小方式」では，勤労世帯の生活水準の向上と平行して，生活保護世帯の生活水準引上げを目標としていた。これに対して，緊縮財政が浸透つつあった80年代の「水準均衡方式」では，一般・勤労世帯の生活水準の変動を参考にしながら，生活保護基準額が過度に上昇することを抑える狙いがあった。

123

第Ⅱ部　社会保障の制度各論

3　自立支援の新たな方策

新たな支援策の背景

　生活保護の目的は，生活に困っている人に最低限度の生活を保障するだけでなく，その自立を助長することにもある。しかし，近年被保護者数や保護率が上昇し，さらに高齢者でも母子家庭でも傷病・障害者でもない要保護者が急増し，今までのやり方では対応できなくなっている。

　こうした中で，2015（平成26）年12月に**生活困窮者自立支援法**が成立し，翌年4月から施行されている。この法律により，福祉事務所がある各自治体は，生活保護適用者を除く生活困窮者の緊急支援（必須事業）と，将来的な生計援助に関する事業（任意事業）を展開することになる。①就労支援など自立に関する総合相談を行い，②就職のために必要な場合は，有期の住宅確保給付金を支給し，そして③ホームレスの一時的な衣食住の提供，生活困窮家庭の子供への学習支援などを実施することになる。こうした事業では，生活保護に至らないまでも，様々な就学期の問題を抱えて，十分な稼働所得・稼得収入を上げていない若年就労者の他，多重債務者やDVの被害者など，生活に困窮している個人を支援し伴走して，状況の悪化を食い止め，さらに浮上させる目的をもっている。費用負担は，必須事業については国庫負担が4分の3となっているほか，任意事業にも一定の国庫補助がある。

　前者の必須事業には，全般的な自立相談支援事業と，失業などで一時的に住居を喪失している者に家賃を補助する事業（住宅確保給付金）がある。家賃補助事業では，その対象者は65歳未満の離職2年以内の者に限定されており，収入と資産が一定以下であることを条件に，原則3カ月，最長で9カ月間の家賃支援を行う。こうした給付では，主に，若年無職者や失業者の生活を下支えしながら就職を支援する。

　これに対して，任意事業は多岐に渡っており，①就労に要する訓練を施す就労準備支援事業，②住所不定者に対して一定期間，宿泊所と衣食を提供する一

第5章　生活の糧を失ったらどうなるか

時生活支援事業，③収支にわたる家計管理に助言を行う家計相談支援事業，④子供への就学援助を行う学習支援事業，以上が大きな柱となっている。

　とくに，就労準備支援事業は，中間的就労の仕組みとされる就労訓練事業とセットで考えられ，生活保護のような金銭支援一辺倒ではなく，人的サービスを提供するものである。自立＝就労と捉えて，必要な技能・知識だけでなく集団生活や団体行動の規範なども身に付けさせながら，生活保護にみられる依存心を断ち切り，就労上の困難を克服する方策を教授する。通常は，1年程度が支援期間となる。こうしたことから，**ソーシャル・スクール**の社会人版ともいえる。一方，就労訓練事業は国や自治体の補助・助成のもとで，NPO法人や営利企業とも協力しながら支援する，就労困難者限定のインターンシップである。雇用保険による事業とは異なり，画一的ではなく，より個別的なニーズに沿った支援策となっている。雇用との連携において，他機関と協力関係を構築することに意義が見出せる。

　また，家計相談支援事業では，失業者や多重債務者を主な対象として支援し，必要に応じて法律専門家・法テラスや資金融資・貸付機関への紹介も行い，金銭面での自立化や家計の適正化を手助けする。正に，包括的かつ総合的な支援といえる。こうした支援の実を挙げるためには，家計の全体像を把握できる税理士やファイナンシャル・プランナー（FP），そして社会保険労務士との協働がカギとなる。

　この立法の背景には，生活困窮を当該の一時点の問題としてではなく，ライフサイクルや生活嗜好全体の問題として捉える発想がある。それは，従来の**セーフティネット**である生活保護が，制度依存の強い個人や家計状態を生み出してしまい，支給期間が長期化するとともに，そこから脱却できない状況をつくり出してしていることへの反省でもある。また，多面的かつ包括的な支援によって，自立のための社会性を身に付けさせ，就労へと導いていくことを指向している。そのために，生活習慣，嗜好，そして対人関係性などから生活困窮に至る複合的な要因を解き明かし，その解決のために様々な機関・団体そして専門家の力を借りながら，生活困窮者と伴走してゴールを目指すことになる。

125

第Ⅱ部　社会保障の制度各論

新たな支援策の展開

　こうした問題把握や解決策が試みられる理由は，最近の生活保護世帯の特徴にある。従来は高齢者世帯や母子世帯，そして傷病・障害者世帯が多数を占めていたが，近時は「ワーキング・プア」と呼ばれる若年（就労）世帯に貧困が急速に広がっている。これまでは貧困原因が比較的つかみやすかったものの，こうした世帯では，定職に就けず非正規雇用などで低賃金に喘ぐことの原因は様々である。特徴的な消費嗜好からの多重債務であったり，発達障害やコミュニケーション障害であったり，また幼少期や学童期の体験からのひきこもりであったりする。本来は家庭教育や学校教育で身に付けるべき社会性が，その当時の阻害要因によって十分に習得できていないことへの対応でもある。

　また，自立支援事業が，生活保護と一体化して成果を挙げることの意味は，決して生活保護受給を未然に抑止することだけにあるわけではない。生活保護受給の要件は，その資格面でも運用面でも厳しく限定されてきた。申請主義と手続き上の煩瑣，画一的な親族要件や稼得能力審査にその特徴が見られる。こうしたことが捕捉率の低さにつながってきた。また，厳格な資産要件により資産売却を余儀なくされるケースでは，貧困や生活保護からの脱却を困難にしてきた。これに対して，多くの自立支援事業では，一部に収入・資産要件は課されるものの，行政側が出向くことが原則となり，また厳格な支援要件を課すことが無いために，支援をより受けやすくする配慮がなされている。何より，過去から将来に渡って被支援者に寄り添って行動することで，要（被）保護者となる障害物は取り除かれることから依存心や行政への甘えを生まないことになる。

　生活困窮者ないしはその予備軍に働きかけ，貧困の原因となる対人関係の不全や感情面の激しい起伏を乗り越えて，前述の中間的就労や様々な社会参加を経て，本格的な就労へと結びつける。その際の自立支援計画の策定にあたっては，**社会福祉士**を中心とした支援員だけでなく，産業心理学などの専門家やハローワークの職員の力も借りることになる。一方でその実践の場面では，試験的な雇用の場を提供してもらうために，地元の商店街や受入れ企業による協力

第**5**章 生活の糧を失ったらどうなるか

も不可避になる。イニシアティブは行政がとるとしても，また**社会福祉協議会**が主導的な役割を果たすことになるものの，福祉と雇用の連携を図るには，つまり被支援者である労働者の需要と供給のニーズを調整する責務は，コーディネーターの双肩にかかってくる。行政側はワンストップ・サービスの核であるコーディネーター育成に重大な責任を負っていることになる。

さらに，生活困窮者ないしはその予備軍に働きかけること自体，自治体の**アウトリーチ活動**である。そのためには，地域社会との情報共有が必要になり，とくに，各種の福祉施設，医療機関，学校などの教育機関，民生委員や自治会などの団体との協力関係を構築していくことになる。その協議の場として**支援調整会議**が想定されており，コーディネーターにはそのまとめ役も期待されることになる。本来，行政によるアウトリーチ活動の経験は浅く，英国や北欧の事例から学ぶ点も多い。こうした事例を中心とした教材作りには，大学や研究所などの高等教育・研究機関も一役買うことができる。そして，最終的には，生活困窮者を地域社会の中でどう生かしていくかが問われてくる。多くの支援事業は「家計教育・就労訓練」の提供であり，前述の成人版のソーシャル・スクールともいえる。各種の専門家だけでなく，地域の学校，自治会・子供会と連携して，支えていく発想を要している。そして，地域社会における要保護者や被支援者の生活の質（QOL）を高めていくことが肝要になる。

生活保護の制度的問題から捕捉率が低い現在，手厚い行政の支援策はコストと人材育成面の負担が大きくなったとしても，自立支援策の効果がそれを上回ることが期待されている。要保護者・世帯数としては表出しない貧困者・世帯にどの程度，救済の手を差し伸べられるのか，その運営面での工夫と施策の実効性が待たれている。

4　代替的な貧困世帯への救済措置

負の所得税と給付付き税額控除

低い補足率のために十分な最低所得保障となっていない生活保護を補うこと

第Ⅱ部　社会保障の制度各論

が，自立支援策の役割にもなる。ただ，手厚い行政支援を実現するには，それ
だけの行政費用とアウトリーチの手間が掛かることになる。財政制約を考える
と，自立支援策は生活保護への転落を防ぐ予防柵，予防策であって，その代替
にはなりえない。これに対して，生活保護の欠陥を補うだけでなく，それに代
替する仕組みも考えられている。それが**負の所得税**ないし**給付付き税額控除**で
あり，また**ベーシック・インカム**の仕組みである。これらに共通する特徴は，
申請主義や行政の裁量性を排除して，ワーキング・プア層を中心に捕捉率を向
上させ，最低生活の保障をより実効性の高いものとすることである。

　近年のわが国では，若年就労層を中心に貧困世帯（ワーキング・プア）が増加
しており，世帯所得・収入も二極分化している。貧困撲滅や格差是正のために，
社会保障と税制により所得再分配・所得移転が行われている。社会保障のうち
社会保険は，あくまでも生活上の様々なリスクに基づいた所得移転である。社
会保険は普遍的に適用される一方，社会福祉は経済的弱者に対象を限定して，
最低生活を保障することになる。税制では，普遍性を維持しつつ生活リスクと
は関連なく，主に累進税率の個人所得税によって垂直的な所得再分配を実現し
ている。また，家族形態や就労形態などの相違に応じて，工夫を凝らすことも
できる。こうした工夫には，主に所得控除と税額控除があり，それ以外にも各
種の控除制度がある。

　所得控除には基礎控除，家族形態に応じた配偶者・扶養控除，社会保険料控
除の他，民間保険の加入を促進するための保険料控除や医療費控除，寄付金控
除などもある。年間総所得から各種の所得控除の金額を差し引くことで，課税
対象所得が算出される。控除制度があることによって適用税率が下がることも
あり，その分支払う所得税額も減額されることになる。

　ここで，負の所得税や給付付き税額控除とは，一定の限度額を決めて，それ
以上の課税所得金額に対しては，当該限度額を差し引いて実際の課税金額を決
める。一方，課税金額がそれに満たない場合には，限度額との差額を還元して
給付する仕組みである。低所得世帯への給付と，中・高所得世帯への課税によ
ってシンプルに所得再分配を実現する。従来の「配当控除」や「住宅ローン控

第**5**章　生活の糧を失ったらどうなるか

―― *Column* ⑥　ベーシック・インカム ――――――――

　ベーシック・インカム（BI）の定義には「その人が進んで働く気がなくと
も，その人が裕福であるか貧しいかにかかわりなく，その人が誰と一緒に住ん
でいようとも，その人がその国のどこに住んでいようとも，社会の完全な成員
すべてに対して政府から支払われる所得」（P. V. パリース（後藤玲子・斉藤拓
訳）『ベーシック・インカムの哲学』勁草書房，2009年，56頁）とある。政府
が全国民の最低限の所得を保障するために，性別・年齢・職業などに関係なく
現金を一律で支給するものである。社会保障制度のうち現金給付の部分，所得
控除やそれらに関連する制度を全廃して，所得保障の仕組みを再構築するもの
である。従来の社会保障制度が多く所得格差の是正に役立たないことや，必要
な保障が必要な人に届いていない現状から，各国で注目されている。また，実
施側としては煩瑣な手続きも含めて行政費用を大幅に軽減できること，受給側
としてはスティグマから解放されることなどがメリットになる。併せて，労働
市場の需給関係を労働者側に有利に仕向けることや，勤務時間の抑制に相当す
る時間を有効活用できるなどの効用も指摘される。

　2016年にはスイスでBI導入に対する国民投票が行われた。結果は否決とな
ったものの，投票実施自体が欧州を中心に大きな反響を呼んだ。とくに高い若
年失業率に苦しむ国々では，失業給付によるディスインセンティブ克服が課題
とされており，BIが1つの解決策として期待されている。スイスではBIにも
ディスインセンティブが付随するとの指摘や財源確保の見通しが立たないとの
主張が勝ったものの，一定程度の国民から賛同を得たことは刮目すべきである。
また，2017年の年頭からフィンランドで試験的な導入が開始された。この年の
1月から翌年の12月までの2年間に，無作為抽出された2,000人の失業者に対
して日本円で約6万8,000円が支給されており，受給者の行動変化を観察する
ことが目的とされている。現在進行形の話であるが，該当者へのインタビュー
などを通じてその影響を窺い知ることはできる。その多くは，就労へのディス
インセンティブ効果よりも，BIのステップボードとしての効力を示唆するも
のである。各国による制度導入時の試算から，必ずしも荒唐無稽な話ではない
こともわかる。今後，様々な地域での実験や検証を経て，実現に向けた条件整
備が模索されることになる。

除」などの特定の経済行為に対してではなく，より一般的な所得再分配・所得
移転の仕組みとして導入することに主眼がある。給付付き税額控除では，各種

第Ⅱ部　社会保障の制度各論

の所得控除に加えて，社会保険料（控除）も含めて，従来の所得再分配の仕組みをシンプルに組み替える。こうした再分配を通じて，低所得・貧困世帯に対する生活保護のような複雑な審査や手続きを排除して，最低生活の保障を実現することができる。

　給付付き税額控除のメリットとデメリットは，つぎのように整理されている。その最大の利点は，仕組みがシンプルであり事務費用を軽減できるとともに，行政の裁量性の働く余地が限られることから，資源配分に無駄や歪みが生じないことである。国民にとってもわかり易く，透明な仕組みといえる。このことは同時に，他の再分配の仕組みに比較しても，低所得世帯への恩恵が明白になる利点を生む。

　また，現行の生活保護の仕組みでは，就労によって稼働所得が上昇すると給付が削減される「貧困の罠」に陥ってしまうが，それを回避することもできる。給付付き税額控除では，働きに応じて，稼働所得と還付される給付の合計金額が増加していくことから，勤労意欲を高める労働インセンティブを与えることができる。さらに，他の所得控除と同様に，目的別に制度を仕組むこともできる。低所得世帯への還付を通じた貧困対策や消費税の逆進性対策だけでなく，子供数に応じた給付の上積みによって子育て支援・少子化対策にもなる。

　同時に，社会保険料控除も排して，税制と一体化することも可能である。この場合には，給付の還付後に自ら保険料を支払うことになり，社会保険の拠出意欲向上にもつながる。税制としても，各種の所得控除を整理統合して課税ベースを拡大することにより，過度の累進構造を緩和することができれば，勤労意欲を高めることになる。

　一方のデメリットとしては，正確な所得把握が困難であれば，適正な制度運営ができず，税制上の不正の温床になってしまうことである。こうした不正の摘発には多大の手間と費用が掛かることになる。わが国に即していえば，近年**マイナンバー制度**が導入されていることから，稼働所得についてはかなり正確な把握が可能となっている。それでも利子・配当などの金融所得・資産収入については，まだ不十分な面がある。このような状況下では，所得隠しなどの不

第5章 生活の糧を失ったらどうなるか

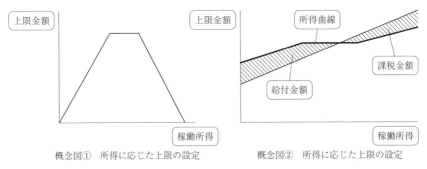

図5-3 負の所得税における所得上限
(出典) 筆者作成。

正や誤申告が横行しかねない。制度が複雑化することはこうした事態を深刻化させることになる。そのため、運営機関は万全な業務執行体制を整備しなければならない。

また、効果的に最低生活保障を実現できるように、制度を仕組むことも課題になる。わが国の生活保護を代替する水準とするのであれば、最低でも月額13万円程度の生活資金が行き渡らなければならない。同時に、生活保護による就労へのマイナスの影響を排除するには、未就労者には13万円、その後は稼働所得に応じて上限金額を引き上げて、逓増的に仕組むことになる。どこかの稼働所得水準で上限を設けて頭打ちとすることで、それ以上の稼働所得のある世帯には実際に税金を納めてもらうことになる（図5-3を参照のこと）。それぞれの水準を諸外国の事例も参照しながら、適切に設定して、制度導入目的を達成しなければならない。加えて、不正や誤申告を誘発するような複雑な仕組みは避けるべきである。その上で、税制上の収支が合うように、また財源不足を生じさせないように制度を仕組むことで初めて、生活保護制度の代替の役割を果たすことができる。

ベーシック・インカム

つぎに、ベーシック・インカム（Basic Income）とは、全国民1人当たりに、最低生活の水準を保障する一定金額を支給する仕組みである。わが国の最低保

第Ⅱ部　社会保障の制度各論

障の仕組みとしては，生活保護の他にも，老齢退職期の基礎年金や失業時の雇用保険（失業等給付）などの社会保険の仕組みがある。これらを統合してセーフティネットの仕組みとして一本化する構想であり，生活保護の仕組みを代替することになる。これにより，縦割り行政の非効率性を排除し，また重複給付を避けることで，最低生活保障の仕組みをより効率的に実現できる。

　前述したように，就労期の生活保護・公的扶助などの受給により，働いたとしても一定金額以上収入が伸びず，勤労意欲を阻害してしまう問題がある。また，申請主義の限界と**スティグマ**から，捕捉率が低い現実もある。ベーシック・インカムでは就労状況や稼働所得とはかかわりなく，すべての国民に一定金額が支給されることから，こうした弊害を避けることができる。未就労でも支給を受けられることから，かえって勤労意欲を削ぐことが指摘されるものの，こうした批判は必ずしも正鵠を射るものでないとされる。低額の一定金額が保障されることは安心感を与え，それを梃により豊かな生活を目指すことができる。また，意に染まない労働条件を拒絶できるなど，雇用保険の機能と同様に，労働者の交渉上の地歩を高めることにもなる。一方で，月収がかなり高い者にも支給されてしまう無駄が指摘されるものの，国民の権利と考えれば，高資産保有者にも基礎年金が支給されるのと同じ原理であり，決して不合理，不条理なことではない。

　わが国では，勤労意欲を阻害してしまう生活保護の仕組みだけでなく，老齢退職期の基礎年金も，十分な最低生活の保障機能を果たしていない現実がある。また社会保障全体として，必ずしも貧困の根絶や所得再分配の役割を十分に果たしておらず，所得格差に歯止めが掛かっていない。こうしたことから，従来の所得保障制度と一元化して，最低生活保障として再構築することに意義が認められる。

　この制度で最大の課題は，どこに最低生活の水準を設定して，財政的にも現実可能な制度として仕組むかである。現在のすべての所得保障制度に掛かっている財源はおおよそ50兆円程度である。この金額を全国民に割り振ると，1人当たりの金額は5万円にも満たなくなる。これでは，最低生活水準としてはあ

まりにも心許ない。そのために，どうしても所得税や消費税の増税，もしくは相続税や資産課税の引き上げは避けられない。後者であれば，比較的高所得者への追加課税となるものの，課税対象や課税ベースは小さい。消費増税となると，逆進性の問題から，格差拡大につながってしまう。こうした逆進性緩和のために何らかの手当や方策は避けることができない。

　また，現行の社会保障・社会保険には，年金・雇用などの現金給付のものと，医療・介護などの現物給付のものがある。最低生活の保障なので，主に現金給付の部分を代替すると考えられる。ただし，それでは社会保障・社会保険の部分代替となってしまい，縦割り行政を排除して行政費用を削減する効果は限定される。一方，すべての社会保障・社会保険を代替することになると，医療費用や介護費用は全額自己負担となり，フリーアクセスが確保されていたとしても，受診機会が抑制されることは避けられない。低額の自己負担での受診により早期発見し，重病化・重症化を抑えることはできなくなる。やはり，肌合いの異なる現物給付の社会保障とは別建てであることが望ましい。

　このような固有の課題や問題点を残すものの，欧州諸国では，導入に向けた社会実験が開始されている。この結果，定額給付の安心感から，かえって勤労意欲を高めることなどが明らかにされれば，それは経済全体のパイを拡大することになる。それによって，所得税収と消費税収が引き上げられ，財源確保の見込みが立てば，わが国にベーシック・インカムを導入する道筋が開けることになる。

5　生活保護の最近の動向

貧困の世代間連鎖の深刻化

　現代の貧困問題として，子供の貧困，さらにそれと関連して貧困の世代間連鎖が取り上げられている。子供の貧困を引き起こす近因と遠因は，つぎのように整理されている。

第Ⅱ部　社会保障の制度各論

①産業化，都市化に伴う核家族世帯の継続的増加

②労働移動に伴う地域住民の多様化と**社会的孤立**の深刻化

③晩婚化，非婚化と離婚率の上昇による家族の扶助・扶養機能の弱体化と単身社会の到来

④共働き世帯の一般化による親の不在時間の長期化

⑤不安定雇用層の急速な拡大と当該世帯の収入停滞

⑥養育費・教育費高騰と貧困世帯の教育機会の限定

⑦高齢社会的弱者に偏った社会保障と限られた財源内での子育て支援

⑧多様な家族像に追いつかない画一的な社会福祉政策

　このように，親世代の貧困が子供たちに引き継がれてしまう状況や，貧困家庭に生まれた子供たちがそこから抜け出す契機をつかめない事態が生じている。こうした状況下で，他の先進諸国と比べても，一人親世帯の貧困の連鎖が際立っている。一人親，とくに母子家庭の母親が必死に働いても，子育てとの両立ができず，とくに非正規雇用に甘んじている場合には貧困率が高く，かつそれが次世代にも伝搬している。

　貧困世帯では，子供たちの教育環境も一般に劣悪で，義務教育などの学校教育以外，塾などの費用を負担することが困難で，結果的に学校教育でも取り残されることになってしまう。また，こうした家庭では規則正しい生活習慣が身に付かないなどの問題から，ドロップアウトしてしまう子供たちも多い。近時は，格差社会への突入が指摘されているが，「同類婚」と称されるように，高学歴・高収入カップルとそうでないカップルの世帯収入の格差も拡大傾向にある。後者のカップルでは，早婚傾向があり，それだけ離婚リスクも高く，一人親世帯に陥りやすくなる。そして，厚生労働省の調査などでは，こうした家庭に育った子供たちは，ニートやフリーターになりやすい危険も孕んでいる。

貧困の連鎖の背景と原因

　こうした一人親世帯の貧困には，非正規雇用などの就労形態の問題，社会保

第5章 生活の糧を失ったらどうなるか

障制度の不備、そして行政による対策の不十分さなどの要因が指摘されている。

まず、厚生労働省（2015）『国民生活基礎調査』によれば、1983（昭和58）年に母子世帯になった理由の約36％が死別、約5割が離婚であったものが、2011（平成23）年には、死別は7.5％まで低下し、離婚は8割を超えている（図5-4）。同じ母子世帯であっても、死別のケースでは18歳未満の子供がいることを条件に**遺族基礎年金**や**遺族厚生年金**が受給でき、たとえ子供が幼少で母親が未就労であっても、大きく生活に困ることにはならない。とくに、後者の遺族厚生年金であれば、保険料納付期間にかかわらず、予定されていた**老齢厚生年金**の75％が受給できることになる。しかし離婚のケースでは、それが社会的リスクとは見なされないために、こうした年金などの社会保険給付を受けられない。併せて、厚生労働省（2014）『全国母子世帯等調査』によれば、親との同居率も3～4割程度であって、同居親族からの支援にも大きく期待できない状況にある。

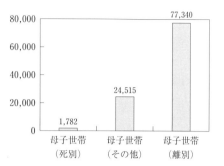

図5-4 母子世帯理由別の被保護世帯数（2014年度）
（出典）厚生労働省（2015）『国民生活基礎調査』より作成。

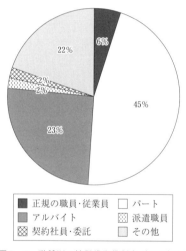

図5-5 職種別の被保護世帯割合（2014年度）
（出典）厚生労働省（2014）『全国母子世帯等調査』より作成。

ただし、同調査によると同じ母子世帯であっても、母親が正社員であればその貧困率は1割を切っている（図5-5からもその割合の低いことが予測される）。これが非正規従業員であると、18.9％と2倍以上に跳ね上がる。幼少期の子供

第Ⅱ部　社会保障の制度各論

を抱えて，働く意欲はあってもパート・アルバイトの選択肢しかないことが多い。事実，末子の年齢が上がるにつれて正社員としての就労率は高まっていくので，こうした状況を改善しなければ貧困はなくならない。

　それでは，社会保障による保護が行き届いているかといえば，必ずしもそうでもない。先の母子世帯の調査によれば，子供がいる夫婦世帯の稼働所得は平均値で年収603万円，母子世帯ではその数値は179万円に留まっている。財産所得・資産収入については，約6倍の開きがある。同様に，社会保障給付は前者に年52万円であるのに対して，後者の母子世帯でもわずかに多い年57万円に過ぎない。つまり本来，社会保障が果たすべき，世帯所得の補正ないし所得再分配の役割を果たしていないことになる。こうしたことから，社会保障のうち，とくに母子世帯が手厚い保護の対象となるべき，生活保護（公的扶助等）や**児童扶養手当**に制度的不備があることになる。

　児童扶養手当は，1961年に創設されている。2010年から父子世帯への支給も始められているものの，従来は主に父親との生計を異にする母子世帯を対象としていた。ただし，遺族年金の適用者は，この給付の対象外になる。一定の収入上限以下であれば，子供1人の母子家庭ではその世帯収入に応じて月額1万円から4万円程度の金額が支給される。2人目，3人目にはそれぞれ数千円程度の加算が認められている。主に母親の収入である世帯収入によって減額されるのは就労促進的に仕組まれているからであり，受給期間が一定期間を超えると，さらに支給額が半減してしまう。現状で100万を超える世帯が受給しているものの，満額受給は3割程度で，一部受給は4割，未受給も3割と高率になっている。未受給ないし一部受給の理由として，同居親族の所得が影響していることは事実としても，こうした所得自体不安定で，また支援が滞ることがママある。事実婚の問題など不正受給の可能性は排除する必要はあるものの，同居親族の所得については割り引いて評価するなどの方途により，援助を広げていくことが望まれている。

　生活保護についても「**申請保護の原則**」や「**補足性の原理**」が誘引するスティグマによって，申請を躊躇い申請に至らないケースがある。また不正受給を

厳しくチェックするあまり，行政窓口で
の対応に問題が生じ，また手続きが煩瑣
になるなど，結果的に保護につながらな
いこともある。何より，子供を抱えてい
ても，肉体的・精神的に働ける条件が整
っていれば，自立を名目に就労が勧めら
れ申請は却下されることになる（図5-
6）。こうした諸条件が重なって，パー
ト・アルバイト収入のみに頼る生活を余
儀なくされてしまう。

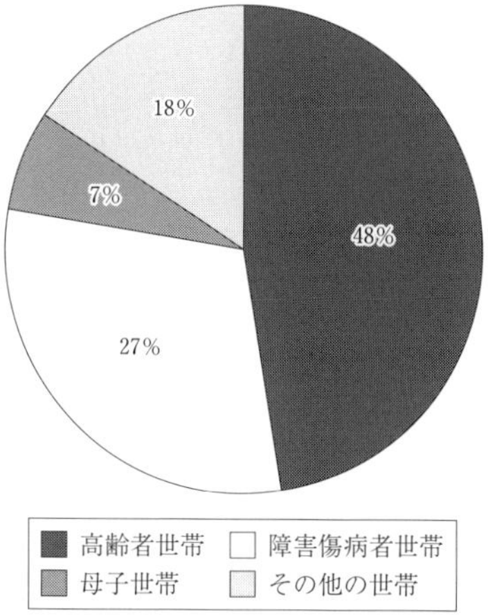

図5-6　要因別被保護世帯割合（2014年度）
（出典）厚生労働省（2014）『全国母子世帯等
調査』より作成。

望まれる対応策

そこで，こうした状況を克服するには，
生活保護や児童扶養手当にベーシック・インカムの要素を取り入れて受給資格
要件を大幅に緩和するか，もしくは死別と離別の区別ない（一人親の理由を問わ
ない），一人親世帯を対象としたより普遍的な所得保障の仕組みが求められて
いる。

ただし，一人親世帯の保護手段は，金銭的給付に限定されるものではない。
とくに，母子世帯については，子供を抱えながらも働きやすい環境を作ること
が，真の自立支援につながる。そうでないと，保護に対する依存心からそれが
長期化し，かえって自立を阻むことになりかねない。「認定こども園」のよう
な施設では，子育て相談やそれに付随する支援サービスの提供も目的としてい
る。園には，国・地方自治体が社会福祉士などのソーシャルワーカーの配置を
義務付け，そこが母子家庭などの支援の拠点となることも想定されている。こ
うした施設で，緊急時にも子供を預けられる体制が整えば，就労支援から所得
保障の面にも寄与することになる。これらのサービスにより，保育・教育に加
えて，子供と子育て世帯を社会に包摂していく役割を果たすことになる。従来
からある児童相談施設や母子福祉センター，そして母子家庭等就業・自立支援

第Ⅱ部　社会保障の制度各論

センターは広報不足から，その存在すら認知されていないことが多い。こうした施設とも機能統合および整理統合し，また学校教育現場とも連携しながら，生活全般にわたり支援していくことが望まれている。そのために，部局ごとの縦割り行政の排除が第1ステップとなる。

　一人親世帯については，子供の幼少期に支援・援助するだけでなく，貧困の影響の広がりにも目を向けるべきである。幼少期の貧困状態は，教育機会，就労機会，そして人間関係を学び社会性を身に付ける社会参加の機会を喪失させかねない。こうした点に目を向けると，一時点だけの支援では事足りず，伴走型の支援を必要としていることがわかる。**生活困窮者自立支援法**にも述べられているライフサイクルにわたる支援こそが，貧困の連鎖を断ち切ることに有効になる。そして，こうした形態で生活困窮者・世帯を社会的なネットワークに取り込んでいく**社会的包摂**の考え方が，貧困対策としても決定打になりうる。

6　生活保護の今後のあり方

　わが国で生じている，家族・結婚に対する考え方やライフスタイルの変化，就労形態の多様化，そして世帯収入の二極分化などに，生活保護制度は的確に対応する必要がある。支援の期間は点から線や面に広がる一方で，既存の相談窓口などは一本化して，ワンストップ・サービスを提供できることが望ましい。

　また，社会保障のうち社会保険制度は，社会化されたリスクを広く，個人と会社・企業そして国家・政府で分担するものである。このために，個人責任や企業責任も問いやすいことになる。これに対して，公的扶助，生活保護そして社会福祉は弱者救済であり，権利性は乏しい憾みがある。また個人責任や企業責任を問いにくい側面もある。

　実は，**伴走型支援**が試みられることは，国家や政府，そして地方自治体に結果責任が問われることである。この際には，保護から脱却するための自立力が大切になり，そのことは自助を強調することにもなる。またこうした環境変化から，地域に根差した活動をする企業にも責任の一端を担ってもらうことが考

第**5**章　生活の糧を失ったらどうなるか

えられる。生活困窮者自立支援法にあるインターンシップの受入れなどはその
1つであり，また地域版「**子ども基金**」の創設とそこへの資金提供も1つの形
態である。生活保護のあり方を改革していくことは，貧困リスクの責任分担体
制を変革していくことにもなる。

参考文献

一圓光彌・林宏『社会保障制度改革を考える』中央経済社，2014年。

NHK「女性の貧困」取材班『女性たちの貧困　新たな連鎖の衝撃』幻冬舎，2014
　年。

五石敬路『現代の貧困　ワーキング・プア』日本経済新聞出版社，2011年。

駒村康平・山田篤裕・四方理人・田中聡一郎・丸山桂『社会政策』有斐閣アルマ，
　2015年。

下野新聞「子どもの希望」取材班『貧困の中の子ども』ポプラ新書，2015年。

水無田気流『シングルマザーの貧困』光文社新書，2014年。

椋野美智子・田中耕太郎『はじめての社会保障』有斐閣アルマ，2016年。

湯沢雍彦『データで読む平成期の家族問題』朝日新聞出版，2011年。

この章の基本書

岩永理恵『生活保護は最低生活をどう構想したのか——保護基準と実施要領の歴史
　分析』ミネルヴァ書房，2011年。

　＊わが国の生活保護の歴史を辿りながら，この制度が保障すべき最低限度の生活とは
　　何かを掘り下げて論述している。歴史分析から，現在の低い捕捉率の原因や子供の
　　貧困問題を論述し，新たな最低生活水準を規定する方法について提起している。

芝田文男『「格差」から考える社会政策——雇用と所得をめぐる課題と論点』ミネ
　ルヴァ書房，2016年。

　＊近年わが国で生じている格差問題について，関連する雇用政策や所得保障政策のあ
　　り方，そしてマクロ経済との関わりにも着用しながら幅広く論究している。

道中隆『貧困の世代間継承』晃洋書房，2016年。

　＊わが国における現代の貧困問題と経済格差，そして貧困の世代間継承をテーマとし
　　て，その実態および実証分析を踏まえて，問題解決のための具体的な処方箋を描い
　　ている。とくに，ワークフェアの考え方に基づき，要生活保護者や生活困窮者の自
　　立支援策の重要性を強調している。

第Ⅱ部　社会保障の制度各論

練習問題

問題 1
生活保護の種別と支給額の算定方法を述べなさい。

問題 2
生活保護の給付決定方式の歴史的変遷を述べなさい。

問題 3
生活保護の捕捉率が低い理由を，「申請保護の原則」「補足性の原理」そして「基準及び程度の原則」から解説しなさい。

問題 4
生活保護の問題点を克服する方策について考察しなさい。

問題 5
「貧困の連鎖」を説明した上で，その原因について説明しなさい。

（石田成則）

第6章

病気になったらどうなるか
――健康保険制度――

―― 本章のねらい ――

　身体の調子が良くないとき，あなたはどうするだろう？　それほど悪くなければ，常備薬を服用したり休養したりで乗り切るかもしれない。ひどく悪ければ，救急車を呼ぶかもしれない。様々な対応がある中で，保険証とお財布を持って医療機関に駆け込むことは，日本に住まう私たちがとり得るごく一般的な行動の1つである。本章では，保険証の提示とかかった費用のごく一部分を支払うことにより，その時々に必要な医療サービスを当人の心身の状態に応じて受けることのできる日本の健康保険制度について学ぼう。

1　健康保険制度の歴史

医療制度の中の健康保険

　日本の医療制度は，**医療保障**制度（**健康保険**）と**医療提供**制度の両輪で成立している。国民すべてが公的健康保険に加入することにより，費用の一部自己負担で必要な医療サービスを受けることができる仕組みが，日本の医療保障制度である。しかし，医療サービスを提供する主体が存在しなければ，医療保障制度は絵に描いた餅に過ぎない。なぜなら，資金があってもサービスが存在しなければ購入は不可能だからである。

　医療提供制度については，医療基盤の整備・拡充が図られ，その後，病床数や医師養成数を抑制する一方で，医療施設の機能分化や医療従事者の質の向上を図るための累次の改正が行われてきた数多の歴史がある。ここでは，もう一

第Ⅱ部　社会保障の制度各論

方の医療保障制度としての健康保険の歴史を整理する。

第2次世界大戦以前

1883（明治16）年にドイツで制定された**疾病保険**が，世界最初の健康保険である。当時のドイツでは，国家主導で資本主義化を進めていたが，労働運動や社会主義運動を抑えて社会を安定させることが支配体制の課題であった。鉄血宰相ビスマルクは，社会主義者鎮圧法で彼らの活動を徹底して封じ込める「鞭（むち）」の一方で，健康保険や労災保険や年金保険を制度化して労働者の不安を取り除く「飴（あめ）」の政策をとった。

日本では，第1次世界大戦を機に工業化が進展し労働者が増加したが，戦後不況で失業者が大量発生したことで，労働運動が激化した。政府は，労使関係の対立緩和や社会不安の沈静化を図る目的で，1922（大正11）年に労働者を対象とする健康保険法を制定した。被用者に対する**職域保険**創設である。

昭和に入ってからも金融恐慌や世界恐慌や凶作が続き，経済的に困窮した農家で欠食児童や子女の身売りが続出する等が社会問題となった。そこで，農村における貧困と疾病の連鎖を断ち切るとともに，医療の確保や医療費軽減を図る目的で，1938（昭和13）年に農民などを対象とする国民健康保険制度が創設された。被用者以外に対する**地域保険**創設である。当時は保険設立も加入も任意であったが，労働者階級に対する政策の域を超えて，全ての国民を健康保険の対象にしようという制度であった。

第2次世界大戦が始まり健兵健民政策が推進される中で，当時の厚生省は「国保なくして健民なし」として国民健康保険制度の一層の普及を図った。しかし，戦局悪化のため，皆保険計画は目標通りには進まず，医薬品や医師の不足から医療サービスも十分には提供できなかった。

第2次世界大戦終了から国民皆保険制度確立の時代

戦後の混乱と急激なインフレにより，国民健康保険制度は破綻の危機に直面した。事業を休廃止する保険組合が続出し，終戦2年目には組合数と被保険者

数が終戦時に比べて半減したのである。そこで，国民健康保険法の改正（市町村公営の原則と被保険者の強制加入（1948〔昭和23〕年）や国民健康保険税の創設（1951〔昭和26〕年）や，国庫補助の法制化（1955〔昭和30〕年）で，国民健康保険の財政基盤を強化した。

当時，健康保険のある大企業の労働者と健康保険のない零細企業の労働者，国民健康保険を設立している市町村の住民と国民健康保険を設立していない市町村の住民の間の**二重構造**が問題視されていた。高度経済成長が始まった1956（昭和31）年度末で，健康保険未適用者が総人口の約32％も存在したのである。また，1960（昭和35）年に生活保護を受けた世帯のうち55.4％が，病気が原因であった。健康保険未適用者が貧困に陥ることを事前に防止する防貧対策としても，国民皆保険の実現が強く求められたのである。

国民の強い支持が後押しし，政府は1957（昭和32）年から「国民健康保険全国普及4カ年計画」に着手した。健康保険の対象とならないすべての国民を国民健康保険に加入させることで国民皆保険の実現を目指したのである。しかし，当初は大都市での普及が予定通りには進まなかった。被保険者の資格認定が困難であったことや，事務費がかさみ財政を圧迫したことが理由である。そこで政府は，1958（昭和33）年に，①1961（昭和36）年4月から全市町村に国民健康保険の実施を義務付ける，②同一疾病についての給付期間を3年とする，③給付の範囲を健康保険と同等以上とする，④給付割合を5割以上とする，⑤国の助成を拡充する，等を内容とする新国民健康保険法を成立させた。

こうして，全市町村に1960（昭和35）年度末までの事業実施が法的に義務付けられ，市町村に住所を有する者は，被用者保険加入者等でない限り国民健康保険に強制加入することとされた。事業開始が遅れた6大都市（東京都区部〔23区〕，横浜市，名古屋市，京都市，大阪市，神戸市）でも国民健康保険が実施され，1961年4月に計画どおり**国民皆保険**の体制が実現したのである。

被用者以外への社会保険適用は技術的に難しく，ヨーロッパの大陸諸国（社会保険中心で社会保障を構成している国々）では，皆保険の達成はもっと後になる。皆保険達成は，日本の社会制度史上の快挙と言えよう。

第Ⅱ部　社会保障の制度各論

給付等の拡充の時代——福祉元年の改革

　皆保険達成から**福祉元年**と呼ばれる1973（昭和48）年までは，日本経済が高度成長した時期である。恵まれた経済環境に支えられて，経済成長の成果を国民福祉の充実に還元しようとする動きが高まり，老人医療費の一部自己負担を公費で肩代わりする制度が，全国の自治体に広がった。

　一般的に，高齢になるほど疾病リスクは高まるが，経済力は低下する。費用負担が高齢者に受療を控えさせ，必要な医療を受けられない可能性への危惧もあり，政府は**老人医療費支給**制度を開始した。この制度により，70歳以上の高齢者が医療サービスを受けた場合の自己負担費用が全額公費で賄われることになり，結果として高齢者の医療費の負担が無料化されたのである。

　他には，被用者保険の家族給付率が5割から7割に引き上げられた。それまで5割だった家族の自己負担率が，3割に引き下げられたことになる。

　また，医療費の自己負担が高額になり過ぎないように上限を設ける**高額療養費**制度が創設された。月3万円（当時）を超える自己負担分を健康保険が支給するという制度の創設によって，医療費に占める患者負担の割合は低下し，医療機関を利用しやすい環境が整備されたのである。この高額療養費制度は，1975（昭和50）年には国民健康保険にも導入された。

　以上のような改革はすべて，患者が直面する医療の価格（自己負担）を引き下げる改革であった。

医療費の増大に対応するための給付と負担の見直しの時代

　福祉元年の1973年は，第1次オイルショックが始まった年でもある。石油価格の高騰は狂乱物価と呼ばれるインフレをもたらしたが，そのインフレに医療サービスの価格を対応させるために1974（昭和49）年の**診療報酬**（医療サービスの公定価格）改定では36％もの引き上げが行われた。福祉元年の改革で医療費が増加する構造が医療制度に組み込まれたこともあり，当然の結果として医療費が急増した。しかし，経済不況により国庫負担の財源である税収の伸びが鈍化し，政府の財政事情が厳しくなっていた。借金財政からの脱却が国の最優先

課題となり，健康保険や老人医療費支給制度を国庫負担で調整する余力はなく，財源確保としての制度間調整が喫緊の課題となったのである。

　また，健康保険財政の観点からは，**老人病院**の存在も問題とされた。病院の待合室に高齢者がつめかける「病院のサロン化」や「過剰受診・過剰診療」に加えて，必ずしも入院治療を要しないものの，寝たきり等の事情で入院を継続するという**社会的入院**という現象が現れ始めた。社会福祉施設が量的に不足していたことや，世間体を気にして福祉施設等への入所を避けたいとの本人や家族の希望，手続きの容易さと費用負担の軽さから，病院に長期入院する高齢者が増加し，病院の増設・増床が全国に波及したのである。それに対して，1983（昭和58）年には診療報酬改定で入院期間の長さに応じて診療報酬を逓減させる仕組みを強化，1986（昭和61）年には老人保健法改正で**老人保健施設**を創設，診療報酬改定で診療報酬を出来高払い制から1日あたりの定額制に移行するなど，老人医療費増に対する適正化策が講じられた。

　さらに，被用者保険の加入者であるサラリーマン等が定年退職後に国民健康保険に移行することや，国民健康保険加入者の相当部分を占めていた第1次産業従事者の高齢化が進んだことで，国民健康保険の高齢者加入率は他の被用者保険に比べて著しく高くなっていた。老人医療費急増を受けて，国民健康保険財政が非常に厳しくなったのである。

　高齢者の医療に関わる様々な問題に対応するために，1983（昭和58）年に老人保健法が施行された。新たに創設された**老人保健**制度は，①老人医療費支給制度を廃止し，高齢者にも一部自己負担を求める，②老人保健制度は各健康保険者の共同事業として，その医療給付の3割を公費（国20％，都道府県5％，市町村5％）で，7割を各健康保険者からの**老人医療費拠出金**で，それぞれ賄う，③疾病予防や健康づくりを含む総合的な老人保健医療対策を盛り込む，などで負担の公平をはかり，健康への自覚や適切な受診を促すことを目指していた。増加する老人医療費をすべての健康保険制度で分担することにより，高齢者が多く加入している国民健康保険に対する国庫負担を削減するためである。

　1984（昭和59）年には健康保険法等の改正が行われた。この法改正は直接的

第Ⅱ部 社会保障の制度各論

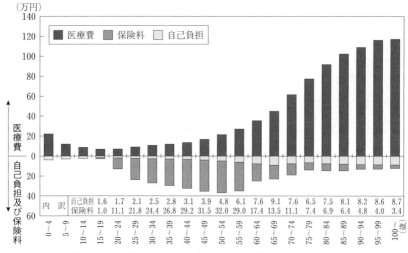

図6-1 年齢階級別1人当たり医療費，自己負担額および保険料

(注1) 1人当たりの医療費と自己負担は，それぞれ加入者の年齢階級別医療費医療費及び自己負担を
その年齢階級の加入者数で割ったものである。
(注2) 自己負担は，医療保険制度における自己負担である。
(注3) 予算措置による70～74歳の患者補填分は自己負担に含まれている。
(注4) 1人当たり保険料は，被保険者（市町村国保は世帯主）の年齢階級別の保険料（事業主負担分
を含む）を，その年齢階級別の加入者数で割ったものである。また，年齢階級別の保険料は健康保険
被保険者実態調査，国民健康保険実態調査，後期高齢者医療制度被保険者実態調査等を基に推計した。
(注5) 端数処理の関係で，数字が合わないことがある。
(注6) 2013（平成25）年度実績に基づく推計値
(出典) 経済・財政一体改革推進委員会（2016：23）より転載。

には医療費抑制を目的としていたが，中長期的視点から保険制度の改革を目指
したものであった。大きな柱は，①医療費の伸びを国民所得の伸び率程度にと
どめるという方向が採られるようになったこと，②負担と給付の公平化を図る
ために，被用者保険の被保険者本人に1割の自己負担を求めること，③**退職者
医療**制度の創設，などがあげられる。

経済成長が鈍化する一方で，医療費は経済成長率や国民所得の伸びを上回る
勢いで増加し，医療費と国民の負担能力とのかい離が拡大するおそれが生じて
いた。そこで，それまで国庫負担の傾斜的配分によって行ってきた制度間格差
の是正と財政基盤の安定化にかわって，保険者間の財政調整を通じて被用者保

第❻章 病気になったらどうなるか

Column ⑦　年齢階級別1人当たり医療費と, 自己負担額および保険料の比較

　図6-1をみると, 1人当たり医療費は15歳階級から年齢とともに増加している。70歳代までは外来（入院外＋調剤）の割合が高いものの, 80歳代からは入院（入院＋食事・生活療養）の割合が高い。

　すべての年齢階級で, 医療費に対する自己負担率は, 法定の負担割合を超えない。たとえば, 20歳階級の自己負担率は23.3％で, 3割に達しない。

　20歳代から50歳代までは, 医療費よりも, 自己負担と保険料負担の合計額が大きい。しかし, 60歳代からは医療費の増加と保険料負担の減少の影響で医療費が大きい。

　名目値を累積して給付と負担の関係を比較することの是非はさておき, 自己負担を除く医療費（保険給付）と保険料の関係を給付負担倍率で見てみよう。35歳階級から65歳階級までは保険料負担が医療給付額を上回り, それが再び逆転するのは70歳階級以後である。

険に負担を肩代わりさせ, 皆保険体制を維持しようとしたのである。

後期高齢者医療制度の創設等の時代

　1980年代の改革の後, 幾度か大きな構造改革が試みられたが, 実施には至らなかった。バブル経済崩壊後の経済状況の悪化もあり保険料収入が伸び悩む一方, 高齢化の進展等に伴い医療費が伸び, 健康保険財政は大幅に悪化した。

　このため, 1997（平成9）年に被用者保険における本人自己負担が1割から2割に, 2003（平成15）年には3割に引き上げられ, 国民健康保険と同じ給付率になった。他方, 少子化対策の観点から, 国民健康保険の3歳以下の子供については, 自己負担が2割に引き下げられた。

　高齢者については, 高齢者の自己負担を1割, 現役並み所得の場合は2割とした上で, 老人保健法の対象年齢を70歳から75歳に引き上げ, 公費負担割合を3割から5割に引き上げた。

　2006（平成18）年には, 医療提供体制の改革を健康保険制度の改革と一体として行う医療制度改革法が成立した。主な柱は, ①高齢者の負担増（現役並み所得がある高齢者の自己負担を2割から3割に引き上げる, 療養病床に入院する高齢者

第Ⅱ部　社会保障の制度各論

の食費・光熱費を自己負担とする，70～74歳の自己負担を 1 割から 2 割に引き上げる），②高齢者医療制度の創設（後期高齢者医療制度の創設，前期高齢者医療費に関する財政調整の実施），③医療費の抑制（都道府県は 5 カ年の医療費適正化計画を作成し，医療費抑制目標を盛り込む），④健康保険者の都道府県を単位とする組織への再編（政府管掌健康保険にかわる協会けんぽの設立，市町村国民健康保険の都道府県単位への移行），などである。

　そして，2008（平成20）年 4 月から，老人保健制度にかわり**後期高齢者医療**制度が実施された。老人保健制度と同様に75歳以上の後期高齢者等を対象とするものの，現役世代と高齢者の費用負担のルールを明確化し，都道府県単位の広域連合を運営主体（保険者）とすることで，運営責任の明確化および財政の安定化を図っている。老人保健制度が保険者間の共同事業であったのに対し，後期高齢者医療制度は後期高齢者を被保険者として保険料を徴収し，医療給付を行う独立した健康保険制度である。

　65歳から74歳の前期高齢者の医療費については，国民健康保険および被用者保険の各保険者の75歳未満の加入者数に応じて財政調整が行われる。この**前期高齢者の財政調整**制度の創設に伴い，退職者医療制度は廃止された。

2　健康保険制度の概要

日本の健康保険制度の体系

　業務を理由としない病気やけがについて医療サービス（現物）と医療費等（現金）を給付する健康保険制度の体系は，図 6 - 2 のとおりである。75歳以上の人は後期高齢者医療制度に加入し，75歳未満の人（ただし，生活保護法による保護を受けている者は除く）は，職域に基づいた**協会けんぽ・健康保険組合・共済組合**といった被用者保険に本人やその扶養家族の資格で加入するか，住所地に基づいた**国民健康保険**に加入し，それぞれ保険料を納付する。それにより，病気等の際には，一定の一部自己負担により，安心して医療を受けることが可能である。社会全体で医療費支払いリスクをシェアし，患者が支払う医療費の

第 6 章 病気になったらどうなるか

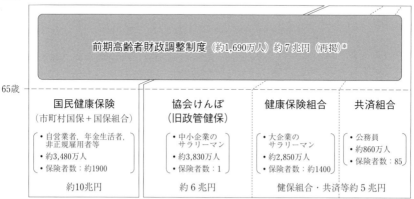

※前期高齢者数（約1,690万人）の内訳は、国保約1,300万人、協会けんぽ約280万人、健保組合約90万人、共済組合約10万人。

図 6-2 健康保険制度の体系
(注1) 加入者・保険者数、金額は、平成29年度予算ベースの数値。
(注2) 上記のほか、経過措置として退職者医療（対象者約90万人）がある。
(出典) 『平成29年版厚生労働白書』97頁、図表 3-1-3 より転載。

自己負担額を軽減することで、すべての国民が良質かつ高度な医療を受ける機会の平等が保障されている。

日本の健康保険制度の特徴

日本の健康保険制度の大きな特徴は、①国民皆保険、②**フリー・アクセス**、③**現物給付方式**の3つである。1つ目は、どういう人であっても、どこに住んでいても、何らかの健康保険に強制的に加入していることである。病気やけがをした場合にいつでも健康保険の給付を受けることができるという意味で、受診機会の平等が保障されている。そして、どこの保険医療機関でも自由に、いつでも保険を利用した医療サービスを受けることができるのが、2つ目のフリ

第Ⅱ部　社会保障の制度各論

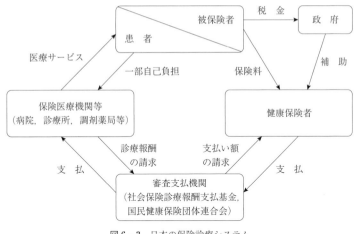

図6-3　日本の保険診療システム

（出典）　筆者作成。

ー・アクセスである。かかりつけ医を登録する制度の国では，好きな医療機関に行くことは基本的にできない。なお，フリー・アクセスが保障されると，受診が容易になるため，重複診療などの非効率をもたらす可能性も指摘されてはいる。そして，保険負担分については立て替え払い等の必要はなく，一部自己負担分を窓口で支払うだけで，医療サービスそのものを直接受けることができるのが，3つ目の**現物給付方式**である。

なお，一部自己負担分以外の費用は，図6-3のとおり医療機関が**審査支払機関**を通じて健康保険者に請求する仕組みになっており，この方式を**第三者支払い方式**と言う。ちなみに，日本と同じように一部自己負担が導入されているフランスでは，医療機関の窓口で医療費を全額支払い，患者が健康保険者に請求する形で一部自己負担分以外の費用の償還を受ける**償還払い方式**である。

日本の健康保険は，疾病リスクの高い人が健康保険に加入できないことや，保険料が極めて高額になることを回避するために，法律ですべての人々に加入を義務付けている。その人が保険に加入していること（保険料をきちんと納付していること）を証明するのが受診の際に提示する**健康保険証**である。

また，すべての人が同じ条件で一定の医療サービスの提供を受けられるよう

に，公費（税金）が投入されている。個人の支払い能力の差については定率の保険料等や自己負担の調整で，健康保険の支払い能力の差については給付に対する公費負担の調整で，それぞれ医療のニーズを需要と一致させることで公平性を確保していると言えよう（ただし，非効率性は温存されている）。

保険料と公費負担について

　健康保険の給付（患者の一部自己負担分以外の医療サービスの費用）は，保険料と公費負担で賄われる。2015（平成27）年度は，国民医療費総額の48.8％（事業主負担20.6％＋被保険者負担28.2％）が保険料で，38.9％（国庫負担25.7％＋地方負担13.2％）が公費であった。

　保険料は，疾病リスク等に関わりなく，各人の支払い能力に応じて決定される。2014（平成26）年度の加入者1人当たり平均保険料（所得に対する保険料負担率）は，市町村国民健康保険で年額85,000円（9.9％），後期高齢者医療制度で年額69,000円（8.3％）であった。これらの値は世帯の人数や所得等を勘案して決定された現年分調停額である。また，被用者保険では，被保険者（被用者）本人のみならず，事業主も保険料を負担するのが原則である。事業主負担を除く加入者1人当たりで見ると，協会けんぽが107,000円（7.6％），組合健保が118,000円（5.7％），共済組合が139,000円（6.0％）の平均保険料および保険料負担率であった。（経済・財政一体改革推進委員会 2016：15）

　ちなみに，協会けんぽは，2009（平成21）年9月から都道府県ごとに保険料率を設定している。全国平均の保険料率は10.0％だが，2016（平成28）年度は最高の佐賀県で10.33％，最低の新潟県で9.79％と，医療費の差が反映されるようになっている。なお，全国平均の保険料率と各都道府県の保険料率の差を圧縮する経過措置は，2019（平成31）年度までに段階的に解消される。

　一方，結核や感染症など社会全体として予防や治療を行う必要のある病気や，身体障害者，児童などとくに保護をする必要がある人などについては，医療費の全額や患者自己負担分を国や地方自治体が負担している。2015（平成27）年度は，国民医療費総額の7.4％が，公費負担医療給付分であった。

第Ⅱ部　社会保障の制度各論

公費負担医療とは別に，市町村国民健康保険は事務費の全額に加えて給付費等の50%（国庫負担41%＋都道府県負担9%）に，協会けんぽは事務費の全額と給付費等の16.4%（国庫負担のみ）に，それぞれ公費が投入されている。

医療機関の窓口で支払う一部自己負担の役割

一部自己負担の割合は，年齢や自治体によって異なることもあるが，原則はかかった医療の3割（7割は保険給付）である。ただし，義務教育就学前の子供は2割，70歳以上75歳未満は所得に応じて2割か3割，75歳以上は所得に応じて1割か3割である。ただし，2015（平成27）年度でみると，国民医療費総額に占める患者負担の割合は11.6%（国民医療費総額42.4兆円，患者負担4.9兆円）であり，この観点では3割負担ではない。

医療サービスを必要とした人にとっては，一部自己負担無し（すべて保険給付）が望ましいだろう。しかし，一部自己負担が組み込まれているのは，①医療サービスを利用する人としない人との衡平の確保のため，②コスト意識を高め無駄や非効率な医療を避けるため，③保険料以外の財源確保のため，である。

3　健康保険制度の機能強化

健康保険制度の機能強化にむけて

2012（平成20）年2月に閣議決定された社会保障・税一体改革大綱では，病院・病床機能の分化・強化や医師確保対策について方針が示された。限られた医療資源を有効に活用し，質の高い医療を実現するためには，医療機関が地域全体で切れ目なく必要な医療サービスを提供するネットワークを構築することが重要である。そこで，多くの都道府県が医療計画の見直しを通じて，医療計画をより一層有効に機能させることを目指している。

国民皆保険が達成されてから半世紀以上が過ぎ，少子高齢化の進展，経済の低成長，就業構造や家族形態の変化，想定していなかった貧困（ワーキング・プアの存在）等，健康保険制度を取り巻く環境が大きく変化している。必要な

第**6**章 病気になったらどうなるか

医療を確保しつつ，これらの社会経済情勢の変化に対応するためには，健康保険制度の機能強化を図ることが必要なのである。

市町村国民健康保険の財政基盤の強化と都道府県単位化

市町村国民健康保険では，自営業や農林水産業の加入者数が大幅に減少し，非正規労働者や無職の低所得者や，医療の必要が高い高齢者が多く加入している。また，加入者が少なく財政運営が不安定となる市町村があるとともに，市町村ごとの保険料に大きな差も生じている。

これまでも，財政基盤強化策（保険者支援制度および高額な医療費の都道府県単位での共同負担）や，一定額以上の医療費についての保険財政共同安定化事業の実施および事業対象の拡大，都道府県内の市町村国保財政の不均衡を調整するための都道府県調整交付金の引き上げが進められてきた。地域の実情に応じて財政基盤を強化し，都道府県単位化を達成することが大きな課題である。

短時間労働者に対する被用者保険の適用拡大

非正規雇用や派遣・請負労働などの就業構造の変化に対応して，2012（平成24）年に健康保険の適用範囲を拡大する法案が通常国会で成立した。新たな被用者保険の対象は，①１週間の所定労働時間が20時間以上，②月額賃金88,000円以上，③勤務期間１年以上，④従業員501人以上の事業主に使用される人，⑤学生以外の人，に該当する人で，約25万人と推計されている。

また，短時間労働者など賃金が低い加入者が多く，適用拡大による保険料負担が重くなる健康保険者の負担を軽減するために，後期高齢者支援金と介護納付金を被用者保険者間で広く分かち合う特例措置が導入された。

非正規労働者に被保険者保険を適用し，彼らに対するセーフティネットを強化することは，格差の是正につながることが期待された。また，働かない方が有利になるような仕組みを取り除くことで，とくに女性の就業意欲を促進し，来るべき人口減少局面に備える意味もあったと言えるだろう。

153

第Ⅱ部　社会保障の制度各論

医療費適正化に向けた取り組み

国および都道府県は，高齢期における適切な医療の確保を図るため，特定健診・保健指導の実施率および平均在院日数の数値目標や目標達成に向けた取り組み内容を定めた医療費適正化計画を作成した。

保険者は，2015（平成27）年度からデータヘルス計画（レセプトや健診情報等のデータ分析に基づく効率的・効果的な保健事業をPDCAサイクルで実施するための事業計画）に基づく取り組みを始めている。

保険者の先進的な取り組みを全国的に展開するために，2015年7月には，民間主導の活動体である日本健康会議が発足し，2020（平成32）年までの数値目標を定めた「健康なまち・職場づくり宣言2020」が採択された。

また，慢性疾患を複数保有し，加齢に伴い心身機能が低下する等の高齢者の特性を踏まえ，国は，これまでの重複・頻回受診対策などに加えて，生活習慣病等の重症化予防や，栄養・口腔・服薬に関する相談・指導等のフレイル（虚弱）対策に資する保険者の取組みを支援し，推進している。

在宅医療・医療の情報化の推進

高齢者の増加や価値観の多様化により，希望する人が，できる限り住み慣れた家庭（地域）で療養できるような環境を整備することが求められるようになっている。在宅医療・訪問看護・相談体制の充実とともに，多職種連携などの**地域包括ケアシステム**体制の整備が必要である。地域の医師を対象とする**緩和ケア**の研修や，介護を行う家族にケアに関する知識の普及を図るなどを通じて，個別の疾患に対応したサービスの充実や支援（退院支援，日常の療養支援，急変時の対応，看取りなど）が目指されている。

また，医療の質と患者の利便性を向上させるためには，**遠隔医療**の推進にも意義がある。質の向上，安全の確保，医療機関間の連携などのために，電子カルテシステムの普及促進に向けた支援も実施されており，医療情報システムの相互運用性向上，データの活用，低価格化のための標準化の推進が急がれている。

第 6 章 病気になったらどうなるか

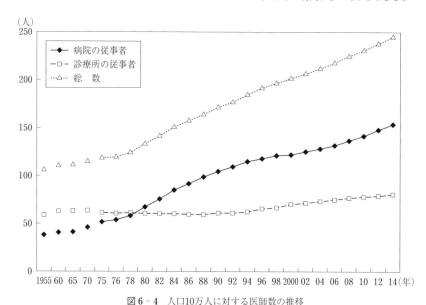

図 6-4 人口10万人に対する医師数の推移
(出典)「医師・歯科医師・薬剤師調査」より筆者作成。

―― *Column* ⑧ 医師と看護師 ――――――――――――――――

　診断や治療などの医療行為は、資格を有する医療の専門職以外は行うことができない。1948（昭和23）年の教育制度改革で医学教育は大学医学部に一本化された。1970（昭和45）年には「1985（昭和60）年までに人口10万人当たりで150人の医師を確保すること」が目標とされ、1973（昭和48）年には医学部入学定員を大幅に増加させた。

　図 6-4 に示すように、150人の医師確保は目標より 2 年早く達成され、医師数増加に伴う問題が顕在化した。しかし、地域の医師確保等のために2008（平成20）年度より医学部入学定員を増員させ、2014（平成26）年には病院に従事する医師だけで153.4人、全体では244.9人に達している。

　看護師養成は、1948（昭和23）年に高校卒業以上だったが、高校進学率が低い当時の状況を考慮して、1951（昭和26）年に准看護師制度が創設された。1971（昭和46）年末には看護職員の53.9％、15.7万人が准看護師だった。その後、実数では2002（平成14）年末に39.3万人まで増加したが、2014（平成26）年末時点で34.0万人、看護職員の23.8％に減少している。

第Ⅱ部　社会保障の制度各論

健康づくり・疾病予防の取り組み

　高齢化の進展や生活習慣の変化により，疾病に占める**生活習慣病**（がん，虚血性心疾患，脳血管疾患，糖尿病など）の割合が高まっている。こうした生活習慣病は，自らの心がけにより，ある程度発症や重症化を予防することができる。各人が日常的に健康を認識し，自らの健康づくりに責任を持って取り組むこと，国や医療機関，健康保険者等もそれをサポートすることが重要である。

　2013（平成25）年 6 月の日本再興戦略の閣議決定では，2030（平成42）年のあるべき姿を「予防サービスの充実などにより，国民の医療・介護需要の増大をできる限り抑えつつ，より質の高い医療・介護を提供することにより「国民の健康寿命が延伸する社会」を目指すべき」とし，2020（平成32）年までに国民の健康寿命を 1 年以上延伸するという数値目標を掲げている。

　こうした目標の達成のためには，①客観的なデータ分析を根拠とした政策の実施，②健康づくりの動機付け，③市町村・保険者・事業主・医療関係者等の連携，などが必要である。

　①については，データヘルス（データ分析に基づく保健事業）としての先駆的な取組みが始まっている。健康保険者が保有する特定健診や保健指導の結果や，レセプトを活用して分析を行い，それに基づいて効率的・効果的に被保険者の健康づくりを行うための，より一層の知見の積み重ねが必要である。

　②については，予防・健康づくりを行った場合に健康グッズなどと交換できるヘルスケアポイントの付与等を行い，個人の健康づくりを促す取り組みが，既に一部の健康保険組合や市町村で保健事業として実施されている。2016（平成28）年 5 月には，健康に無関心な層が予防や健康づくりに取り組みやすい環境をつくることを目的として，厚生労働省がガイドラインを公表した。他には，一定の取り組み（特定健康診査，予防接種，定期健康診断，健康診査，がん検診）を行なう個人が2017（平成29）年 1 月以降に健康の維持増進および疾病予防として薬局で購入した一定の医薬品の代金を，所得控除の対象とするセルフメディケーション（自主服薬）推進のための税制が創設されている。

　次に保険者に対しては，保険者が保健事業に取り組んだ場合に，その実施状

況に応じて支援金を交付する制度の創設など，保険者ごとにインセンティブを
強化する仕組みが求められている。特定健康診査・特定保健指導の実施状況に
応じた後期高齢者支援金の加算・減算制度は2013（平成21）年度から始まって
おり，2018（平成30）年度には，多くの保険者に広く薄く加算し，指標の達成
状況に応じて段階的に減算（最大10％の範囲内）する仕組みへと見直される予定
である。また，国民健康保険では，保険者努力支援制度を創設し，保険者とし
て生活習慣病の予防等に努力する自治体に交付金を交付する仕組みを作り，既
に補助制度（特別調整交付金の一部を活用）として前倒しで反映させている。

　健康づくりや予防を促す取り組みとしては，身近な場所で運動ができる施設
の整備や，健康診断などの受診勧奨と受診後の健康指導，健康に関する正しい
知識の普及など，比較的実施が容易なものも少なくない。高齢になってからで
はなく，その前段階から取り組んでこそ効果的なので，普及啓発や広報が重要
であろう。

参考文献

経済・財政一体改革推進委員会「資料3-1　社会保障の給付と負担等について」
　　『第12回社会保障ワーキング・グループ会議資料』2016年。
厚生労働省『平成19年版厚生労働白書——医療構造改革の目指すもの』ぎょうせい，
　　2007年。
厚生労働省『平成23年版厚生労働白書　社会保障の検証と展望——国民皆保険・皆
　　年金制度実現から半世紀』日経印刷，2011年。
厚生労働省『平成26年版厚生労働白書　健康長寿社会の実現に向けて——健康・予
　　防元年』日経印刷，2014年。
厚生労働省『平成28年版厚生労働白書　人口高齢化を乗り越える社会モデルを考え
　　る』日経印刷，2016年。
佐藤雅代「第6章　医療提供体制整備——地域医療の課題解決にむけて」一圓光
　　彌・林宏昭編著『社会保障制度改革を考える』中央経済社，2014年。
土田武史「国民皆保険50年の軌跡」『季刊・社会保障研究』Vol. 47 No. 3，2011年。

第Ⅱ部　社会保障の制度各論

この章の基本書

椋野美智子・田中耕太郎『はじめての社会保障――福祉を学ぶ人へ　第14版』有斐閣，2017年。

＊制度改正と最新のデータが反映されて毎年重版を重ねる，非常にわかりやすい入門書。過去の版と読み比べることで，その時々の制度改正のウネリを感じるのも，楽しみ方の１つであろう。

橋本英樹・泉田信行編著『医療経済学講義　補訂版』東京大学出版会，2016年。

＊医療経済学の発展にむけてこれから研究をはじめようとする人たち向けの基本書。多様な最先端のトピックスが盛り込まれた日本語の良書。知らない単語や記号にめげずに，まずは目次と第Ⅰ部を読んでほしい。

厚生労働統計協会『国民衛生の動向』各年版。

＊日本における最新の保健医療行政の動向を，統計データや多様な関係資料に基づき紹介。様々な施策について最新の解説がされており，有用で簡便な参考書。レポート等の作成のためにはバックナンバー集 DVD が便利。

練習問題

問題１

多数の制度が分立しているにもかかわらず，日本の医療保障制度（健康保険制度）がうまく機能しているのはなぜでしょう。簡単に説明せよ。

問題２

日本の健康保険制度の体系を図示せよ。

次の５つの用語は必ず使うこと。

　［①国民健康保険，②国保組合，③健康保険組合，④前期高齢者財政調整制度，⑤65歳］　←これだけでは不足していることに注意。

問題３

高齢者を対象とする医療制度（老人保健制度，後期高齢者医療制度等）が創設されることになったのはなぜでしょう。簡単に説明せよ。

問題４

医療保障制度の給付と負担について考えてみたいと思います。給付とは，何か。また，負担とは何か。

第 **6** 章　病気になったらどうなるか

問題5

健康保険制度の機能強化策として，既存の健康保険者が実行できそうなことは何か。
そう考えた理由とともに，簡単に説明せよ。

（佐藤雅代）

第 7 章

老後の生活はどうなるか
──公的年金制度──

本章のねらい

　高齢になったら，多くの人は年金を受け取り，それを生活の基盤にすること
が多くなってきている。また，後期高齢者になると，介護の問題も深刻である
（介護に至る前に医療を利用するというのが多くの場合であるが，これは 6 章
で見てきた）。この章では，現役世代とのバランスを取りながら，老後の生活
をどのように社会保障制度は支えているのかを見ていくことにする。

1　高齢者の生活実態

　2014（平成26）年の厚生年金保険の平均年金受給額は，男性で165,450円，女
性で102,252円である。そう言われても，これがどのぐらいの値なのかは見当
が付かないであろう。年金の値を見極める指標の 1 つに代替率というのがある。
これは，

　　年金給付額　÷　現役世代の平均賃金

という指標のことで，年金給付額が現役世代の平均的な賃金水準の何％なのか
を示すものである。厚生労働省の「賃金構造基本調査　平成26年版」から男女
に決まって支給される現金給与額を見ると，男性で365,700円，女性で255,600
円である。よって，代替率は男性で46.4％，女性で40.0％となる。簡単に言え
ば，現役で働いていた時の半分程度の生活水準にしないと老後の生活を維持で

第Ⅱ部　社会保障の制度各論

図7-1　2人以上の高齢無職世帯——世帯主の年齢が65歳以上の家計収支（2014年）
（出典）　総務省『全国消費実態調査　平成26年版』第67表「世帯主の年齢階級別1世帯当たり1か月間の収入と支出」。

きないということを意味しているのである。

家計の構造は，

　　実　収　入＝　経常収入（勤め先，事業・内職，他の経常収入）
　　　　　　　　＋　特別収入（受贈金，およびその他）
　　可処分所得＝　実収入　－　非消費支出
　　黒　　　字＝　可処分所得　－　消費支出

という式で把握できる。消費支出というのは，食料費，住居費，光熱費，被服費，教育費，教養娯楽費，交通通信費，保健医療費等のことで，生活費や家計費のことである。非消費支出とは，所得税・住民税などの直接税や社会保険料など世帯の自由にならない支出のことである（借金の利子なども含まれている）。図7-1に示したのは，2014（平成26）年の全国消費実態調査（総務省）から65歳以上の平均的な2人以上世帯の月の収支である。社会保障給付（うち年金給付額198,764円：99.1％）だけでは消費支出を賄えず，赤字は34,099円となっている。高齢になれば，食費は減っていくし教育費もかからなくなるが，医療費や介護費等の健康状態に左右される支出が増えていくのである。

第**7**章 老後の生活はどうなるか

 ┌─ *Column* ⑨　年金代替率 ─────────────────────────

　年金代替率（正しくは，年金の所得代替率）の使われ方が，昔と今で異なっていることを知っているだろうか。もともと，年金の所得代替率は，社会保障の水準を決める ILO（国際労働機関）の102号条約の中で，「標準受給者（年金受給年齢の妻を有する男子）について，30年拠出した場合に従前の所得額の40％の給付を確保すること」と定義された。素直に読めば，年金受給者の各々が現役時代の給与の40％を年金として受け取れるように整備しなさいと，この条約はいっているのである。

　しかし，この条約は1952年という今から65年も前にできた条約ということもあり，多くの国では平均的な所得の者について，この102号条約を満たすように努力しているに過ぎない。わが国の場合，2014年の財政検証結果を受けた代替率は50.6％（財政検証の仮定ケース E）ということになっている。102号条約に従った比例計算をすると53.3％が守られるべき代替率なので，このままだと条約違反ということになる。

 └──

　こうみると悲惨なようだが，消費支出の内訳を見ると生活に必需的ではない支出が結構ある。例えば，教養・娯楽費（旅行代金等も含まれる）の割合は約11％（27,716円），こづかい（使途不明金）約 3 ％（7,265円），交際費約 9 ％（21,332円）となっており，これらの合計は56,313円である。要するに，月の赤字分34,099円は，生活に必需的ではない支出分を節約すれば赤字ではなくなるのである。月々の支払で多少，赤字が出ても構わないのは，通貨性預貯金，定期性預貯金，生命保険など，有価証券等の資産が約2,047万円もあるということも要因の 1 つである。このように，高齢者の暮らしは年金で日々の暮らしを賄い，不足分は預貯金で補うということになっているのである。

　ここで注意したいのは，図 7 - 1 は全国消費実態調査からの結果に過ぎないということである。実は，所得および消費に関する統計は同じく総務省が実施する「家計調査」と厚生労働省が実施する「国民生活基礎調査」と「所得再分配調査」がある。「家計調査」の構造および調査対象は「全国消費実態調査」の縮小版で，サンプル数は約8,000世帯で毎年実施されている（半数が年ごとに入れ替わる）。「全国消費実態調査」は 5 年に一度の実施であるが，サンプル数

第Ⅱ部　社会保障の制度各論

は5万世帯を超えている（2014年は51,656世帯）。両調査とも基本的に家計簿を
つけてもらうようなイメージであるので，几帳面な性格でないとサンプルとし
て務まらない。一方，「国民生活基礎調査」の方は「保健，医療，福祉，年金，
所得等国民生活の基礎的事項を調査し，厚生労働行政の企画および運営に必要
な基礎資料を得るとともに，各種調査の調査客体を抽出するための親標本を設
定することを目的」としている。そのため，質問は多岐であるが，源泉徴収票
や年金振り込み通知書などを書き写すという作業が多くなっているし，消費の
方のデータはあまり充実していない（総務省の調査と厚生労働省の調査の決定的な
違いは所得分布の違いで，総務省の調査の方が高いのである［舟岡 2001]）。

　また，図7‒1では介護等の費用が平均化されていて，あまり問題にならな
い。しかし，現実に高齢者にとっては医療および介護の費用をどのように工面
するかという問題が大きな問題である。いずれにしても年金は高齢者の家計に
とって重要なものであるが，それでは年金とは何であろうか。

2　年金とは

　年金とは老後の生活を賄うためのお金のことである。後で述べるが，現在の
年金制度は1985（昭和60）年に作られた。この時，年金受給者に共通する基礎
年金が導入され，定額部分に関しては年金制度の一元化がなされた。一元化と
いえば，報酬比例部分の一元化は2015年10月1日から実施され，公的年金は報
酬比例部分も一元化された。

　公的年金には，①強制加入であること（皆年金），②年金受給額の購買力が実
質的に保障されていること，③終身年金であること（死亡するまで本人が受け取
れること），④社会保険による財源調達（国庫負担と保険料）をしていること，⑤
保険料の減免制度や上限があること，といった特徴がある。

強制加入であること

　では，なぜ，強制加入なのであろうか。日本の公的年金制度は20歳以上のす

164

第**7**章　老後の生活はどうなるか

べての国民は加入しなければならない（一定条件の外国人も含む）。それは，強制的に保険料を徴収し年金を給付するという制度が存在しなければ，老後における生活保護を期待して現役時代に貯蓄等の準備を怠るからである。また任意加入制度にしてしまうと，現役時代に自分で十分な貯蓄ができるほど所得が高い人は公的年金に加入しなくなる。一方，自分で十分な貯蓄ができない低所得の人は年金制度に残ることになる。しかし，低所得の人ばかりの制度だと保険料収入が減り十分な給付ができなくなり，年金制度が立ち行かなくなってしまう。それゆえ，公的年金ではすべての国民が加入することが義務づけられ，保険料は強制的に徴収されているのである。

年金受給額の購買力が実質的に保障されていること

わが国では，公的年金の給付金額の実質価値を維持するため物価スライド制を導入しており，物価の変動に応じて年金額を改定している。物価スライド制は1973（昭和48）年から導入され，物価変動率が5％を超えて変動した場合に，変動率を基準として年金額を改定するという方法をとっていた。また，このとき，賃金の再評価（賃金スライド）も制度化された。賃金の再評価というのは，昔と今の賃金水準を比較し，昔の賃金を今の価値に直すことをいう。賃金の再評価の仕組みがないと，困ったことになる。後で詳しく述べるが，年金額の裁定には報酬の平均値を使う。仮に65歳時点で自分の初任給をみたらどうなるのであろうか。例えば，1960年の国家公務員の上級職の初任給は10,800円であったが，38年後の1998年の国家公務員Ⅰ種の初任給は184,200円であった。単純に10,800円という数字を使って平均値を求めたら，低い値が算出されることになる。それを防ぐために，賃金の再評価を行うのである。

その後，1989年には完全自動物価スライド制に移行し，5％枠が撤廃されて自動的に年金額が前年の物価上昇を反映するようになった。また，1994年には厚生年金について，賃金再評価を可処分所得の上昇に応じた再評価に変更することになった。2000年からは，厚生年金について，既裁定の年金に関しては賃金再評価を行わず，物価スライドのみ行うこととした。2004年には，①新規裁

第Ⅱ部　社会保障の制度各論

定までは賃金変動率で，既裁定年金は物価変動率で改定する原則およびその算定方式を法定化し，②長期的な給付と負担の均衡を図るため，上記の改定に対して一定の調整を講じる仕組み（マクロ経済スライド）を導入（具体的な改定の水準は，実際の物価変動率，賃金変動率を上記の改定ルールに当てはめて算定し，毎年度政令に規定）した。マクロ経済スライドについては後述する。

終身年金であること（死亡するまで本人が受け取れること）

　誰でも，何歳まで生きるか分からない。老後に備えて貯蓄をしていても，それを使い切ってしまう可能性もある。また，老後への不安から現役時代に過度な貯蓄をしようとすると，若いときの消費が低くなり過ぎてしまう。それに対して公的年金は，終身で（亡くなるまで）年金を受給できる仕組みである。これによって，現役時代に過剰な貯蓄を行う必要がなくなるし，何よりも，長生きして生活資金がなくなるという事態に備えることができるのである。

社会保険による財源調達

　2章で述べたように，わが国の公的年金制度は社会保険によって財源が調達されている。殊に，社会保険による公的年金は，拠出が受給要件になり，かつ拠出に応じて年金額が決まる。社会保険方式には，拠出と給付の関係が明確であり，保険料拠出について加入者の合意を得やすいというメリットがあるが，反面，拠出が十分でない場合，無年金者や低額年金者を生むというデメリットがある。反対に，税による財源調達の場合は個々人の拠出を必要とせず，国内在住年数などの要件により年金を支給するものである。税方式には，無年金者の発生を回避し，かつ低所得者を含めて一律平等の年金支給を実現できるというメリットがあるが，増税についての合意が困難である。また，所得制限の導入による給付制限を受けやすいというデメリットがある。

保険料の減免制度や上限があること

　上述したように，拠出が十分でない場合，無年金者や低額年金者を生むとい

166

第 **7** 章 老後の生活はどうなるか

表 7 - 1　公的年金給付の種類

	基礎年金	厚生年金
老　齢	**老齢基礎年金** 　保険料を納めた期間などに応じた額	**老齢厚生年金** 　保険料を納付した期間や賃金に応じた額
障　害	**障害基礎年金** 　障害等級に応じた額（子がいる場合には加算あり）	**障害厚生年金** 　賃金や加入期間，障害等級に応じた額
遺　族	**遺族基礎年金** 　老齢基礎年金の満額に子の数に応じて加算した額	**遺族厚生年金** 　なくなった方の老齢厚生年金の 4 分の3 の額

（注）　賃金とは，正確には「平均標準報酬額」といい，厚生年金への加入期間中の給与と賞与（ボーナス）の平均額のことをいう。
（出典）　厚労省 Web『教えて！　公的年金制度』。http://www.mhlw.go.jp/topics/nenkin/zaisei/01/01-03.html

うデメリットが社会保険にはある。ただし，わが国の場合，そこに国庫負担が入っているため，低所得を原因に課税ベースが狭くなった場合，これを補填することが可能である。言い換えれば，政府が低所得者の支払うべき保険料を肩代わりすることができる。その意味で言えば，ドイツでは，基本的に従業員と企業からの保険料で制度を賄っており，ドイツに端を発する社会保険のあり方に比べて，わが国は独自の路線を進んでいると言えるかもしれない。

年金の種類

　公的年金には，2 種類あり，日本国内に住所のあるすべての人が加入を義務付けられている。その人の働き方により加入する年金制度が決まっている。2015（平成27）年 9 月末までは常勤の国家公務員を対象とした国家公務員共済組合，常勤の地方公務員を対象とした地方公務員共済組合，私立学校に勤務する教職員を対象とした私立学校教職員共済組合があった。これらの共済組合では年金給付を「長期給付」と呼んでいたし，健康保険と同様の給付を「短期給付」と呼んでいる。現在「長期給付」は厚生年金保険に統合されたが，「短期給付」の方は残っている。

　さらに公的年金には，老齢給付以外にも障害給付や遺族給付があり，所得の

第Ⅱ部　社会保障の制度各論

喪失，または，減退に対して給付を行う仕組みとなっていて，高齢者に限らず受給することができる。

なお，賃金とは，正確には「平均標準報酬額」といい，厚生年金への加入期間中の給与と賞与（ボーナス）の平均額のことを言う。障害等級は，基礎年金と厚生年金で共通である。一方，障害厚生年金（2級以上）受給者は，同時に障害基礎年金を受給できる。

3　年金の仕組み

保険者と被保険者

保険者とは制度の経営主体，実施機関のことである。国民年金の場合，保険者は政府（厚生労働省）である。具体的な事務は，国（厚生労働大臣）から事務の委託，権限の委任を受けた日本年金機構が行うが，一部の事務について市町村長（特別区の区長を含む）が行うこととしている。また，厚生年金保険の保険者は政府である。具体的には，国（厚生労働大臣）が財政責任，管理運営責任を担い，日本年金機構の出先機関である全国各地の年金事務所が窓口となって事務処理を行っている。

被保険者は，大きく強制加入被保険者と任意加入被保険者に分けられる。強制加入被保険者とは，本人の意思に関係なく当然に国民年金の被保険者とみなされる者で，外国人であっても該当すれば被保険者となる。強制加入被保険者は，次のように3種類に分けられている。

第1号被保険者　（例）自営業者・無職の者・フリーター・アルバイト

日本国内に住所を有する20歳以上60歳未満の者で，第2号被保険者および第3号被保険者以外の者。ただし，被用者年金各法に基づく老齢給付等を受けることができる者を除く（この者は，任意加入することができる）。

第2号被保険者　（例）サラリーマン・公務員

被用者年金各法の被保険者，組合員または加入者である。ただし，65歳以上

第7章　老後の生活はどうなるか

で，老齢退職年金給付の受給権者は被保険者としない。

第3号被保険者　（例）一般被用者・公務員の配偶者

　第2号被保険者の配偶者であって，主として第2号被保険者の収入により生計を維持する者（被扶養配偶者）のうち20歳以上60歳未満の者。第3号被保険者分の保険料は，配偶者である第2号被保険者が加入している被用者年金制度（厚生年金保険や共済組合など）の保険者が集めた保険料や掛金などの一部を基礎年金拠出金として毎年度負担しているため，自ら支払う必要がない。言い換えれば，第3号被保険者が優遇されている点は，保険料を負担せずとも老齢基礎年金を受け取れる。仮に20歳で結婚し，60歳までずっとサラリーマンの妻であったとすれば，65歳から満額の老齢基礎年金を受け取れる。

　また，任意加入被保険者とは強制加入に該当しない者でも，次のいずれかに該当すれば，厚生労働大臣に申し出て被保険者となることができる。

①日本国内に住所を有する20歳以上60歳未満の者で，被用者年金各法に基づく老齢年金等を受け取ることができる者
②日本国内に住所を有する60歳以上65歳未満の者
③日本国籍を有する者であって，日本国内に住所を有しない20歳以上65歳未満の者

適用事業所

　厚生年金保険は，事業所単位で適用される。厚生年金保険から見れば事業所は次の2つに分けられる。

強制適用事業所　厚生年金保険の適用事業所となるのは，株式会社などの法人の事業所（事業主のみの場合を含む）である。また，従業員が常時5人以上いる個人の事業所についても，農林漁業，サービス業などの場合を除いて厚生年金保険の適用事業所となる。

任意適用事業所　上記の適用事業所以外の事業所であっても，従業員の半数以上が厚生年金保険の適用事業所となることに同意し，事業主

169

第Ⅱ部　社会保障の制度各論

が申請して厚生労働大臣の認可を受けることにより適用事業所となることができる。

2号被保険者に関する追記

　厚生年金保険に加入している会社，工場，商店，船舶などの適用事業所に常時使用される70歳未満の方は，国籍や性別，年金の受給の有無にかかわらず，厚生年金保険の被保険者となる。「常時使用される」とは，雇用契約書の有無などとは関係なく，適用事業所で働き，労務の対償として給与や賃金を受けるという使用関係が常用的であることを言う。試用期間中でも報酬が支払われる場合は，使用関係が認められることとなる。

　よって，パートタイマー・アルバイト等でも事業所と常用的使用関係にある場合は，被保険者となる。1週間の所定労働時間および1か月の所定労働日数が同じ事業所で同様の業務に従事している一般社員の4分の3以上である者は被保険者とされる。また，一般社員の所定労働時間および所定労働日数が4分の3未満であっても，下記の5要件をすべて満たす者は，被保険者になる。

　①週の所定労働時間が20時間以上あること
　②雇用期間が1年以上見込まれること
　③賃金の月額が8.8万円以上であること
　④学生でないこと
　⑤常時501人以上の企業（特定適用事業所）に勤めていること

　この被保険者資格取得基準（4分の3基準）は2016（平成28）年10月1日から，健康保険・厚生年金保険の被保険者資格の取得基準が以下のとおり明確になった。従来の取扱いでは，1日または1週の所定労働時間および1月の所定労働日数が常時雇用者のおおむね4分の3以上（この基準に該当しない場合であっても就労形態や勤務内容等から常用的使用関係にあると認められる場合は被保険者となる）であったものが，2016年10月1日以降は，1週の所定労働時間および1月の所

定労働日数が常時雇用者の4分の3以上と明確になった。

公的年金加入者数・受給者数の現状

公的年金加入者数は，2014年度末現在で6,713万人となっており，前年度末に比べて4万人（0.1%）減少している。うち，第1号被保険者数（任意加入被保険者を含む）は，2014年度末現在で1,742万人となっており，前年度末に比べて63万人（3.5%）減少している。また，被用者年金被保険者数（厚生年金保険および共済組合の加入者数）は，2014年度末現在で4,039万人（うち厚生年金保険3,599万人，共済組合441万人）となっており，前年度末に比べて73万人（1.8%）増加している。第3号被保険者数は，2014年度末現在で932万人となっており，前年度末に比べて13万人（1.4%）減少している。反対に，公的年金受給者数（延人数）は，2014年度末現在で6,988万人となっており，前年度末に比べて187万人（2.8%）増加している。このうち，重複のない公的年金の実受給権者数は，3,991万人であり，前年度末に比べて41万人（1.0%）増加している。

保険料と免除，支払猶予

国民年金の保険料は2016（平成28）年10月の値で16,260円になる。この保険料は2017年4月以降に16,900円となり，これ以上は上がらないことになった（後述する）。上述した通り，国民年金の保険料支払には免除，あるいは支払猶予の規定がある。これは，収入の減少や失業等により保険料を納めることが経済的に難しいときに，未納にしてしまっては未納期間の年金額はゼロになってしまうが，免除が認定されると，免除期間の2分の1の年金額が受け取れる。一方，厚生年金保険の保険料は労使折半（被用者と使用者が半分ずつ負担すること）で支払うことになっていて，2016年10月の値で18.182%だが，2017年9月以降に18.3%になってからは，以後，上がらないことになった。

失業等を契機に国民年金保険料を納めることが経済的に困難な場合は，本人から申請によっては保険料の納付が免除になる。免除される額は，全額，4分の3，半額，4分の1の4種類がある。また，20歳から50歳未満の方で，本

第Ⅱ部　社会保障の制度各論

人・配偶者の前年所得（1月から6月までに申請される場合は前々年所得）が一定額以下の場合には，本人から申請して承認されると保険料の納付が猶予される。これを納付猶予制度という。

　学生については，申請により在学中の保険料の納付が猶予される**学生納付特例制度**が設けられている。本人の所得が一定以下（本年度の所得基準［申請者本人のみ］118万円　＋　扶養親族等の数　×　38万円　＋　社会保険料控除等）の学生（学生とは，大学［大学院］，短期大学，高等学校，高等専門学校，専修学校および各種学校，一部の海外大学の日本分校に在学する者で夜間・定時制課程や通信課程の者も含まるので，ほとんどの学生の方が対象となる）が対象となる。なお，家族の所得の多寡は問われない。

　老齢基礎年金を受け取るためには，原則として保険料の納付済期間などが25年以上必要であるが，学生納付特例制度の承認を受けた期間は，この25年以上という老齢基礎年金の受給資格期間に含まれることとなる。ただし，老齢基礎年金額の計算の対象となる期間には含まれない（満額の老齢基礎年金を受け取るためには，40年の保険料納付済期間が必要である）。このため，将来，満額の老齢基礎年金を受け取るために，10年間のうちに保険料を納付（追納）することができる仕組みとなっている。なお，承認を受けた年度の翌年度から起算して，3年度目以降に保険料を追納する場合には，猶予されていたときの保険料に一定の加算額が加わる。

4　年金給付の算定方法

国民年金の場合

　それでは年金額はどのように決定されるのであろうか。20歳から60歳になるまでの40年間の全期間保険料を納めた者は，65歳から満額の老齢基礎年金が支給される。保険料を全額免除された期間の年金額は2分の1（2009年3月分までは3分の1）となるが，保険料の未納期間は年金額の計算の対象期間にならない。老齢基礎年金を受けるためには，保険料を納めた期間，保険料を免除され

第7章 老後の生活はどうなるか

た期間と合算対象期間とを通算した期間が**原則10年間（120月）以上あること**が
必要である。

老齢基礎年金の計算式は次の通りである。

780,100円 × 〔保険料納付月数 ＋ （保険料全額免除月数 × 8分
の4） ＋ （保険料4分の1納付月数 × 8分の5） ＋ （保険料半額
納付月数 × 8分の6） ＋ （保険料4分の3納付月数 × 8分の
7）〕/加入可能月数 × 12

ただし2009年3月分までは，全額免除は6分の2，4分の1納付は6分の3，
半額納付は6分の4，4分の3納付は6分の5にて，それぞれ計算される。ま
た，受給を繰り上げたり（支給開始年齢よりも早く年金を受けとること），繰り下
げたり（支給開始年齢よりも遅く年金を受けとること）することで減額や増額があ
る。

厚生年金保険の場合

厚生年金からの年金の受け取りには，

①老齢基礎年金の支給要件を満たしていること。
②厚生年金保険の被保険者期間が1カ月以上あること（ただし，65歳未満の者
　に支給する老齢厚生年金については，1年以上の被保険者期間が必要である）。

という要件がある。厳密には65歳未満か65歳以上で若干，給付が異なるのであ
るが，現行制度では本書の読者は65歳支給なので65歳以上支給について記載す
る（日本年金機構のページには詳細がある）。65歳以上の老齢厚生年金は，

報酬比例年金額（1） ＋ 経過的加算（2） ＋ 加給年金額（3）

173

第Ⅱ部　社会保障の制度各論

で受給額が決まる。

（1）報酬比例年金額

報酬比例部分の年金額（本来水準）

$$\left\{ \begin{array}{l} \text{平均標準} \\ \text{報酬月額} \end{array} \times \underset{\text{生年月日に応じた率}}{\left(\frac{9.5}{1000} \sim \frac{7.125}{1000} \right)} \times \begin{array}{l} \text{平成15年 3 月までの} \\ \text{被保険者期間の月数} \end{array} + \right.$$

$$\left. \begin{array}{l} \text{平均標準} \\ \text{報　酬　額} \end{array} \times \underset{\text{生年月日に応じた率}}{\left(\frac{7.308}{1000} \sim \frac{5.481}{1000} \right)} \times \begin{array}{l} \text{平成15年 4 月以後の} \\ \text{被保険者期間の月数} \end{array} \right\}$$

報酬比例部分の年金額（従前額保障——平成 6 年の水準で標準報酬を再評価し，年金額を計算したもの）

$$\left\{ \begin{array}{l} \text{平均標準} \\ \text{報酬月額} \end{array} \times \underset{\text{生年月日に応じた率}}{\left(\frac{10}{1000} \sim \frac{7.5}{1000} \right)} \times \begin{array}{l} \text{平成15年 3 月までの} \\ \text{被保険者期間の月数} \end{array} + \right.$$

$$\left. \begin{array}{l} \text{平均標準} \\ \text{報　酬　額} \end{array} \times \underset{\text{生年月日に応じた率}}{\left(\frac{7.692}{1000} \sim \frac{5.769}{1000} \right)} \times \begin{array}{l} \text{平成15年 4 月以後の} \\ \text{被保険者期間の月数} \end{array} \right\}$$

$$\times 1.000 \text{（※）}$$

※昭和13年 4 月 2 日以降に生まれた方は0.998

　なお，本来水準の式によって算出した額が従前額保障の式によって算出した額を下回る場合には，後者の式によって算出した額が報酬比例部分の年金額になる。

　標準報酬とは，健康保険・厚生年金保険では，被保険者が事業主から受ける毎月の給料などの報酬の月額を区切りのよい幅で区分した標準報酬月額と 3 月を超える期間の賞与から1,000円未満を切り捨てた標準賞与額（健康保険は年度の累計額573万円，厚生年金保険は 1 カ月あたり150万円が上限）を設定し，保険料の額や保険給付の額を計算する。標準報酬月額は，厚生年金は 1 級の 9 万8,000円から第30級の62万円までの全30等級に，健康保険は第 1 級の 5 万8,000円か

第**7**章　老後の生活はどうなるか

ら第50級の139万円までの全50等級に区分されている。

（2）経過的加算

　経過的加算は，特別支給の老齢厚生年金の定額部分の額から厚生年金保険の
被保険者期間のうち昭和36年4月以降で20歳以上60歳未満の期間の老齢基礎年
金相当額を算出し，定額部分から差し引いたものである。

$$1,626円 \times 生年月日に応じた率^{(1)} \times 厚生年金保険の被保険者月数^{(2)}$$

$$-780,100円 \times \frac{昭和36年4月以降で20歳以上60歳未満の厚生年金保険の被保険者月数}{加入可能年数 \times 12}$$

（注1，2）日本年金機構のホームページを参照せよ。

　昭和36年4月以前や20歳前，60歳以降の厚生年金保険の被保険者期間につい
ては，定額部分の被保険者期間の上限に達していなければ，経過的加算部分に
反映することになる。また，老齢厚生年金（報酬比例部分）には，被保険者期
間の上限がないので全期間が反映する。

（3）加給年金額

　厚生年金保険の被保険者期間が20年以上ある者が，65歳到達時点（または定
額部分支給開始年齢に到達した時点）で，その者に生計を維持されている配偶者
または子がいるときに加算される。65歳到達後（または定額部分支給開始年齢に
到達した後），被保険者期間が20年以上となった場合は，退職改定時に生計を維
持されている下記の配偶者または子がいるときに加算される。加給年金額加算
のためには，届出が必要である（詳しくは，日本年金機構のホームページを参照の
こと）。

　厚生年金の被保険者期間があって，老齢基礎年金を受けるのに必要な資格期
間を満たした者が65歳になったときに，老齢基礎年金に上乗せして老齢厚生年
金が支給される。昭和60年の法律改正により，厚生年金保険の支給開始年齢が

175

第Ⅱ部　社会保障の制度各論

60歳から65歳に引き上げられた。支給開始年齢を段階的に，スムーズに引き上げるために設けられたのが「特別支給の老齢厚生年金」の制度である。「特別支給の老齢厚生年金」を受け取るためには以下の要件を満たしている必要がある。

①男性の場合，昭和36年4月1日以前に生まれたこと
②女性の場合，昭和41年4月1日以前に生まれたこと
③老齢基礎年金の受給資格期間（原則として25年）があること
④厚生年金保険等に1年以上加入していたこと
⑤60歳以上であること

また，「特別支給の老齢厚生年金」には，「報酬比例部分」と「定額部分」の2つがあり，生年月日と性別により，支給開始年齢が変わる。

障害基礎年金

国民年金に加入している間に初診日（障害の原因となった病気やケガについて，初めて医師の診療を受けた日）のある病気やケガで，法令により定められた障害等級表（1級・2級）による障害の状態にある間は障害基礎年金が支給される。平成28年4月分からの年金額（定額）は，

①975,125円（1級）
②780,100円（2級）

となっている。18歳到達年度の末日までにある子（障害者は20歳未満）がいる場合は，子の人数によって加算が行われる。ここで注意すべきは，障害基礎年金を受けるための重要な要件として初診日がある。障害基礎年金を受け取るためには，初診日の前日において，次のいずれかの要件を満たしていること（保険料納付要件）が必要である。

①初診日のある月の前々月までの公的年金の加入期間の2/3以上の期間について，保険料が納付または免除されていること

②初診日において65歳未満であり，初診日のある月の前々月までの1年間に保険料の未納がないこと

障害厚生年金

厚生年金に加入している間に初診日のある病気やケガで障害基礎年金の1級または2級に該当する障害の状態になったときは，障害基礎年金に上乗せして障害厚生年金が支給される。また，障害の状態が2級に該当しない軽い程度の障害のときは3級の障害厚生年金が支給される。なお，初診日から5年以内に病気やケガが治り，障害厚生年金を受けるよりも軽い障害が残ったときには障害手当金（一時金）が支給される（障害厚生年金・障害手当金を受けるためには，障害基礎年金の保険料納付要件を満たしていることが必要である）。

基本的に健常者の年金制度と同じで，20歳を超えれば，みな基礎年金に加入する義務があり，被用者になれば厚生年金保険の適用を受ける。上述したように，障害基礎年金は次の3つの要件をすべて満たしている場合に支給される。

①国民年金に加入している

②一定の障害の状態にあること

③年金保険料をしっかり支払っていること

　　（加入期間の3分の2以上支払っているか，直近1年間支払っている）

これら3つの要件を満たさなければ，障害年金は給付されない。例えば，大学を卒業後に新入社員として現在働いている22歳の新入社員Aさんを例に見ていこう。社会人になったばかりで，現在はしっかりと給与から厚生年金保険料が天引きされている。しかし，大学時代は苦学生であったため，年金保険料の支払いができなかった。また，学生納付特例制度（学生納付特例制度とは学生は在学期間，保険料の納付を猶予してもらえる制度である）もよくわからなかったの

で，申請していなかった。この状況で，Aさんが交通事故を起こし，重い障害を負ってしまった場合は，障害年金はいくら受給できるであろうか？　この場合，受給額は0円になってしまう可能性が極めて高いのである。なぜならば，加入期間の3分の2以上を支払っておらず，直近1年間を支払っているという条件をも満たしていないからである。これは，学生納付特例を申請していなかったため，年金保険料の未納をしているという扱いになってしまっているからである。未納にならないためにも，学生納付特例制度を利用し，必ず，後で保険料を納付する必要がある。

障害認定

　また，一定の障害状態とは，以下のような症状である。1級障害は身体の機能の障害または長期にわたる安静を必要とする病状が日常生活の用を弁ずることを不能ならしめる程度のことで，例えば，

　①両上肢の機能に著しい障害を有するもの
　②両下肢の機能に著しい障害を有するもの
　③両眼の矯正視力の和が0.04以下のもの

などの状態である。
　2級障害は身体の機能の障害または長期にわたる安静を必要とする病状が，日常生活が著しい制限を受けるかまたは日常生活に著しい制限を加えることを必要とする程度のことで，

　①1上肢の機能に著しい障害を有するもの
　②1下肢の機能に著しい障害を有するもの
　③両眼の矯正視力の和が0.05以上0.08以下のもの

などの状態をいう。端的に言えば，

第**7**章　老後の生活はどうなるか

①日常生活が全くできないなら1級障害
②日常生活が少しできるならば2級障害

という判断である。また，初めて医師の診療を受けた日から1年6カ月以内に，次の①〜⑦に該当する日があるときは，障害認定となる。

①人工透析療法を行っている場合は，透析を初めて受けた日から起算して3カ月を経過した日
②人工骨頭又は人工関節をそう入置換した場合は，そう入置換した日
③心臓ペースメーカー，植え込み型除細動器（ICD）または人工弁を装着した場合は，装着した日
④人工肛門または新膀胱の造設，尿路変更術を施術した場合は，造設又は手術を施した日
⑤切断又は離断による肢体の障害は，原則として切断または離断した日（障害手当金または旧法の場合は，創面が治癒した日）
⑥喉頭全摘出の場合は，全摘出した日
⑦在宅酸素療法を行っている場合は，在宅酸素療法を開始した日

　糖尿病は足の切断や緑内障等の合併症が出てくると，障害認定され，心筋梗塞やがんは，悪化してしまったときには，結果として障害状態になりうることがわかる。心臓ペースメーカーや人工弁は心筋梗塞や不整脈が原因になることが多いことからである。要するに，日本人が罹患しやすい生活習慣病は悪化すると障害認定される状態までなりうるということである。
　また，会社員は厚生年金保険料を支払っていることから，障害厚生年金が受給できる。支給条件は1・2級障害に関しては，障害基礎年金と同じである。ただし，障害厚生年金は3級まである。障害厚生年金3級は，

①傷病が治癒した者は，労働が著しい制限を受けるかまたは労働に著しい制

179

第Ⅱ部　社会保障の制度各論

限を加えることを必要とする程度のもの

②傷病が治癒していない者は，労働が制限を受けるかまたは労働に制限を加
えることを必要とする程度のもの

を言う。両眼の矯正視力が0.1以下の者などがあたる。3級では「うつ病」な
どの精神疾患で労働が著しい制限を受けると認定されて，障害年金の受給がさ
れることもありうる。もちろん精神疾患で重い症状であれば1級障害にもなり
える。障害年金の保障範囲は結構広く，当然，原因や事由が何かよりも生活や
労働をしていくのにどの程度支障があるのかを受給基準としているようである。

　また，障害厚生年金では障害等級の3級よりも軽い障害が残った場合に，一
時金として障害手当金（厚生年金保険法施行令）が支給される。傷病が治癒した
ものであって，労働が制限を受けるかまたは労働に制限を加えることを必要と
する程度のものを言う。例えば，両眼の視力が0.6以下に減じたものなどであ
る。

年金額

障害基礎年金の年金額は，

780,100円　×　1.25　+　子の加算[注]（1級）

780,100円　+　子の加算[注]（2級）

（注）子の加算：第1子・第2子　各224,500円，第3子以降　各74,800円

　子とは，18歳到達年度の末日（3月31日）を経過していない子，20歳未満で
障害等級1級または2級の障害者のことである。

　ただし，20歳前に傷病を負った人の障害基礎年金については，本人が保険料
を納付していないことから，所得制限が設けられており，所得額が398万4,000
円（2人世帯）を超える場合には年金額の2分の1相当額に限り支給停止とし，
500万1,000円を超える場合には全額支給停止とする2段階制がとられている。

第7章　老後の生活はどうなるか

全額支給停止

所得額が462.1万円以上（扶養家族がいる場合は上記に1人につき38万円を追加）

例：扶養家族1人の場合は，500.1万円以上

扶養家族2人の場合は，538.1万円以上

1/2の支給停止

所得額が360.4万円以上（扶養家族がいる場合は上記に1人につき38万円を追加）

例：扶養家族1人の場合は，398.4万円以上

扶養家族2人の場合は，436.4万円以上

所得とは収入から控除を差し引いたもので，

非課税所得以外の所得の合計額（給与収入しかない場合は給与所得控除後の給与の金額）

　−（雑損控除　＋　医療費控除　＋　社会保険料控除

　＋　小規模企業共済等掛金控除　＋　配偶者特別控除　＋　障害者控除

　＋　寡婦・寡夫控除　＋　勤労学生控除）

で算出する。

5　年金制度の誕生

わが国の年金制度は，1875（明治8）年の「海軍退隠令」，1876（明治9）年の「陸軍恩給令」に始まり，1890年にこれらを統合して「軍人恩給令」が作られた。また，その間に官吏を対象とした「官吏恩給令（1884年）」が設けられた。その後，警察官や教職員などの各条例を併せて「恩給法（1923年）」に統合された。さらに，明治40年代初めには，恩給制度のなかった官業の鉄道部門，専売・印刷・逓信部門に「共済組合令」が発足し，営林部門にも「共済組合令

第Ⅱ部　社会保障の制度各論

（1919年）」が設けられ，1920年にはこれらの共済組合令に年金制度が導入された。しかし，これらの制度は軍人や官吏などに対する**恩恵的な性格**を多分に有する制度であったと言える。

　民間企業の労働者に関しては，1927（昭和2）年に「健康保険」が施行され，その後の1938年には，一般国民（とくに農村を意識した）を対象に「国民健康保険」が発足した。わが国の社会保険制度は「医療保険制度」が最初というのは先進国では例外的な事項である。一方，わが国の民間労働者を加入対象にした年金制度は，1940年6月に施行された船員労働者を加入対象とした「船員保険」に始まる。船員保険は，年金部門だけでなく医療部門，失業部門および業務災害部門をあわせもった保険制度で「総合保険」とも呼ばれていた。1986年4月の新年金制度の移行時に業務外の年金部門だけは厚生年金保険に統合され，現在では医療部門，雇用部門および労災部門を有する保険制度になっている。

　一般の民間被用者を加入対象とした年金制度は，1942年6月に施行された「労働者年金保険」で，その当時は現業部門の男子労働者（戦時体制下）のみを加入対象としていた。1944年10月からは，現業部門以外の男子および女子労働者をも加入対象とした年金制度とし，その名称も現行の「厚生年金保険」に改称された。その後，終戦の混乱期を経て1955年5月に再スタートし，1986年4月の新しい年金制度への移行に伴い，国民年金の基礎年金給付の上乗せをする制度となっている。また，1966（昭和41）年10月には「厚生年金基金」制度が導入され実施された。1997年4月には，1984年4月から国家公務員等共済組合（それまでは旧公共企業体職員等共済組合）に加入していたJR各社（旧国鉄），東・西日本NTT（旧電々公社）およびJT（旧専売公社）の職員等の年金部門も統合した年金制度となっている。

戦後の被用者年金制度の確立

　しかし，これらの年金制度は第2次世界大戦により壊滅的な打撃を受け，一種の休眠状態になってしまった。戦後期のハイパーインフレによって，年金給付の実質的な価値が減じられた。そこで，1954年の改正によって，厚生年金保

第**7**章　老後の生活はどうなるか

険が再スタートした。1954年の改正は厚生年金保険法の全面改正であったと言われている。上述したインフレへの給付水準の対応と現実に老齢給付が開始されること（坑内員の養老年金は戦時加算等により，1954年1月から養老年金の受給権が発生した）にあわせての制度改正であった。この制度改正から，厚生年金の給付は「定額部分＋報酬比例部分」に設計が改められ（以前は報酬比例のみ），また，修正積立方式が採用された。実は，年金財政の関係式は，

当期の積立金　＝　当期の保険料収入　−　当期の年金給付
　　　　　　　　　＋　昨期の積立金の利息

のように簡略して表せる。これが，

当期の年金給付　＝　昨期の積立金の利息

の関係にある場合を完全積立方式と呼ぶ。また，

当期の年金給付　＝　当期の保険料収入

のような関係になる場合を完全賦課方式と呼ぶ。もともと，厚生年金保険は完全積立を指向し，保険料も11％と高く設定されていた。完全積立方式の場合，利息分だけで年金給付を賄うので，膨大な積立金が必要である。これを目指したため，初期の厚生年金保険の保険料率はとても高かったのである。それが，戦後になって被保険者の支払い能力にあわせて保険料率が3％にまで抑制されたため，完全積立の方法は見直され，

当期の積立金　＝　当期の保険料収入　−　当期の年金給付
　　　　　　　　　＋　昨期の積立金の利息

183

第Ⅱ部　社会保障の制度各論

という式の形態になってしまった。それでも，昔は年金給付も小さく，かつ，利息も高かったので積立金は貯まっていった。

　また，1954（昭和29）年にはそれまで厚生年金保険であった私立学校の教職員が厚生年金保険から分離独立して「私立学校教職員共済組合」ができた。また，1959年には，農林漁業団体職員などが分離独立して「農林漁業団体職員共済組合」が発足した。一方，1961年に旧国鉄・旧電々公社・旧専売公社で組織する「公共企業体職員等共済組合」が発足した。公務員は，1958年に新しい「国家公務員共済組合」が，1962年に新しい「地方公務員等共済組合」が発足し，民間企業や公務員などのサラリーマンの加入する被用者年金制度が整備された。

国民皆年金体制の確立

　わが国では，それまで自営業者などが加入できる年金制度はなかったが，1959（昭和34）年4月に被用者年金制度の加入対象者以外の自営業者などが加入できる「国民年金」の法律が国会を通過した。そして，国民年金は1959（昭和34）年11月から保険料の拠出を伴わない「福祉年金（無拠出年金）」の給付を開始し，保険料の拠出を伴う年金（拠出年金）は，1961年4月に保険料の徴収が始まった。ちなみに，厚生年金保険には保険という言葉が付くのは，すべて拠出制の制度だからで，福祉年金という無拠出の制度を伴う国民年金には保険という言葉が付かない。

　1961年4月からは，すべての国民がいずれかの年金制度に加入できる体制が整ったことから「国民皆年金体制の確立」と言われている（他の医療保険に加入しない全国民に医療を保障する制度として新しい国民健康保険法が1961年に施行されたこともあって，1961年は「国民皆保険・皆年金体制」が確立した年であるとも言われている）。その後の1986年4月には，国民年金をすべての年金制度の土台とする年金制度と位置づけ，同時に，基礎年金制度が導入されて現行の年金体系になり現在に至っている。

　1984年4月には，公共企業体職員等共済組合は国家公務員共済組合に統合さ

第7章 老後の生活はどうなるか

れて名称も「国家公務員等共済組合」に改称された。また，1986年4月には船員保険の年金部門（業務上を除く）が厚生年金保険に統合され，船員保険は医療部門と労働災害・失業部門を有する制度となった。さらに，1997年4月には国家公務員等共済組合から旧公共企業体職員等共済組合（各JR・JTおよび各NTTの各共済組合）の年金部門が厚生年金保険に統合され，国家公務員等共済組合は「国家公務員共済組合」に再度名称変更された。2002年4月には農林漁業団体共済組合が厚生年金保険に統合されている。また，この間の1998年1月には，それまでの私立学校教職員共済組合は，日本私立学校振興・共済事業団が管掌する共済制度に変更され，私立学校教職員共済制度となっている。さらに，2015（平成27）年10月からは公務員の共済制度が厚生年金制度に統合された。

1986年4月の新年金制度への移行

わが国の公的年金制度は，それまで各年金制度が並列に位置づけられていた。しかし，1985年の法改正により，1986年4月からは国民年金をすべての公的年金制度の土台（1階部分）の年金制度に位置づけ，国民共通の『基礎年金』を支給する制度とし，厚生年金保険や共済組合などの各被用者年金制度は，その上乗せ給付をする制度になった。したがって，厚生年金保険や共済組合等の加入者は，同時に国民年金にも加入（二重加入）するとともに，国民年金からは「基礎年金」を，加入している厚生年金保険や共済組合などの年金制度からは，その上乗せ給付（二重給付）される，いわゆる『2階建て年金制度』に大改革が行われた。

公的年金制度の土台と位置づけられた国民年金の基礎年金には，老齢基礎年金，障害基礎年金および遺族基礎年金がある。国民年金のみの加入者の場合は，国民年金から老齢基礎年金，障害基礎年金および遺族基礎年金のみを受給することになる。厚生年金保険または共済組合等の加入者の場合は，国民年金から老齢基礎年金，障害基礎年金および遺族基礎年金を受けると同時に，加入していた厚生年金保険または共済組合などからその上乗せ給付として，老齢厚生年

185

第Ⅱ部　社会保障の制度各論

金（退職共済年金），障害厚生年金（障害共済年金）および遺族厚生年金（遺族共済年金）を受けることになる。

1985年の改正のポイントをまとめると，

①全国民共通で，全国民で支える基礎年金制度の創設
②給付水準の適正化（成熟時に加入期間が40年に伸びることを想定して給付単価，支給乗率を段階的に逓減）
③サラリーマンの被扶養配偶者（専業主婦）の国民年金制度への強制適用（第3号被保険者制度の創設），これによる女性の年金権の確立
④障害年金の改善（20歳前に障害者となった者に対する障害基礎年金の保障）
⑤5人未満の法人事業所に対する厚生年金の適用拡大
⑥女性に係る老齢厚生年金の支給開始年齢の引上げ（2000年までに55歳→60歳）

となる。

その後の改正

公的年金制度の歴史と主な改正は，制度の創成期，制度の充実期および高齢社会への対応期の3つに区分することができる。制度の創成期は，1940年の船員保険が実施された以後，1961年の国民年金の全面施行までの時期である。その後の1965年の1万円年金の実現から1973年の標準報酬月額の再評価の導入，物価の変動に応じて年金額を改定する「物価スライド制」の導入された時期で，年金制度の充実期とも言える。さらに，1985年の改正による新年金制度の導入から，2000年の改正による年金給付の適正化や完全65歳支給開始年齢等の実施までは，少子・高齢社会への年金制度の対応時期と言える。

以下，各制度改正のポイントを記載する。

1989年改正

①完全自動物価スライド制の導入

第**7**章　老後の生活はどうなるか

表7‑2　制度の変遷

区　分	時　期	制度動向
制度創成期	1940 〜42年	船員保険や労働者年金保険（昭和19年に厚生年金保険に改称）の発足
	1954年	厚生年金保険の全面改定
	1961年	国民年金の全面施行（国民皆年金）
制度拡充期	1965年	1万円年金の実現
	1969年	2万円年金の実現
	1973年	5万円年金の実現，物価スライド制の導入
	1976年	9万円年金の実現
	1980年	13万6千円年金の実現
高齢化対応期	1985年	基礎年金の導入を基本にする新年金制度への移行と船員保険の年金部門の厚生年金保険への統合
	1989年	完全自動物価スライド制の導入等
	1994年	支給開始年齢の引上げと個別給付の導入，可処分所得スライド制の導入等
	1996年	3共済（JR共済，JT共済，NTT共済）の年金部門の厚生年金保険への統合
	2000年	年金給付の適正化，年金の完全65歳支給開始年齢の実施等
	2002年	農林漁業団体職員共済組合は厚生年金保険に統合
	2003年	総報酬制の導入
	2004年	給付と負担を見直し（保険料水準固定方式，マクロ経済スライドの導入，国庫負担の引上げ，その他多様な生き方・働き方への対応した年金制度の改正）
	2009年	臨時的な財源を用いた基礎年金国庫負担割合2分の1の実現
	2012年	消費税収を財源とした基礎年金国庫負担割合2分の1の恒久化，特例水準の解消，被用者年金制度の一元化，厚生年金の適用拡大，年金の受給資格期間短縮，低所得・低年金高齢者等に対する福祉的な給付等

（出典）　厚生労働省審議会資料「公的年金制度の歩みとこれまでの主な制度改正」を基に筆者作成。
http://www.mhlw.go.jp/shingi/2002/04/s0419-3d.html

②学生の国民年金制度への強制加入

③国民年金基金制度の創設（地域型国民年金基金の創設，職域型国民年金基金の
　設立要件の緩和）

④被用者年金制度間の費用負担調整事業の創設（平成9年度に廃止）

1994年改正

①60歳代前半の老齢厚生年金の見直し（定額部分の支給開始年齢を平成25
　［2013］年までに段階的に60歳から65歳まで引き上げ）

第Ⅱ部　社会保障の制度各論

②在職老齢年金制度の改善（賃金の増加に応じて賃金と年金額の合計が増加する仕組みへの変更），失業給付との調整

③賃金再評価の方式の変更（税・社会保険料の増加を除いた可処分所得の上昇率に応じた再評価）

④遺族年金の改善（共働き世帯の増加に対応し妻の保険料拠出も年金額に反映できるよう，夫婦それぞれの老齢厚生年金の2分の1に相当する額を併給する選択を認める）

⑤育児休業期間中の厚生年金の保険料（本人分）の免除

⑥厚生年金に係る賞与等からの特別保険料（1％）の創設

1996年改正

旧公共企業体3共済（JR，JT，NTT）の厚生年金への統合

2000年改正

①老齢厚生年金の報酬比例部分の支給開始年齢引上げ（平成37［2025］年までに段階的に60歳から65歳まで引上げ）

②年金額の改定方式の変更（既裁定者の年金［65歳以降］は物価スライドのみで改定）

③厚生年金給付の適正化（報酬比例部分の5％適正化，ただし従前額は保障）

④60歳代後半の厚生年金の適用拡大（70歳未満まで拡大，65〜69歳の在職者に対する在職老齢年金制度の創設）

⑤総報酬制の導入（賞与等にも同率の保険料を賦課し，給付に反映。特別保険料は廃止）

⑥育児休業期間中の厚生年金の保険料（事業主負担分）の免除

⑦国民年金の保険料に係る免除等の拡充（半額免除制度の創設，学生納付特例制度の創設）

2001年改正

農林漁業団体職員共済組合の厚生年金への統合

6　本格的な給付抑制期の到来

　2004年の改正の基本的な考え方は，①社会経済と調和した持続可能な年金制度を構築し，国民の年金制度に対する信頼を確保すること，②将来の現役世代の負担を過重なものとしないよう配慮し，高齢期の生活を支える公的年金制度にふさわしい給付水準を確保すること，③国民の多様な生き方や働き方の選択に柔軟に対応できる仕組みとするとともに就労など様々な形での貢献が年金制度上評価される仕組みとすることにあった。このため給付と負担の構造を変える必要があった。具体的には，①保険料水準の段階的引き上げ（ただし上限あり），②保険料水準に上限を設けるためにマクロ経済スライドによる年金水準の引き下げ，③増税を伴う国庫負担率の2分の1への引き上げ，という改正が必要だった。

保険料水準固定方式の導入

　保険料水準固定方式とは，先に保険料を決め，その保険料で賄える範囲に給付水準を合わせていく方法のことである。この方式の採用により，国民年金の保険料は，2005年度から毎年月額280円を引き上げられ（2005年度は月額13,580円），2017年度以降は月額16,900円（ただし，2004年度価格とする）に固定されることになった。また，厚生年金保険の保険料率は，2004年10月から毎年0.354％を引き上げられ（2005年10月の保険料率13.934％），2017年9月以降は18.3％に固定されることになった（ただし，2017年以降は毎年9月に引き上げられ，共済組合等についても厚生年金保険に準じて引き上げられる）。保険料水準固定方式の導入により，将来世代の負担増への連鎖が断ち切られた。

　保険水準固定方式の導入には長い布石があった。1990年の財政再計算においては，保険料率（男子）を14.3％に引き上げても，最終保険料率は31.5％（60歳支給の場合）に上昇すると推計された（財政再計算とは1954年の制度改正で5年ごとに給付水準を固定した上で，保険料の段階的な引き上げ計画を再計算すること）。さ

第Ⅱ部　社会保障の制度各論

らに1994年財政再計算では，厚生年金の被保険者数は，2000年度の3,447万人をピークに減少に転じ，2025年には3,025万人と試算された。一方，老齢厚生年金の受給者数は，1995年度の668万人が2025年度には1,270万人と倍増し，受給者数の被保険者数に対する割合（成熟度）は，1995年度の19.8％から2025年度には42.0％へと，2倍以上に上昇する見通しとなった。そうした状況を鑑み，1994年改正では世代間の負担の公平を図るとともに，積立金の運用収入の活用を通じて最終保険料率を軽減するという観点から保険料率を段階的に引き上げることとされた。

　この1994年財政再計算においては，「年金改革に関する有識者調査」の結果等も参考として，5年ごとの保険料率の引上げ幅を2.5％とし，一定の積立金を保有することによって，最終保険料率を30％以内に抑えることとされた。上述したように，1999年の制度改正の方では，基礎年金部分の65歳支給，可処分所得スライドの導入やボーナスから1％の特別保険料の徴収などが決定された。こうして，厚生年金の財政見通しは，保険料率は段階的な引上げを経て2025年以降は29.8％に固定されることになった。また，1995年度には給付に換算しての5.7年分あった積立金は，2060年には2.2年分程度に低下すると見込まれた。一方，国民年金は厚生年金以上に成熟化が進むことが予想され，毎年500円ずつの段階的な引上げを経て2015年以降は21,700円に固定されることが決まった。また，1995年度で給付に換算して2.7年分の積立金は2060年には2.1年分で安定すると見込まれた。

　1999年改正では，報酬比例部分の65歳支給と拠出の総報酬制の導入や，厚生年金給付の5％引き下げ，賃金スライドの凍結など当面の給付抑制対策といった懸案事項が改正の目玉となった。しかし，厳しい経済状況のなか，基礎年金の国庫負担を2分の1に引き上げることを近い将来達成することを優先させる形で，保険料率の引き上げは凍結された。こうして，1994年改正の長期的な財政見通しは早くも頓挫することとなり，給付のあり方そのものを含む抜本的な制度改正が必要となった。

　2004年の財政再計算時に示された，給付水準を維持する方式による最終的な

第**7**章　老後の生活はどうなるか

保険料の水準は，国庫負担を従来通りの3分1のとした場合，厚生年金保険の保険料率は25.9%（2分の1で22.8%），国民年金の保険料は29,500円（2分の1で20,700円）という結果になった。この水準は，1994年財政再計算時の試算値よりも低いものであったが社会，経済，そして何より政治の状況が異なっていた。1994年の改正時，政権は村山内閣であったが，これは自由民主党・日本社会党（1996年1月19日以降は社会民主党）・新党さきがけの連立政権であった（1996年10月までは自由連合も閣外協力しており，1995年8月8日から1996年1月11日までの間は代表の徳田虎雄が沖縄開発庁政務次官として政権入りしていた）。制度改正には基本的に反対の立場を貫く社会党（のちの社会民主党）が政権側に合ったため，基本的に原案通りの改正がなされたのが1994年改正であった。

　一方，2004年改正時は国民的な人気のあった小泉内閣であったが，小泉総理を含む政治家の年金未納問題が発覚し，この未納問題を期に攻勢に転じた民主党等の野党も，のちに未納が発覚するというお粗末な政治状況の展開が待っていた。これに対して，財界や社会保障審議会年金部会の委員から，給付水準を維持する方式に対して異論が噴出し，保険料水準固定方式が導入された。

マクロ経済スライドとは

　2004年の改正前の制度では，将来の保険料の見通しを示した上で，給付水準と当面の保険料負担を見直し，それを法律で決めていた。言い換えれば，先に給付水準を決め必要な保険料を算出するという方法をとっていた。しかし，少子高齢化が急速に進む中で，財政再計算を行う度に，最終的な保険料水準の見通しは上がり続け，将来の保険料負担がどこまで上昇するのかという懸念があった。2004年の制度改正では，将来の現役世代の保険料負担が重くなりすぎないように，保険料水準の上限を決め，そこに到達するまでの毎年度の保険料を法律で決めた。また，国が負担する割合も引き上げるとともに，積立金を活用していくことになり，公的年金財政の収入を決めた。そして，この収入の範囲内で給付を行うため，「社会全体の公的年金制度を支える力（現役世代の人数）の変化」と「平均余命の伸びに伴う給付費の増加」というマクロでみた給付と

第Ⅱ部　社会保障の制度各論

ある程度、賃金・物価が上昇した場合

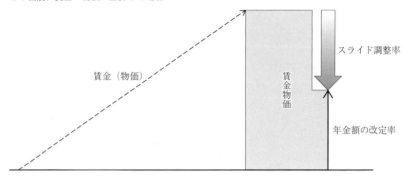

賃金・物価の伸びが小さい場合

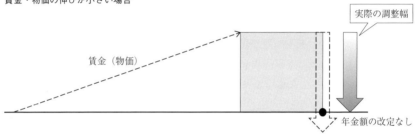

賃金・物価が下落した場合

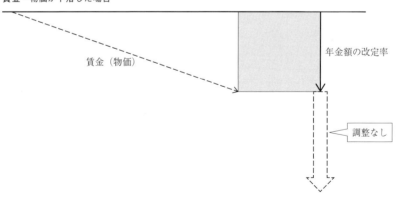

図7-2　マクロ経済スライドの仕組み
（出典）厚生労働省「いっしょに検証！　公的年金」より筆者作成。http://www.mhlw.go.jp/nenkinkenshou/finance/popup1.html

負担の変動に応じて，給付水準を自動的に調整する仕組みを導入した。この仕組みを「マクロ経済スライド」と呼んでいる（図7-2）。

ある程度賃金（物価）が上昇した場合，例えば，賃金（物価）の伸び率が1.5%だった場合，次の年から年金額は0.6%だけ増加する（1.5%－0.9%＝0.6%で，現行の調整率は0.9%だからである）。賃金（物価）の上昇が小さい場合，例えば賃金（物価）の伸び率が0.5%の場合は，0.5%－0.9%＝－0.4%であるが，物価上昇率－スライド調整率が負値の場合，改定率も0になる。反対に，賃金（物価）が下落した場合はどうだろうか。賃金（物価）の伸び率が－0.3%の場合，年金額の改定率－0.3%（＝賃金［物価］の伸び率）になる。すなわち，物価や賃金が下落した場合は，下落率のみで改定率を決定する。

年金額は，物価が上昇すれば増額し，物価が低下すれば減額する仕組みを基本としている。一方，2013年9月分までの年金額は，過去に物価が下落したにもかかわらず，特例法で年金額を据え置いたことで，本来水準（法律で定められた年金額の水準）よりも2.5%高い水準（特例水準）となっていた。しかし，特例水準による年金の支払いを続けることは，将来の年金受給者となる現役世代の年金額を確保する上で影響があるため，世代間の公平を図る観点から，2013年10月分の年金額から段階的に特例水準の解消が実施され，2015年4月で解消された。

最近の動向

2014年の改正では，①年金の受給資格期間を現在の25年から10年に短縮する（2015年10月1日），②基礎年金国庫負担2分の1を恒久化する年度を2014年度と定める（施工日2014年4月1日），③短時間労働者に対する厚生年金・健康保険の適用拡大を行う（2016年10月1日），④厚生年金，健康保険等について，産休期間中の保険料免除を行う（2014年4月1日），⑤遺族基礎年金の父子家庭への支給を行うというのが主な内容であった。

このうち，③の適用拡大は，新たに従業員501人以上の企業で週20時間以上働く人が対象となっている（約25万人が新たに厚生年金保険の適用を受ける）。また，

第Ⅱ部　社会保障の制度各論

①は消費税の引き上げと併せて実施される予定であったが，消費税の引き上げを待たずに2017年8月から施行されることとなった（公的年金制度の財政基盤及び最低保障機能の強化等のための国民年金法等の一部を改正する法律の一部を改正する法律案［2016年9月26日提出］）。この法律にはデフレ下でもマクロ経済スライドを機能させるための工夫があった。それまでは，物価が上がっても，賃金の上昇が追いついていない場合は年金を賃金の上昇分しか引き上げないということが前提であった。そして，賃金の上昇がマイナスになったら，年金をマイナスとして扱うことはしないというものであった。しかし，この2番目の規定が削除された。また，年金額の必要な調整ができなかったのであれば，その分は翌年移行に持ち越して調整が可能になるような仕組み（キャリーオーバー）を持ち込んだ。こうして，年金額を調整することで後代世代の年金額を守ろうとしているのである。

参考文献

厚生労働省『平成9年版　年金白書』。

舟岡史雄「日本の所得格差についての検討」『経済研究』第52巻，一橋大学経済研究所，2001年。

みずほ総合研究所『図解　年金のしくみ（第6版）――年金制度の問題点を理解するための論点40』東洋経済新報社，2015年。

百瀬優『障害年金の制度設計』光生館，2010年。

この章の基本書

小野隆聖・山崎泰彦監修『明解年金の知識　2016年度版』経済法令研究会，2016年。

　＊ファイナンシャルプランナーなどの金融資格取得を目指す者のテキスト。過不足無く年金制度の理解をできる。

練習問題

問題1

わが国の公的年金保険制度の特徴は何か。

第**7**章　老後の生活はどうなるか

問題2
公的年金制度が皆年金なのは何故だろうか。

問題3
第3号被保険者問題とは何か。

問題4
保険料水準固定方式に不可欠なシステムは何か。

問題5
マクロ経済スライドは将来世代のために機能しているだろうか。

（山本克也）

第8章

要介護になったらどうなるか
——介護保険制度——

本章のねらい

　65〜74歳の前期高齢者の介護サービスを受給する割合は男性で約3.5%，女性で約3.2%であるが，75歳以上の後期高齢者になると男性は約19%，女性は32.6%にまで上昇する。女性の割合が大きいのは長命だからである。長命であっても，介護を受けていたのでは生活の質は保てない。本章では，介護保険制度の進展から，介護予防の大切さを学ぶ。

1　介護保険前史

　医学的な必要性が低いにもかかわらず，社会的な理由による入院・継続・転院のことを「社会的入院」と呼ぶ。1973年より70歳以上になる高齢者の窓口負担が無料化されたこと，居住費や食費が無料になることもあったので，長期に渡る入院患者（社会的入院）が増えた。これは，年金制度が未成熟であったため，経済的理由により必要な医療が十分に受けられない高齢者の存在が問題になり，1972年の老人福祉法の改正によって成されることになった。その一方で，過剰受診・過剰診療による老人医療費の膨張と，高齢者が偏在する国民健康保険の財政窮迫を招くことになった。

　1983年に窓口負担の無料化が廃止され，後の1993年より長期療養する患者の受け皿として療養型病床群が創設された。当時は医療が福祉の一部を肩代わりしていた。福祉分野では，1963年に老人福祉法が制定され，それまでの低所得者に限定された施策から，所得の多寡にかかわりなく支援を要する高齢者を幅

第Ⅱ部　社会保障の制度各論

広く対象とする施策への転換が図られた。

老人医療費無料化の反省の上に立って，1982年に老人保健法が制定され，1983年に実施された。これにより，従来の治療偏重の医療から保健医療福祉サービスの総合化への政策転換，適切な一部負担の導入，医療保険制度間の老人医療費の負担の公平化措置が講じられた。この老人保健法のもとで，1986年に老人保健施設，1991年に老人訪問看護制度が創設されるなど，医療サイドから高齢者介護への取り組みが強化された。

サービス基盤に関しては，1989年には1990年を初年度とする「高齢者保健福祉推進十か年戦略」（ゴールドプラン），さらに1994年の見直しにより「高齢者保健福祉5カ年計画」（新ゴールドプラン）が策定され，計画的整備が推進された。行政面では，1990年には福祉関係八法が改正され，在宅福祉サービスの積極的な推進，在宅・施設サービスの実施に係る権限の市町村への一元化，自治体における老人保健福祉計画策定の義務づけ，等が行われた。

介護保険が導入される前は，高齢者介護は措置制度に依っていた。措置制度とは，自治体が利用者の身体および経済状態を考慮し，必要なサービスを提供するものである。基本的に応能負担が課されたために，中・高所得の世帯の自己負担は相当に大きかった。「措置から契約へ」という言葉が介護保険導入間際に聞こえたが，これは措置制度の自治体が介護を提供するというものから，利用者と介護サービス提供者が契約を結んで介護生活をおくるというものへの変化の象徴的な言葉であった。

2　介護保険とは

サービス概要

介護保険制度は，2000年4月からスタートした。居住している市区町村が保険者になって制度を運営している。日本人と条件が整っている外国人は40歳になると，被保険者として介護保険に加入する。そして，65歳以上になると，市区町村（保険者）が実施する要介護認定において介護が必要と認定された場合，

第8章　要介護になったらどうなるか

> ― *Column* ⑩　措置制度の頃 ―
>
> 　介護保険が導入される前は，自治体自体が，介護福祉サービスを受ける要件を満たしているかを判断し，行政権限としての措置により介護福祉サービスを提供していた。措置制度の下では利用者側の意向が尊重されにくいという構造が指摘され，また，中高所得者の利用者負担が重くて利用しづらいということがあった。
>
> 　措置制度の下では，世帯主が年収800万円の給与所得者で，その老親が月20万円の年金受給者の場合だと，特別養護老人ホームの月額利用料は19万円，ホームヘルパーの1時間あたりの利用料は950円であった。これが，介護保険が導入されると特別養護老人ホームの月額利用料が5万円，ホームヘルパーの1時間あたりの利用料は400円となると言われたので，反対する者はほとんどいなかった。
>
> 　介護保険創立当時，①利用者が自らサービスの種類や事業者を選んで利用できること，②所得にかかわらず1割の利用者負担（現在は，現役並み所得者は2割）ということを総称して，「措置から契約へ」という言葉が流行した。

　いつでもサービスを受けることができる。また，40歳から64歳までの者は，介護保険の対象となる特定疾病により介護が必要と認定された場合は，介護サービスを受けることができる。2015年4月からは介護保険の予防給付（要支援の者に対するサービス）のうち介護予防訪問介護と介護予防通所介護が介護予防・日常生活支援総合事業（以下「総合事業」という）に移行され，市町村の事業として実施される。（市町村の判断により，事業開始を2018年3月末まで猶予できる）。総合事業には，従前の介護予防訪問介護と介護予防通所介護から移行し，要支援者と基本チェックリストで支援が必要と判断された者（事業対象者）に対して必要な支援を行う事業（サービス事業）と，65歳以上の者に対して体操教室等の介護予防を行う事業（一般介護予防事業）がある。

介護保険サービスの対象者

　40歳以上の者は，介護保険の被保険者となる。①65歳以上の者を第1号被保険者と呼ぶ，また，②40〜64歳までの医療保険に加入している者を第2号

第Ⅱ部　社会保障の制度各論

被保険者と呼ぶ。介護保険のサービスを利用できる者は次のとおりである。

65歳以上の者　（第1号被保険者）；寝たきりや認知症などにより，介護を必要とする状態（要介護状態）になるか，家事や身支度等，日常生活に支援が必要な状態（要支援状態）になった場合。

40歳～64歳までの者　（第2号被保険者）；初老期の認知症，脳血管疾患など老化が原因とされる病気（特定疾病）により，要介護状態や要支援状態になった場合。なお，特定疾病は次の16種類である（筋萎縮性側索硬化症，脳血管疾患，後縦靱帯骨化症，進行性核上性麻痺・大脳皮質基底核変性症およびパーキンソン病，骨折を伴う骨粗しょう症，閉塞性動脈硬化症，多系統萎縮症，慢性関節リウマチ，初老期における認知症，慢性閉塞性肺疾患，脊髄小脳変性症，脊柱管狭窄症，糖尿病性神経障害・糖尿病性腎症および糖尿病性網膜症，両側の膝関節または股関節に著しい変形を伴う変形性関節症，早老症，末期がん）。

サービス利用までの流れ

　まずは，住んでいる市区町村の窓口で要介護認定の申請をする。申請後は市区町村の職員などから訪問を受け，聞き取り調査（認定調査）が行われる。また，市区町村からの依頼により，かかりつけの医師が心身の状況について意見書（主治医意見書）を作成する。その後，認定調査結果や主治医意見書に基づくコンピュータによる1次判定および，1次判定結果や主治医意見書に基づく介護認定審査会（市町村で開催される）による2次判定を経て，市区町村が要介護度を決定する。介護保険では，要介護度に応じて受けられるサービスが決まっているので，自分の要介護度が判定された後は，自分が「どんな介護サービスを受けるか」「どういった事業所を選ぶか」についてサービス計画書（ケアプラン）を作成し，それに基づきサービスの利用が始まる。なお，要介護認定において「非該当」と認定された者でも，市区町村が行っている地域支援事業などにより，生活機能を維持するためのサービスや生活支援サービスが利用で

第8章 要介護になったらどうなるか

きる場合がある。困ったら，住んでいる市区町村または地域包括支援センター
に相談することが望ましい。

介護サービスの種類

介護保険で利用できるサービスには，

要介護1〜5と認定された人が利用できるサービス（介護給付）
要支援1〜2と認定された人が利用できるサービス（予防給付）

がある。**要支援1**とは，生活の中で，身の回りの世話の一部に手助けが必要な
状態のことを言う。掃除など，立ち上がり時に何らかの支えを必要とする時が
ある，排泄や食事は，ほとんど自分でできる，など。在宅の介護予防サービス
を利用することができる。**要支援2**とは，要支援1の状態から能力が低下し，
日常生活動で何らかの支援または部分的な介護が必要となる状態のことを言う。

　要介護1とは，みだしなみや掃除などの身の回りの世話に，手助けが必要な
状態を言う。立ち上がり，歩行，移動の動作に支えを必要とするときがあった
りするが，排泄や食事はほとんど自分でできる。たまに，問題行動や理解の低
下がみられることがあるが，基本的に日常生活はほぼ1人でできる状態である。
原則として施設は利用できないが，在宅介護サービスを利用することができる。

　要介護2とは，みだしなみや掃除など身の回りの世話の全般に助けが必要な
状態を言う。立ち上がりや歩行，移動に何らかの支えが必要である。また，排
泄や食事に見守りや手助けが必要なときがあり，問題行動や理解の低下がみら
れることもある。日常生活の中の動作に，部分的に介護が必要な状態のことを
言う。原則として施設は利用できない。

　要介護3とは，みだしなみや掃除など身の回りの世話，立ち上がりなどの動
作が1人でできない状態である。また，歩行や移動など，1人でできないこと
があり，排泄が自分でできない状態である。加えて，いくつかの問題行動や理
解の低下がみられることがある。日常生活の動作の中で，ほぼ全面的に介護が

201

第Ⅱ部　社会保障の制度各論

必要である。

要介護4とは，みだしなみや掃除など，立ち上がり，歩行などがほとんどできない状態である。加えて，排泄もほとんどできない，多くの問題行動や全般的な理解の低下がみられることがある状態である。介護なしでは日常生活が困難である。

要介護5とは，みだしなみや掃除など，立ち上がり，歩行や排泄，食事がほとんどできない状態である。さらに，多くの問題行動や全般的な理解の低下がみられることがある。ほぼ寝たきりの状態に近い状態である。介護なしでは日常生活が送れない。

要介護（支援）認定を受けると使えるサービスは，大きく分けると次のようなサービスになる。

①介護サービスの利用にかかる相談，ケアプランの作成

②自宅で受けられる家事援助等のサービス

③施設などに出かけて日帰りで行うデイサービス

④施設などで生活（宿泊）しながら，長期間または短期間受けられるサービス

⑤訪問・通い・宿泊を組み合わせて受けられるサービス

⑥福祉用具の利用にかかるサービス

ケアプランを自分（または家族）が作成することは可能であるが，多くの場合，**ケアマネジャー**（介護支援専門員）にケアプランを作成してもらうことになると思われる。このサービスは，居宅介護支援という。居宅介護支援は，利用者が可能な限り自宅で自立した日常生活を送ることができるよう，ケアマネジャーが，利用者の心身の状況や置かれている環境に応じた介護サービスを利用するためのケアプランを作成し，そのプランに基づいて適切なサービスが提供されるよう，事業者や関係機関との連絡・調整を行う。居宅介護支援は，特定のサービスや事業者に偏ることがないよう，公正中立に行うこととされている。

第8章　要介護になったらどうなるか

　ケアマネジャーと相談の結果，在宅でサービスを受けるのであれば，**訪問介護**（ホームヘルプ：ホームヘルパーが自宅を訪問し，食事，入浴，排泄などの介護をする），**訪問入浴介護**（入浴車という浴槽を積んだ車などで利用者の自宅を訪問し，入浴の介護を行う），**訪問看護**（看護師や保健師などが訪問し，診療や状況の確認や指導などの補助を行う事業である），**訪問リハビリテーション**（理学療法士や作業療法士が利用者の自宅を訪問し，心身の回復や維持のためのリハビリを行う事業である），**夜間対応型訪問介護**（夜間の時間帯に訪問介護を行うサービスで，介護給付〔要介護者〕のみに設定されている），**定期巡回・随時対応型訪問介護看護**（夜間・昼間を通じて24時間対応で，ニーズに応じて介護と看護の両方のサービスが利用でき，緊急時など随時訪問にも対応したサービスである）といったサービスを受けることができる。

　福祉用具を利用するには，**福祉用具貸与**（福祉用具貸与は，利用者が可能な限り自宅で自立した日常生活を送ることができるよう，指定を受けた事業者が，利用者の心身の状況，希望およびその生活環境等をふまえ，適切な福祉用具を選ぶための援助・取り付け・調整などを行い，福祉用具を貸与する），**特定福祉用具販売**（特定福祉用具販売は，利用者が可能な限り自宅で自立した日常生活を送ることができるよう，福祉用具販売の指定を受けた事業者が，入浴や排泄に用いる，貸与になじまない福祉用具を販売する）といったサービスがある。

　施設に通うのであれば，**通所介護**（デイサービス：日帰りで行えるサービスで，デイサービスセンターなどに通ったり，食事や入浴などの介護や機能訓練などがある事業である），**通所リハビリテーション**（デイケア：介護老人保健施設や指定事業所で，リハビリテーションなどを日帰りで行う），**療養通所介護**（常に看護師による観察を必要とする難病，認知症，脳血管疾患後遺症等の重度要介護者またはがん末期患者を対象にしたサービスで，利用者が可能な限り自宅で自立した日常生活を送ることができるよう，自宅にこもりきりの利用者の孤立感の解消や心身機能の維持回復だけでなく，家族の介護の負担軽減などを目的として実施する），**認知症対応型通所介護**（認知症の利用者を対象とした通所介護サービスで，単独型，併設型，共用型の3つがある）。また，訪問・通い・宿泊を組み合わせるのであれば，**小規模多機能型居宅介護**（訪問介護，デイサービス，泊まりの3つのサービスを利用者ごとに組み合わせ在宅生活を支

203

第Ⅱ部　社会保障の制度各論

援するサービスである）や**複合型サービス**（看護小規模多機能型居宅介護，小規模多機能居宅介護に訪問看護の事業者を一体的に整備し，医療面での対応も可能なサービスである）を利用することも可能である。

　住み慣れた地域で，多様かつ柔軟なサービスを受けるには地域密着型サービスを利用することが望ましい。地域密着型サービスには，今まであげたサービスと重複するサービスもあるが，夜間対応型訪問介護，定期巡回・随時対応型訪問介護看護，小規模多機能型居宅介護，複合型サービス（看護小規模多機能型居宅介護），認知症対応型共同生活介護（グループホーム），地域密着型介護老人福祉施設入所者生活介護，地域密着型特定施設入居者生活介護，地域密着型通所介護，療養通所介護，認知症対応型通所介護がある。

　一方，予防給付の方も，訪問介護（ホームヘルプ），訪問入浴，訪問看護，訪問リハビリ小規模多機能型居宅介護，特定施設入居者生活介護（有料老人ホーム，軽費老人ホーム等），認知症対応型共同生活介護（グループホーム），福祉用具貸与，特定福祉用具販売，通所介護（デイサービス），通所リハビリ，認知症対応型通所介護，短期入所生活介護（ショートステイ），短期入所療養介護が要支援者にも利用可能となっている。

利用料

　介護保険サービスを利用した場合の利用者負担は，介護サービスにかかった費用の1割（一定以上所得者の場合は2割）である。仮に10,000円分のサービスを利用した場合に支払う費用は，1,000円（2割の場合は2,000円）ということである。介護保険施設利用の場合は，費用の1割（一定以上所得者の場合は2割）負担のほかに，居住費，食費，日常生活費の負担も必要になる。ただし，所得の低い者や，1カ月の利用料が高額になった者については，別に負担の軽減措置が設けられている。居宅サービスを利用する場合は，利用できるサービスの量（支給限度額）が要介護度別に定められている。

第8章　要介護になったらどうなるか

表 8 - 1　要介護 5 で介護老人福祉施設を利用した場合の月額費用

○多床室を利用した場合		○ユニット型個室を利用した場合	
施設サービス費の 1 割	約24,500円	施設サービス費の 1 割	約27,000円
居住費	約25,200円（840円／日）	居住費	約60,000円（1,970円／日）
食　費	約42,000円（1,380円／日）	食　費	約42,000円（1,380円／日）
日常生活費	約10,000円（施設により設定される。）	日常生活費	約10,000円（施設により設定される。）
合　計	約101,700円	合　計	約139,000円

（出典）　厚生労働省　介護サービス情報公表システム http://www.kaigokensaku.mhlw.go.jp/

表 8 - 2　減免処置のための所得区分

設定区分	対　象　者
第 1 段階	生活保護者等
	世帯全員が市町村民税非課税で，老齢福祉年金受給者
第 2 段階	世帯全員が市町村民税非課税で，本人の公的年金収入額＋合計所得金額が80万円以下
第 3 段階	世帯全員が市町村民税非課税で，本人の公的年金収入額＋合計所得金額が80万円超
第 4 段階	市町村民税課税世帯（第 5 段階に該当する場合を除く）
第 5 段階	その者の属する世帯内に課税所得145万円以上の被保険者がおり，かつ，世帯内の第 1 号被保険者の収入の合計額が520万円（世帯内の第 1 号被保険者が本人のみの場合は383万円）以上

（出典）　厚生労働省　介護サービス情報公表システム http://www.kaigokensaku.mhlw.go.jp/

居宅サービスの 1 カ月あたりの利用限度額

　居宅サービスを利用する場合は，利用できるサービスの量（支給限度額）が要介護度別に定められている。限度額の範囲内でサービスを利用した場合は，1 割（一定以上所得者の場合は 2 割）の自己負担である。限度額を超えてサービスを利用した場合は，超えた分が全額自己負担となる。要介護度別の限度額は要支援 1 （50,300円），要支援 2 （104,730円），要介護 1 （166,920円），要介護 2 （196,160円），要介護 3 （269,310円），要介護 4 （308,060円），要介護 5 （360,650円）となっている。

205

第Ⅱ部　社会保障の制度各論

表8-3　特定入所者介護サービス費（負担限度額認定）

介護老人福祉施設（特別養護老人ホーム），
短期入所生活介護の場合（日額）

		基準費用額	負担限度額		
			第1段階	第2段階	第3段階
食費		1,380円	300円	390円	650円
居住費	ユニット型個室	1,970円	820円	820円	1,310円
	ユニット型準個室	1,640円	490円	490円	1,310円
	従来型個室	1,150円	320円	420円	820円
	多床室	840円	0円	370円	370円

介護老人保健施設，介護療養型医療施設，
短期入所療養介護の場合（日額）

		基準費用額	負担限度額		
			第1段階	第2段階	第3段階
食費		1,380円	300円	390円	650円
居住費	ユニット型個室	1,970円	820円	820円	1,310円
	ユニット型準個室	1,640円	490円	490円	1,310円
	従来型個室	1,640円	490円	490円	1,310円
	多床室	370円	0円	370円	370円

（出典）　厚生労働省　介護サービス情報公表システム http://www.kaigokensaku.mhlw.go.jp/

　また施設サービスの自己負担の1カ月あたりの目安は，個室や多床室（相部屋）など住環境の違いによって自己負担額が変わる。要介護度5の者が介護老人福祉施設（特別養護老人ホーム）を利用した場合の1カ月の自己負担の目安は表8-1のようになる。

低所得者への支援

　利用者負担が過重にならないよう，所得の低い者には表8-2のとおり，所得に応じた区分の措置が講じられている。

　また，介護保険施設入所者で，所得や資産等が一定以下の方に対して，負担限度額を超えた居住費と食費の負担額が介護保険から支給される。これを，特定入所者介護サービス費（負担限度額認定）という（表8-3）。なお，特定入所者介護サービス費の利用には，負担限度額認定を受ける必要があるので市区町村に申請をする必要がある。また，負担限度額は所得段階，施設の種類，部屋のタイプによって異なる。

　月々の1割負担（福祉用具購入費等一部を除く）の世帯の合計額が所得に応じて区分された上限額を超えた場合，その超えた分が介護保険から支給される。これを高額介護サービス費という。なお，支給を受けるためには，市区町村に申請することが必要である（表8-4）。

206

第8章　要介護になったらどうなるか

表8-4　高額介護サービス費

設定区分	対　象　者	上限額 (世帯割)
第1段階	生活保護者等	15,000円
	世帯全員が市町村民税非課税で，老齢福祉年金受給者	
第2段階	世帯全員が市町村民税非課税で，本人の公的年金収入額＋合計所得金額が80万円以下	24,600円
第3段階	世帯全員が市町村民税非課税で，本人の公的年金収入額＋合計所得金額が80万円超	24,600円
第4段階	市町村民税課税世帯（第5段階に該当する場合を除く）	37,200円
第5段階	その者の属する世帯内に課税所得145万円以上の被保険者がおり，かつ，世帯内の第1号被保険者の収入の合計額	44,400円

（注）　個人単位の負担限度額がある。
（出典）　厚生労働省　介護サービス情報公表システム http://www.kaigokensaku.mhlw.go.jp/

表8-5　高額医療・高額介護合算制度の自己負担限度額（医療保険＋介護保険）

所得区分	70～74歳の者	後期高齢者医療制度で医療を受ける者
(A)現役並み所得者	67万円	67万円
(B)一般	56万円	56万円
(C)低所得者2	31万円	31万円
(D)低所得者1	19万円	19万円

所得区分	国保・健康保険など＋介護保険(70歳未満の場合)
(ア)	212万円
(イ)	141万円
(ウ)	67万円
(エ)	60万円
(オ)	34万円

（注1）　(A)現役並み所得者：同一世帯に課税所得145万円以上の所得がある70歳以上の者，(B)一般：(A)，(C)，(D)以外の者，(C)低所得者2：世帯員全員が市町村民税非課税の者，(D)低所得者1，(C)のうち，世帯員全員の所得が一定基準以下の者（年金収入80万円以下など）。
（注2）　(ア)所得が901万円を超える，(イ)所得が600万円を超え901万円以下，(ウ)所得が210万円を超え600万円以下，(エ)所得が210万円以下（住民税非課税世帯除く），(オ)住民税非課税世帯。
（出典）　厚生労働省　介護サービス情報公表システム http://www.kaigokensaku.mhlw.go.jp/

　さらに，同じ医療保険の世帯内で，医療保険と介護保険両方に自己負担が生じた場合は，合算後の負担額が軽減される。これを高額医療・高額介護合算制度という（表8-5）。決められた限度額（年額）を500円以上超えた場合，市区町村に申請をすると超えた分が支給される。

　また，以下のものは合算の対象にならない。

①保険が適用されない実費負担。

第Ⅱ部　社会保障の制度各論

②高額療養費，高額介護（予防）サービス費として支給されたもの（支給予定
を含む）。

③同一世帯であっても，異なる医療保険に加入している人の負担額は合算さ
れない。

3　介護保険の仕組み

制度の構造

　介護サービスの利用について支払われる介護給付に必要な費用は，サービス
利用時の利用者負担（総費用の1割）を除いて，50％を公費（国，都道府県，市町
村が負担），残る50％を第1号被保険者（65歳以上の方）と第2号被保険者（40歳
以上65歳未満の方）の保険料で負担している（介護保険法第121から第146条）。全国
の被保険者が公平に費用を負担するよう，第1号被保険者と第2号被保険者の
負担割合は，事業期間ごとに全国ベースの人口比率で定められており，現在
（平成27年度から29年度）は，第1号被保険者の負担が22％，第2号被保険者の
負担が28％となっている。

保険料の設定

　第1号被保険者（65歳以上）の保険料は，介護保険制度の保険者である市町
村が，所得段階に応じ決定する（所得段階別保険料）。保険料の額は，被保険者
個人ごとに決められるが，同じ所得金額であっても，世帯の状況や居住するの
市町村によって金額が異なる。第1号被保険者の介護保険料は，当初から，所
得により段階を設け，「低所得者の保険料負担を軽減」し，「所得が高い，ある
いは資産のある高齢者の負担を大きくする」形で決められてきた。2012年度か
ら2014年度の介護保険料は，利用者の所得を6段階に分け，1を基準とし，
0.5から1.5までの比率で支払うことになっていた。この段階を，2015年4月か
ら，9段階にする。

208

第8章 要介護になったらどうなるか

第1段階　生活保護被保護者。または世帯全員が市町村民税非課税で，老齢
　　　　福祉年金受給者。または世帯全員が市町村民税非課税で，本人の年金収入
　　　　等が年額80万円以下

第2段階　世帯全員が市町村民税非課税で，本人年金収入等が年額80万円以
　　　　上〜120万円以下

第3段階　世帯全員が市町村民税非課税で，本人年金収入等が年額120万円
　　　　超

第4段階　世帯に市町村民税課税者がいるものの，本人が市町村民税非課税
　　　　であり，年金収入等が年額80万円以下

第5段階　世帯に市町村民税課税者がいるものの，本人が市町村民税非課税
　　　　であり，年金収入等が年額80万円超

第6段階　本人が市町村民税課税者であり，合計所得額が年額120万円未満

第7段階　本人が市町村民税課税者であり，合計所得額が年額120万円以上
　　　　190万円未満

第8段階　本人が市町村民税課税者であり，合計所得額が年額190万円以上
　　　　290万円未満

第9段階　本人が市町村民税課税者であり，合計所得額が年額290万円超

　そして，0.5〜1.5だった比率を，2019年までに0.3〜1.7になるように，幅広
くする。つまり，2015年の改正では，より低所得者にはやさしく，高所得者に
は負担を増大させることになったのである。新しい第1〜第3段階は，2014年
までより，利用者の自己負担が少なくなっている。これまでの保険料と比べて
不足する分は，公費（税金）で補填される。ただし，一番軽減率の高い新第1
段階（旧第1・第2段階）は，いきなり0.5から0.3になるわけではない。2015年
4月に0.5から0.45，2017年4月に0.45から0.3と，2回に分けて軽減する。ま
た，新第2・第3段階は，2017年にはじめて，それぞれ0.75から0.5，0.75か
ら0.7となる。なお，保険料段階は，10段階以上の設定が可能となっており，
市町村は，これによる多段階の設定を行っている。詳しくは自分の居住してい

209

第Ⅱ部　社会保障の制度各論

る市区町村のホームページを見て確認してみることが大切である。

保険料の納付方法

第1号被保険者の保険料の納付方法として，特別徴収（年金からの天引き）と普通徴収がある。

特別徴収　毎年度の初日（4月1日）を賦課期日として，この時点で老齢年金等が年額18万円（月額15,000円）以上ある方について，年金保険者（社会保険庁，共済組合等）が，公的年金を支払う際に介護保険料を控除し，市町村に納付する方法で徴収される。

普通徴収　老齢年金等が年額18万円未満の者や，年額18万円以上ある方でも年度途中に第1号被保険者の資格を得た者など，特別徴収の対象とならない者については，市町村が発行する納入通知書（口座振替）により保険料を納付することになる。

また，第2号被保険者の保険料は，各医療保険者（医療組合）が医療保険料（健康保険料）の一部として徴収している。保険料は加入している医療保険の算定方法で決まる。また，本人の所得などによっても異なる。

①健康保険・共済組合に加入している場合

　保険料は給料に応じて支払う。

　保険料の半分は事業主が負担する。

　被扶養者の分は加入している医療保険の被保険者が皆で負担するので，直接，保険料を納める必要はない。

②国民健康保険に加入している場合

　保険料は所得や資産等に応じて支払う。

　保険料と同額の国庫負担がある。

　世帯主が，世帯員の分も負担する。

第8章 要介護になったらどうなるか

介護給付費交付金

各医療保険者が徴収した介護保険料は，社会保険診療報酬支払基金に介護保険納付金として納付され，それぞれの保険者（市町村）に対して，支払基金から介護保険給付費交付金として交付されている。介護給付費交付金の額は，各市町村の第2号被保険者の構成割合にかかわらず，全国一律の第2号被保険者負担率により算定される。この第2号被保険者負担率は，3年ごとに設定され，平成27年度から29年度は28％となっている。

4　介護保険と地方分権

地域包括ケア

概ね30分以内で移動できる日常生活圏域（中学校区，あるいは小学校区）で住まい・医療・介護・予防・生活支援が一体的に提供できるようにするのが地域包括ケアシステムの理想型である。団塊の世代が75歳の後期高齢者になる2025年を目途に，高齢者の尊厳の保持と自立生活の支援の目的のもとで，可能な限り住み慣れた地域で，自分らしい暮らしを人生の最期まで続けることができるよう，地域の包括的な支援・サービス提供体制の構築が推進されている。

今後，認知症高齢者の増加が見込まれることから，認知症高齢者の地域での生活を支えるためにも，**地域包括ケアシステム**の構築が重要である。第10章で見るように，これまで高齢化していたところは高齢化が緩和されるが，都市部での高齢化はこれから深刻になる。また，高齢化の進展状況には大きな地域差が生じている。地域包括ケアシステムでは，保険者である市町村や都道府県が，地域の自主性や主体性に基づき，地域の特性に応じて作り上げていくことが必要とされている。

介護予防・日常生活支援総合事業

2015年4月（全国展開は2017年4月から）から介護予防・日常生活支援総合事業（以下，新総合事業）が開始されている。総合事業とは端的に言えば，保険者

第Ⅱ部　社会保障の制度各論

（市町村）が地域の高齢者の実情に応じて，必要な『生活支援』『介護予防』を『総合』的に行っていく事業のことである。新総合事業は，次の2つに分類されている。

①介護予防訪問介護等を移行し，要支援者等に対して必要な支援を行う。
②第1号被保険者に対して，体操教室等の介護予防を行う一般介護予防事業。

　地域ごとに抱えている課題は異なるため，事業を行うにあたり各自治体の自由な発想が重要となる。そのため，既に各自治体に根付いている社会資源（ボランティア，NPO，民間企業，協同組合等）をうまく活用し，新総合事業の制度設計をしていく必要がある。最近，新総合事業は街づくりであるという声も聞こえている。

インセンティブ設計

　介護保険には大きな設計ミスがあった。それは，利用者の要介護度が改善すると介護事業所の収入が減ることになっていた。言い換えれば，利用者にリハビリ等を適切に施すことなく，要介護度を上げさせて寝たきりにさせた方が利用料は多く取れるが，反対に要介護度を下げると収入が減ってしまう。こうしたジレンマの解消が，2018年度の介護報酬改定で実施される。すなわち，要介護度を下げた事業者の介護報酬を優遇する一方，自立支援を提供しない事業者には介護報酬を減らすという制度改正である。すなわち，自立支援に対するインセンティブを介護事業者に与えるということである。

　これには布石があって，上述した総合事業の前身として地域支援事業というのがあった。地域支援事業は介護保険制度の事業の1つで，2005年度の改正で導入，2006年度から施行された。地域支援事業は，「保険者である市町村が，要介護・要支援者に加え，地域の高齢者全般を対象に，地域で必要とされているサービスを提供する」というものであった。ここから介護保険制度の体系が，①要介護者（1～5）に対する介護給付，②要支援者（1・2）に対する予防給

付，③地域の高齢者に対する地域支援事業という3つの構成になった。さらに，この地域支援事業に対して2011年度に改正が加えられ，「市町村の選択により，地域支援事業において，要支援者・2次予防事業対象者向けの介護予防・日常生活支援に資するサービスを総合的に実施できる事業」として旧総合事業が創設された。そして，2015年度改正では，地域包括ケアシステム構築の重点化と効率化のため，全国一律だった予防給付（訪問介護・通所介護）を，市町村が取り組む地域支援事業に移行させることにっなった（いわゆる新しい介護予防・日常生活支援総合事業）。すなわち，今まで地域支援事業で行われていた要支援・要介護以外の地域の高齢者に対するサービスに加え，介護予防訪問介護・通所介護の対象者を取り込み，多様なサービスを展開する事業へと移行された。

　実は，厚生労働省は地域支援事業，旧総合事業，新総合事業をモデル地区に実施させ，その成果を見ていた。こうした事業に手を上げる自治体は，職員の意識，住民の意識も高いこともあって，とくに介護予防や要介護度の改善において一定の効果があることが確認された。こうして，要介護度の改善や介護予防を積極的に実施できた介護事業者にはインセンティブを付けるという話がまとまってきたのである。

懸念事項

　「介護予防・日常生活支援総合事業」という呼び名からして，介護予防以外にも生活支援のサービスがなされる。しかし，新総合事業は介護保険の指定サービスではないということは注意すべきである。サービス供給の決定権は市町村にあるため，現在介護保険の介護予防サービスを利用している人が市町村の判断によって，この新総合事業に移されてしまう可能性もある（利用者の負担が変わってしまう）。すなわち，介護保険の要支援者が持つサービス受給権を侵害する可能性がある。

　また，2015年の介護保険法の改正では，「介護予防訪問介護」・「介護予防通所介護」の2サービスが，2017年度末までの3年以内に，国の介護保険のサービスから外れ，市町村の地域支援事業（新総合事業）へと移行することになっ

第Ⅱ部　社会保障の制度各論

ている。介護保険財政の枠組みからすべての介護予防サービスを外すことを国が意図しているのではないかとの憶測もある。

　市町村の権限が強く設定されているので，介護予防に対する自治体のこれまでの取り組み状況から見て，自治体が介護予防事業を実効性のあるシステムに育て上げていくには相当な時間がかかるのではないかという意見もある。なにより，今後は市町村が地域の実情に合った独自の判断をしていくことが必要で，中長期的には介護サービスの地域格差・自治体間格差を広げる要因となるという懸念もされている。

5　介護の問題点

　介護保険に先立つ，老人福祉法によるサービスにも，ホームヘルプサービスやデイサービス，特別養護老人ホームの利用などがあった。しかし，サービスの種類やサービスを提供する事業者を市町村が決めるため，利用者には選択することができなかった。また，中高所得者にとっては，経済的に大きな負担がかかった。

　一方，老人保健法による老人医療の主なサービスには，訪問看護，デイケア，一般病院や療養型病床群への入院，老人保健施設等の利用などがあった。中高所得者にとっては老人福祉法による福祉サービスを利用するより，老人保健法に基づく老人医療費制度で医療機関などを利用した方が，経済的に負担が小さいことと，福祉サービスの体制が不十分だったため，一般病院への長期入院（社会的入院）が多くなった。そのため医療費が増加したのであった。その他の問題点としては，サービスを利用する際は福祉と医療を別々に申請しなければならなかったこと，利用者中心の選択でないためサービスの質が低下しやすいこと，所得調査が必要になること，などがあった。

　上述したように，中高所得者層にとって利用者負担が福祉サービスより低く，また，福祉サービスの基盤整備が不十分であったため，介護を理由とする一般病院への長期入院の問題が発生する。いわば，介護の仕事を医療が受け入れて

いた訳であるから，いくつかの問題点があった。例えば，特別養護老人ホームや老人保健施設に比べてコストが高く，医療費が増加した。治療を目的とする病院では，スタッフや生活環境の面で，介護を要する者が長期に養生する場としての体制が不十分（居室面積が狭い，食堂や風呂がないなど）であった。こうした問題点を解消すべく，介護保険は，高齢者の介護を社会全体で支え合う仕組みとして創設されたのである。

介護離職問題①──供給者の離職

しかし，介護保険の現状・将来は明るいものではない。既に見たように，とくに都市部における75歳以上人口の急激な増加は，近い将来の介護ニーズの増加を意味する。また，報道にもあるように，介護従事者の不足も大きな問題となっている。介護従事者の処遇の改善に関しては，2009年の報酬改定をプラス3％，同年10月から年度末にかけての補正予算で，介護職員処遇改善交付金を支給した。また，2012年の報酬改定もプラス1.2％と介護職員処遇改善加算の創設により，恒常的に介護職員の処遇改善がなされるようになった。ただ，処遇改善加算の分配方法は施設や事業所の管理者に任せられていることがあり，加算の恩恵は所属する事業所によると言われている。

また，介護福祉士の資格が名称独占資格であることを問題視する意見もある。医師，弁護士，公認会計士などは，業務自体も有資格でないとできないが（業務独占資格），介護の仕事や保育などは，介護福祉士と名乗らなければ無資格でもできる。言い換えれば，資格の扱いが軽いのである。一方で，大量のニーズを賄うために大量の供給を必要とするという側面はある。これでは，やりがいや誇りをもって仕事を続けていくことは難しいであろう。介護従事者不足の解消には，介護従事者のキャリア形成を支援する必要があるのである。

介護離職問題②──利用者家族の離職

2012年の総務省の就業構造基本調査を見てみると，介護離職者は2007年10月〜12年9月の期間に累計で48.7万人で，このうち80％は女性（38.9万人）とな

第Ⅱ部　社会保障の制度各論

っている。また，離職者数の性別・前職の雇用形態別の比率を見た場合，女性の非正規雇用者（52％）と正規雇用者（20％），男性の正規雇用者（11％）が大きいという結果となっている。また，2012年について年齢別で見ると，介護をしている者で無業者の割合は，男性で50歳未満が19.5％，50〜59歳が11.7％，60〜64歳で33.1％，女性で50歳未満が40.8％，50〜59歳が40.6％，60〜64歳で59.6％となっている。もちろん，すべてが介護・看護のための離職ではないと思われるが，とくに女性の離職は大きな数になる。就業構造基本調査でも，過去5年間に介護・看護のため前職を離職した者は48万7,000人，このうち女性は38万9,000人で，約8割を占めると報告している。

　こうした調査で，どのような経緯で核家族が親との同居に至ったかは不明であるが，同居の場合，家族の負担感は要介護度に依存する。同居の主な介護者の介護時間を要介護度別にみると，「要支援1」から「要介護2」までは「必要なときに手をかす程度」が多くなっているが，「要介護3」以上では「ほとんど終日」が最も多くなっている。要介護度4や5の場合，50％以上が1日中介護をしていることになっている（厚生労働省平成25年国民生活基礎調査）。地域包括ケアは居宅サービスを重視している。ただし，経済的理由から子供が親を見るというケースも少なくないようである。

　介護と就労の両立という問題もあるが，介護を終えた後の息子・娘の生活の安定の確保が不可欠である。「雇用者（役員を除く）」について，男女，年齢階級，雇用形態別の割合をみると，「正規の職員・従業員」は，男性では「55〜59歳」が85.7％，「60〜64歳」が42.9％，「65歳以上」が26.1％となっており，年齢階級が高くなるにつれ「正規の職員・従業員」の割合が低くなっている。女性では「55〜59歳」が37.1％，「60〜64歳」が23.5％，「65歳以上」が25.9％となっている。すなわち，介護を終えても正規の職員・従業員にはなれない。また，離職の間の年金保険料についても考慮の必要があるかもしれない。例えば，介護をしている場合は従前所得の保険料を免除することである。介護による共倒れを防ぐ必要がある。

第8章 要介護になったらどうなるか

参考文献

朝日新聞社『介護職員の憂鬱　低待遇・高負担で心も体も疲れきる』朝日新聞社，
　2015年。

介護保険制度史研究会編・大森彌・山崎史郎・香取照幸・稲川武宣・菅原弘子『介
　護保険制度史――基本構想から法施行まで』社会保険研究所，2016年。

地域包括ケア研究会「地域包括ケア研究会報告書――今後の検討のための論点整
　理」平成20年度老人保健健康増進等事業「在宅医療と介護の連携，認知症高齢者
　ケア等地域ケアの在り方等研究事業」三菱 UFJ リサーチ＆コンサルティング
　（株），2008年。

この章の基本書

増田雅暢『介護福祉経営史――介護保険サービス誕生の軌跡　介護福祉経営士テキ
　スト　基礎編1』日本医療企画，2012年。
　＊著者は介護保険導入に尽力した元官僚の1人。介護福祉事業を担う経営人材を養成
　　するための基本テキストの中の一書だが，一読の価値あり。

練習問題

問題1
居宅サービス中心の介護政策になったのはどうしてか。

問題2
少なくとも「利用者」「介護提供者」「自己負担」という言葉を使って，介護保険と
措置制度に比較表を作成してみよ。

問題3
7段階の要支援・要介護段階は適切だろうか。

問題4
介護従事者はどうして不足するのだろうか。

問題5
介護離職を防ぐにはどうしたら良いだろうか。

（山本克也）

第9章

仕事でケガをしたら，仕事を失ったらどうなるか
——労働保険制度——

── 本章のねらい ──

　民間の会社で働く人が何らかの理由で働けなくなり失業状態となった場合に，再就職するまでの一定期間，一定額のお金を受け取ることができる保険を雇用保険と呼ぶ。また，仕事が原因による病気・ケガや通勤途中に負ったケガなどの治療をする場合，健康保険ではなく労災保険から補償を受けることになる。本章では，こうした労働者を保護する保険の総称である労働保険について学ぶことにする。

1　仕事を失ってしまったらどうなるか

　雇用保険とは，民間の会社で働く人が，何らかの理由で働けなくなり失業状態となった場合に，再就職するまでの一定期間，一定額のお金を受け取ることができる保険のことである。雇用保険に加入するには，雇用保険が適用されている会社（雇用保険適用事業所）で働く必要がある。さらに失業した時に失業手当を貰うためには，一定期間雇用保険に加入していた（雇用保険料を支払っていた）実績がなくてはならない。雇用保険料の金額は，給料の1000分の15前後で，さらに会社と大体半分ずつ（会社の方の割合が多い）負担している。個人の負担分は毎月数百円～2,000円程度と少なめである。「失業した時にもらえるお金の金額」や「お金をもらえる期間」は，働いていた時の給料金額や，どの位の期間働いていたか，どんな理由で失業したか，といった様々な事情によって変わってくる。働いていた時の給料が高いほど失業手当の金額も基本的には高

219

第Ⅱ部　社会保障の制度各論

くなり，また，働いていた期間が長いほど，失業手当をもらえる期間も長くなる。

雇用保険と手当

　一般には，雇用保険のことを失業保険と称する場合がある。しかし，実際に「失業保険」という単語は公的に使うことはない。通常，失業保険と呼ばれている制度は，現実の雇用保険制度の一部である基本手当を意味している（後述するように，失業保険は失業手当とともに昔の法律では存在していた）。雇用保険制度の中には「基本手当」という項目があり，それを行政およびハローワークでは「失業給付」と呼んでいる。

　さらに，雇用保険に関しては大きな誤解があって，ただ失業状態に陥っただけでは雇用保険の受給者にはなれない。雇用保険の給付には「被保険者が離職し，労働の意思及び能力を有するにもかかわらず，職業に就くことができない状態にある」という条件がある。言い換えれば，再就職を希望していない者は「失業」とは認可されないため，雇用保険の基本手当を貰えることはないのである。例えば，結婚を機に専業主婦になる人，起業の準備をしている人などが，雇用保険を申請しても，その人たちは原則対象外となる。逆に再就職しようとしている人であれば，基本的には誰でも失業保険の給付金を受ける権利がある。この権利のことを「受給資格」と呼び，その受給資格を有する者を「受給資格者」と定めている。また，雇用保険料も保険であるから，雇用保険の基本手当を受け取るには，例えば，雇用保険料を支払っていた被保険者期間が離職日以前の2年間に12カ月以上，倒産や解雇で離職を余儀なくされた人なら，離職日以前の1年間に6カ月以上ある者に限られている。

第**9**章 仕事でケガをしたら，仕事を失ったらどうなるか

2 失業手当を受ける方法

失業手当の概要

雇用保険の基本手当が給付されるためには，①退職した会社から就労中の賃金や退職理由を証明する離職票，雇用保険者であったことを証明する雇用保険被保険者証を受け取る。②失業の認定を受けようとする受給資格者は，離職後，住所地を管轄する公共職業安定所に出頭して，求職の申込みをしなければならない。失業の認定は，求職の申込みを受けた公共職業安定所において，受給資格者が離職後最初に出頭した日から起算して4週に1回ずつ直前の28日の各日について行っている。

雇用保険適用事業所で働く──条件①

雇用保険の適用を受けるには，自分の働く会社が「雇用保険適用事業所」でなければならない。「雇用保険適用事業所」とは，「1週間に20時間以上働き，さらに31日以上働き続ける予定の労働者が1人以上いる会社」である。この条件を満たしている会社なら，個人経営であっても強制的に雇用保険に入る必要がある。会社に就職する際は，雇用保険に加入できるか否かを確認した方が良い。また，雇用保険とは上記の条件を満たせば正社員だけではなくアルバイト，パートタイマー等，誰でも加入できるので，会社で不正に加入させてないようなことがないか確認することが大切である。

一定期間雇用保険に加入する──条件②

雇用保険は，働いている間はずっと雇用保険料を払わなければならない。基本的に給料から「雇用保険料」という名目で雇用保険料が天引きされる。注意しなくてはならないのは，自分が雇用保険に加入しているかどうかは給料明細を注意して見ることである。実際，雇用保険の手当を受けるには，基本的に1年以上雇用保険に加入していた実績が必要である。また，雇用保険適用の複数

221

第Ⅱ部　社会保障の制度各論

の会社で働いたことがある場合，働いた期間の合計が1年以上あれば条件を満たしている。その他，会社の倒産などやむを得ない事情で失業した場合などは「短期雇用特例被保険者」という扱いになって，期間の条件が6カ月に短縮される制度もある。なお，雇用保険に関する法律は定期的に細かい変更が行われているので，詳細はハローワークに直接問い合わせる必要がある。

働く意思があること──条件③

　雇用保険とは，働きたいのに働けない人，やむを得ない事情で失業した人を助けるための制度である。したがって，失業後も一定の就職活動をしないと失業手当は受給できない。就職活動とは「ハローワークの就職説明会に参加する」「ハローワークから求人に応募する」「職業訓練を受ける」などである。毎月一定回数以上の就職活動をすることで手当がもらえる（この詳細は，失業後にハローワークの資料や説明会で詳しく教えてもらえる）。また，これらの必要条件を満たしていても，失業した理由が「自己都合」（働けるのに自分の都合で辞めた）だった場合，手当の給付が制限されている。例えば，手当の受給が数カ月後からになったり，もらえる期間が短くなったりする。

3　雇用保険および関連法の歴史

　雇用保険の歴史は，時代が近くなるにつれて，複雑になっていく。それは，一般労働者の対策，中高年者の雇用対策，パートタイマーなどの短時間労働者対策，派遣労働者対策等が同時に出てくることがあるからである。法律が出てきたときには，どの対策のはじまりなのかを意識しよう。

失業保険の歴史

　雇用保険制度の前身である失業保険制度は，労働者が失業した場合に，その失業期間中に対応する生活保障の制度として発足した。「失業」が社会保険の対象リスクとして取り上げられたのは，第1章で見たように，1911年のイギリ

スの国民保険法によってであった。国民保険法の第2部において，世界最初の社会保険としての失業保険が創設された（ドイツの失業保険は1927年に制定）。

わが国においても，第1次世界大戦後大量の失業者が発生し，失業問題は大きな社会問題となったのだが，失業保険制度は取り上げられなかった。1923年に「職業紹介法」を成立させ，6大都市に公営の職業紹介所を設置して失業対策を行うに留まったのである。その後，1936年に制定された「退職積立金及退職手当法」は失業保険の代替的役割を果たすものであった。労使双方の拠出を基に積立金をつくり，解雇や退職に際し，事業主分は退職手当となり，労働者分は在職中の貯蓄となって，労働者の退職後の生活保障とされたのであった。

職業安定法，失業手当法（1947年）

戦後，憲法の精神を実現するために，公共職業安定所その他の職業安定機関が就職の斡旋を始める。職業安定機関の行う職業紹介および職業指導は次のようなものであった。職業指導とは，職業に就こうとする者に対し，その者に適当な職業の選択を容易にさせ，その職業に対する適応性を大きくするために必要な実習，指示，助言その他の指導を行うことをいっていた。稼働可能な障害者，新たに就職しようとする者，就職するにあたって特別に指導を加えることを必要とする者に対し職業指導を行わなければならない。

もちろん，戦後のインフレと社会不安の中での失業問題は大きくクローズアップされていた。1947年に推定失業者数は259万人にのぼり，深刻な失業情勢にあったのである。1947年の緊急経済対策の中で，失業者の生活の安定のため，失業手当ないし失業保険制度を速やかに創設すべきことが明らかにされた。失業手当法では，政府を保険者とし，被保険者を

①製造業，鉱業，運輸業，サービス業，卸売・小売業の事業所で常時5人以上の従業員を雇用する者

②法人事務所で常時5人以上の従業員を雇用する者

③官公署等で雇用される者

第Ⅱ部　社会保障の制度各論

とした。保険給付は，被保険者が離職し，労働の意思と能力がありながら就職ができず，受給要件に該当する場合は180日分の保険金を受給することができるとされていた。給付の方法は，毎週の失業認定ごとに前7日分の失業認定日の保険金が支給されるとしていた。ただし，正当な理由なく公共職業安定所の紹介する職業に就くことを拒んだ場合，重過失等により解雇された場合などは，給付制限がなされる。そして，保険料は事業主と被保険者が折半負担することになった。今の雇用保険の原型である。

　1949年には緊急失業対策法が制定された。約600万人の軍需工場からの動員解除，海外からの引揚げ，復員等による大量の失業者の発生が背景の1つであった。第2次大戦終戦以降，わが国はハイパーインフレーションに悩まされていた。1948年12月に連合国総司令部より，インフレーションを収束し経済の正常化を図るための「経済9原則」が指示され，翌年から予算の均衡を図ることと赤字金融禁止（ドッジ・ライン）が実施され，一転してデフレ経済へと転換した。これに伴い，官公庁の行政整理および民間では企業倒産による失業者の大量発生，公共事業の事業量縮小が余儀なくされる状況となった。政府は，大量失業の発生に対処するには民間企業の振興による雇用の増大（有効需要の創出）が根本的方策であると考えた。そのため，公共事業に失業者を一定数以上優先的に雇用させることとし，また，失業者救済を主たる目的とする失業対策事業を公共事業とは別途設けること等の考え方を示した。公共事業に対する失業者の比率（失業者吸収率）を設定（労働大臣と当該事業主務大臣との協議による設定）するなど，「計画経済」を実践していたことが窺えることは興味深いことである。

　高度経済成長を背景に，雇用失業情勢は，雇用の大幅増加，労働市場の改善，失業者の減少など，全般的に改善した。1960年代初めには全体的な労働力需給は均衡したが，技能労働力の不足，従来の労働力の供給地であった地方における労働力の不足など，新たな問題も発生した。若年労働力に対する旺盛な需要に対比して，中高年齢層は，依然として就職難の状況にあった。そこで，「職業安定法」「緊急失業対策法」が1963年に一部改正される。職業安定法の改正

第❾章　仕事でケガをしたら，仕事を失ったらどうなるか

は，中高年齢者，身体障害者を対象とした。就職促進のための特別の措置を必要とすると認定された失業者に対して，手当を支給して生活の安定を図っている。それから，職業指導，職業紹介，公共職業訓練，職場適応訓練等の措置をその者の事情に応じて計画的に実施し，重点的に就職促進の施策を講ずることにより一定期間内に就職をさせるという内容の改正であった。もちろん，上記措置によっても就職しえなかった者に対し，失業対策事業に就労する途を開くこととしたのである（緊急失業対策法）。

　このように，1947年に「失業保険法」が「職業安定法」とともに制定され，1949年には「緊急失業対策法」が続いて成立した。1947年の失業保険制度は，戦争直後の社会経済の混乱期に生じた多数の失業者を救済するために創設され，以後28年間，雇用・失業対策の重要な役割を果たしてきたのである。1963年といった早期から**中高年や障害者の雇用対策を始め**ていたことは記憶すべきである。

雇用保険の始まり

　失業手当法は，過渡的に失業保険の受給資格のないものに対応してきたのだが，1949年に廃止された。ただし，1949年には日雇い労働者に対する失業保険の特例制度の新設，適用範囲の拡大，給付内容の改善，保険料率の引き下げが行われた。その後の高度経済成長過程で，制度の背景をなす雇用情勢および経済社会は大きく変化した。従来の単に失業給付を支給する失業保険では機能が不足する事態になってきたのである。すなわち，雇用・失業対策の柱として，失業の予防および雇用機会の増大，雇用の改善，労働者の能力の開発向上などが必要となり，失業保険法を改め，新たに雇用保険法が，1975年4月1日から施行された。内容としては，

①中高年齢者等就職困難者等を中心に失業補償機能を拡充（所定給付日数等）。
②雇用調整給付金による失業の予防対策など不況に対する積極的対策；雇用
　関係を維持する形での一時休業による雇用調整を助成。

225

第Ⅱ部 社会保障の制度各論

③**雇用改善事業，能力開発事業，雇用福祉事業の3事業**創設（付帯事業，事業主負担のみ）。

雇用改善事業；経済変動に伴う一時的休業に対する補助を行う雇用調整給付金による，企業の雇用維持支援，高齢者の雇用および地域的な雇用並びに産業間の雇用の不均衡等の問題の改善

能力開発事業；労働者の能力の開発・向上

雇用福祉事業；雇用環境の整備改善

④**全産業，全規模を適用対象とする**；失業保険法では農林水産，教育研究調査以外が強制適用であったものを農林水産業は段階的に強制適用。

というものであった。また，失業の予防に大きな役割を果たす「雇用調整給付金制度」は1975年1月1日から繰り上げ実施された。

第1次石油危機を契機とした総需要抑制政策および資源の制約の中での雇用情勢の悪化，産業構造の変化等の雇用への影響を最小限にする必要性が高まり，1977年には「雇用安定事業」「雇用安定資金制度」が創設される。雇用安定資金制度とは，雇用調整に関する施策の実施のため，好況期に一定の資金を積み立て不況期に雇用安定のための経費として支出する基金的制度である。雇用安定事業の方は，経済変動に対応する事業で雇用調整給付金の対象範囲拡大等が含まれている。

1979年には「雇用開発事業」が創設された。この改正の背景は，

①雇用問題の解決のためには，景気の着実な回復を図ることにより，民間の雇用需要を刺激するとともに，雇用対策面からも民間の活力を活用し，積極的な雇用機会の開発に努めることが重要とされたこと。

②景気が回復する中で求人が増加する傾向にあり，これをとくに就職の困難な中高年等失業者の就職に結びつけて雇用機会の増大を図ること。

があった。内容としては，職業転換給付金制度の一環として中高年齢者雇用開

226

第❾章　仕事でケガをしたら，仕事を失ったらどうなるか

発給付金を創設し，就職指導手当等の支給を受けている中高年齢者を雇い入れる事業主を対象に支給することになった。

1984年改正

　1984年の改正は，労働力人口の高齢化，女性の一層の職場進出，サービス経済化，技術革新等の進展や産業構造の転換等の進展により，労働力需給の両面にわたる構造変化が現れてきたことを背景としている。また，雇用保険受給者数が増加する一方，受給者の就職状況を見ると1970年代前半は初回受給者の約４割が就職していたのだが，1982年度には約１割に低下したことも原因である。そこで，第５次雇用対策基本計画において雇用保険制度の見直しについて記述されたのに加え，中央職業安定審議会雇用保険部会においても以下の点が問題であると指摘された。

①主として年齢により決定される所定給付日数は，給付と負担の不均衡を招く。

②引退過程にある高年齢者についてもそれ以外の者と同様の給付の仕組みとなっている。

③基本手当額の算定基礎となる賃金に賞与等が含まれ，給付額は毎月の手取り賃金とほぼ同様，再就職賃金と比べ高くなる。

④受給者の再就職を喚起する制度がない。

ということであった。それを受けての改正の内容は，

①基本手当日額の引上げおよび賃金の算定方法の変更；賃金のうち臨時に支払われるもの等は含まないものとする。

②所定給付日数の変更；主として年齢による決定から算定基礎期間も要素として決定する方式へ変更。

③給付制限期間の延長；自己都合退職等の場合につき，従来の１～２カ月を

第Ⅱ部　社会保障の制度各論

　　1～3カ月，そして原則3カ月とする。

④高年齢者求職者給付金の創設；65歳以降も引き続き雇用されている者で従
　来一般被保険者となっていた者を高年齢継続被保険者とし，基本手当に代
　えて高年齢者求職者給付金（一時金）を支給。ただし，労働の意思および
　能力がある場合のみ支給する。

⑤再就職手当制度の創設；受給資格者の基本手当支給残日数が一定以上の場
　合に支給する。

というものとなっていた。

1989年改正

　サービス経済化の進展，女子の就業意欲の高まりを背景とした就業形態の多
様化の中で，とくに，パートタイマーの著しい増加，勤続年数の伸長，就業分
野の拡大等が進展していった。また，第6次雇用基本対策計画においても，
「パートタイム労働者の雇用の安定，労働条件・福祉の向上を図るため，適正
な雇用管理の実施等を推進する観点から法的整備を含めた総合的な対策を検討
する」とされたのだった。雇用保険制度においては，その時々の経済情勢に即
応して機動的対応をしてきたが，今後の構造調整期においては，経済変動と高
齢者問題，地域問題等の雇用問題が密接に関連した問題が生ずることが予想さ
れ，雇用に関する各般の施策を総合的，一体的に実施していくとともに財政基
盤の強化を図ることが必要となったのである。そこで，パートタイマーは，①
1週の所定労働時間が20時間以上30時間未満であること，②雇用期間は1年以
上となることが見込まれること，③年収が90万円以上となることが見込まれる
こと（この年収要件は2001年4月1日から撤廃された），のいずれかに該当すれば，
短時間労働被保険者の資格が認められることになったのである。ただし，労働
時間，賃金その他の労働条件が就業規則，雇用契約書，労働条件通知書等の文
書で定められていることが必要とされている。

第**⑨**章　仕事でケガをしたら，仕事を失ったらどうなるか

1994（平成6）年改正——雇用給付金の創設

　労働力の高齢化，女性の職場進出，少子化，家族形態の変化などが進展する中で，今後の社会・経済の活力を維持していくため，高齢者や育児休業を取得した者が職業生活の円滑な継続を図れるようなシステムを作りあげることが重要な課題となった。仕事と育児の両立を図り，労働者の雇用の継続を促進するための中核的施設として，**育児休業等に関する法律**（現・育児休業，介護休業等育児又は家族介護を行う労働者の福祉に関する法律）が1991年5月15日に公布された。1994年には，育児休業期間中の本人負担分の社会保険料（年金保険・医療保険）の免除がなされることになった。これらの改正は，ワーク・ライフ・バランス（職業生活と家庭生活の両立）の支援対策の一歩前進と言えるであろう。

バブル経済崩壊期

　1994年の雇用保険法の改正は，急速な高齢化や女性の職場進出が一層進み，また，産業構造の転換や技術革新がますます進展するとともに，中長期的には労働力の供給制約が見込まれたことが要因の1つであった。また，職業生活の円滑な継続を援助・促進するとともに，失業中の生活の安定，再就職の促進に一層の実効を期していく観点から，高齢者や女性を中心とした雇用の継続を援助・促進するため雇用継続給付制度の創設等が行われた。具体的には，まず，法の目的規定の改正がなされた。雇用保険の保険事故として従来の「失業した場合」に「雇用の継続が困難となる事由が生じた場合」を加え，これに対する保険給付の目的として「労働者の雇用の安定を図る」ことを掲げることとなったのである（雇用継続給付の創設）。

　雇用継続給付（高年齢者雇用継続給付，育児休業給付）の創設の内容は，

①高年齢者雇用継続給付　高齢期における労働能力の低下，通常勤務の困難化等に伴い，60歳以上65歳未満の者が雇用されている期間において，賃金が60歳時点の額に比して一定程度以上低下するような場合には，高齢者の労働意欲の減退や失業給付，年金等の受給の安易な選択等を招き，さらに

229

第Ⅱ部　社会保障の制度各論

は失業に結びつきかねない状況にある。この賃金の低下を保険事故ととらえ，高年齢者雇用継続給付を支給。

②**育児休業給付**　労働者が育児休業のために働くことができず，賃金収入の全部または一部を喪失する状態を放置することは，子を養育する労働者が職業生活を円滑に継続するために必要とする育児休業の取得を困難とし，その後の円滑な職場復帰にも支障を生じることにより，失業に結びつきかねない状況にある。この育児休業の取得を失業に準じた職業生活上の事故ととらえ，育児休業給付を支給。給付額は，育児休業開始6カ月間の月平均賃金の25％相当額（養育する子が1歳に達するまで）。

③**一般求職者給付の改正等**　60歳定年制の定着状況に対応した年齢区分および所定給付日数の変更等。

といったものであった。

失われた10年を越えて

その後も雇用保険法は改正され続けている。1998年には，教育訓練給付制度の創設，介護休業給付制度の創設，高年齢求職者給付金の額の引き下げおよび国庫負担の廃止，失業等給付に係る国庫負担率の暫定的引き下げ（平成4年改正よりさらに10分の7に引き下げ）といった改正が成された。2000年には基本手当の所定給付日数の変更（離職の態様に応じて再構成し，離職を余儀なくされた者に対し基本手当を重点化），再就職手当の支給額算定方法の変更，育児休業給付および介護休業給付の給付率の引き上げ（両給付とも25％から40％に引き上げ），失業等給付に係る国庫負担率および雇用保険料率の変更（国庫負担率の原則〔4分の1〕復帰：平成4年および平成10年改正に伴う暫定的引き下げの廃止，および法定の保険料を0.8％から1.2％に引き上げ），雇用保険率の弾力的変更に係る規定の改正がなされた。

また，アメリカのサブプライム住宅ローン問題に端を発した世界の金融危機は実体経済に対しても甚大な影響を与え，2008年10月以降では雇用調整が顕著

第⑨章　仕事でケガをしたら，仕事を失ったらどうなるか

となっていた。とりわけ，期間従業員，派遣労働者，請負労働者などの非正規労働者については，解雇，雇い止め，中途解除を受ける者が大幅に増加した。厚生労働省の「非正規労働者雇止め等の状況について」では，以下のように報告していた。「派遣又は請負契約の期間満了，中途解除による雇用調整及び有期契約の非正規労働者の期間満了，解雇による雇用調整について，本年10月から来年3月までに実施済み又は実施予定として，12月19日時点で把握できたものは，全国で1,415件，約85,000人となっている。また，就業形態別の対象人数の割合をみると，『派遣』が67.4％，『契約（期間工等）』が18.5％，請負が9.3％等となっている」。これに対して，政府は3年間の限定措置として，契約の更新がないことにより離職した者および正当理由離職者（特定理由離職者）区分を創設し，受給資格要件について解雇等の離職者と同様の扱いとした。これにより，契約の更新がないことにより離職した者等の給付日数を解雇等による離職者並びに暫定的に拡充されたのである。さらに，再就職手当の給付率引き上げ等を実施し，支給残日数により給付率に差をつけた上で全体として給付率を引き上げたのであった。また，年末には緊急雇用対策が出され，その中で，雇用保険を受給できない者に対して，

①6カ月間家賃と生活費を貸し付ける生活安定資金融資の創設
②職業訓練期間中に，所得200万円以下の人に対する月10万円（扶養家族がいる場合には月12万円）の貸付制度の導入

がなされた。いずれも6カ月以内に就職が決まったら，返済を一部免除するという給付に近いものであった。しかし，派遣切りの影響は大きく，応急措置に過ぎなかった。

　日増しに厳しさを増す雇用不安に対し，さらなる対策の必要性が叫ばれるようになり，2009年7月には，「緊急人材育成支援事業」がスタートした。この制度は，前年に打ち出された緊急雇用対策を制度化したもので，景気が回復するまでの暫定措置として3年間にわたり実施される予定であった。事業の内容

第Ⅱ部　社会保障の制度各論

は大きく分けて,

①雇用保険を受給できない人向けの職業訓練である「基金訓練」
②訓練期間中の生活保障のための「訓練・生活支援給付金」
③生活費を貸し付ける「訓練・生活支援資金融資」

の3本柱から成り立っていた。前年の緊急雇用対策との大きな違いは,訓練期間中の10万円の貸付金を返済義務のない完全な給付金に変えた点である。さらに,それまでの公共職業訓練以外にも,民間の専門学校を活用し,大量の認定コースも用意された。

　こうして軌道に乗り始めたかにみえた緊急人材育成支援事業であるが,2009年夏の総選挙で自民党から民主党へと政権が変わったことにより,セーフティネットの見直しが行われ,緊急人材育成支援事業は執行停止となり,基金訓練は2011年の9月開講分をもって終了することとなった。それに代わり,3年間の暫定措置だった緊急人材育成支援事業を恒久化する法整備がすすめられた。その結果,新たに制度化されたのが,2011年10月1日からスタートした「求職者支援制度」である。求職者支援制度では,それまでの緊急人材育成支援事業を大きく受け継いだもので,以下3本柱から成っている。

①雇用保険を受給できない人向けの職業訓練である「求職者支援訓練」
②訓練期間中の生活保障のための「職業訓練受講給付金」
③生活費を貸し付ける「求職者支援資金融資」

　単に名称が変わっただけではなく,内容的にも緊急人材育成支援事業を見直すところは見直され,とくに給付金の受給条件は厳しくなり,また,出席条件を厳しくするなど,できるだけ給付金目当てで受講するといったことが無いように改善されている。

　2014年の改正では,育児休業給付の充実（休業開始後6月につき,休業開始前の

第❾章 仕事でケガをしたら，仕事を失ったらどうなるか

賃金に対する給付割合を67％に引上げ），教育訓練給付金の拡充（専門実践教育訓練
給付金）（現行20％・上限10万円の給付を，最大60％・上限48万円に引き上げ，原則2
年間〔最大3年間〕給付），教育訓練支援給付金の創設（専門実践教育訓練を受講す
る45歳未満の若年離職者には，基本手当の50％を訓練受講中に支給〔2018年度末まで〕），
就業促進手当（再就職手当）の拡充（再就職手当を受給した者が，離職前賃金と比べ
て再就職後賃金が低下した場合には，低下した賃金の6月分を追加的に給付），失業等
給付の暫定措置の延長（2013年度末までとされた失業等給付の暫定措置を3年間延長
〔2016年度末まで〕）といった改正がなされた。

4 非正規雇用増加の一因──「労働者派遣法」制定

労働力需要側においては，オイルショックを背景に開発されてきていたマイ
クロ・エレクトロニクスを中心とする新たな技術革新が広範な分野に広がり，
これに伴い企業内においても専門的な業務分野が増加していた。労働力供給側
においても，自分の希望する日時等に合わせて専門的な知識，技術，経験を活
かして就業することを希望する労働者層が増加していた。労働力需給両面にわ
たる構造的変化が進行する中で，他の企業の仕事を請け負い，自己の雇用する
労働者を他の企業に派遣し，そこで就業させる形態の事業が増加してきていた
のである。このため，特定の業務分野については，労働者の保護と雇用の安定
に配慮した上で，労働者派遣事業を制度化し，法的整備を図ることが必要とな
った。

労働者派遣とは，自己の雇用する労働者を，当該雇用関係の下に，他人の指
揮命令を受けて当該他人のために労働に従事させることをいう。派遣労働の形
態は，

①一般労働者派遣（特定労働者派遣事業以外の派遣事業），特定労働者派遣事業
　（当該事業の派遣労働者が常時雇用される労働者のみである派遣事業）。
②港湾運送業務，建設業務，その他一定の政令で定める業務以外の業務のう

第Ⅱ部　社会保障の制度各論

ち，当該業務を遂行するために専門的な知識，技術，経験等を必要とする
業務で政令で定める適用対象業務。

に限り行うことができるとされていた。なお，適用対象業務として，情報処理
システム関係，機械設計関係，放送機器操作関係，放送番組制作関係（以上派
遣期間1年），事務用機器操作関係，通訳・翻訳・速記関係，秘書関係，ファイ
リング関係，調査関係，財務関係，貿易関係，デモンストレーション関係，添
乗関係（以上9カ月），建築物清掃関係，設備運転等関係，建築物サービス関係
（以上派遣期間定めなし）の16業務であった（一般労働者派遣事業の許可の有効期間
は3年）。

　1999年に労働者派遣法は改正されている。1996年改正作業中の1995年12月に，
行政改革委員会において「規制緩和の推進に関する第1次意見」が取りまとめ
られる。この中で，労働者派遣事業の対象業務について，「業務全般を視野に
置き，労働者派遣が適切な業務と不適切な業務を区別する基準を明確化し，労
働者派遣が不適切な業務を列挙することにより，それ以外は，労働者派遣事業
の対象業務とすべき」との提言がなされる。これを受けて，1996年3月に閣議
決定された規制緩和推進計画の改定および1997年3月の同計画再改定の際も，
同趣旨が盛り込まれたのである。具体的な内容としては，適用対象業務のネガ
ティブリスト化が挙げられる。港湾運送業務，建設業務，警備業務，医師等政
令で定める医療関連業務，物の製造業務は適用除外であるが，それ以外は基本
的に派遣を認めることになったのである。

　2003年の労働者派遣法の改正では，物の製造業務への労働者派遣の解禁，26
業務以外の業務について，派遣受入期間を1年から最大3年まで延長（労働者
派遣制度の臨時的・一時的な労働力の需給調整に関する対策としての位置付けは引き続
き維持），派遣労働者への契約の申込義務の創設がなされた。さすがに，ゆき
過ぎた規制緩和であるとの批判を受け，2012年には，日雇派遣の原則禁止（日
雇い派遣は責任の所在が不明確になりやすく労働災害の発生の原因にもなっていたため
禁止された），グループ企業内派遣を8割以下に制限（グループ企業内に派遣会社

234

第**9**章 仕事でケガをしたら，仕事を失ったらどうなるか

を持ち，派遣先の大半がグループ内の場合，労働力の社会全体への供給が行いづらいため），離職した労働者を離職後1年以内に派遣労働者として受け入れることを禁止（本来であれば継続して直接雇用として雇用をするべき労働者を派遣労働者とし，労働条件を切り下げようとするのを禁止することが目的），マージン率などの情報提供の義務化（労働者の方が派遣会社のホームページなどを見て，マージン率を確認できるようにすることで，より信頼できる派遣会社を選択できるようにするため），無期雇用への転換推進措置の努力義務化など，派遣労働者の保護や待遇改善を強化，労働契約申込みみなし制度の創設がなされた。

2015年の改正では，

①派遣期間規制（期間制限）の見直し

26業務かどうかで期間制限が異なる旧制度はわかりにくいことから，これを廃止し，あらたに以下の制度が設けられた。

事業所単位の期間制限；派遣先の同一の事業所における派遣労働者の受け入れは3年を上限とする。それを超えて受け入れるためには過半数労働組合等からの意見聴取が必要。

個人単位の期間制限；派遣先の同一組織単位（課）における同一の派遣労働者の受け入れは3年を上限とする。

②派遣労働者の派遣先の労働者との均衡待遇の推進

③雇用安定措置の義務化

④派遣労働者のキャリアアップ推進を法令化

⑤すべての労働者派遣事業を許可制へ移行

といったことがなされた。

これまでの労働者派遣法では，専門的とされる「26業務」については派遣期間の制限がない一方で，それ以外の業務は期間が原則1年，最長3年に制限されていた。改正法では，どの業務も「原則3年」に統一しつつ，人を替えれば同じ業務を派遣社員に半永久的に任せることができるようになったのである。

235

第Ⅱ部　社会保障の制度各論

このことに対する批判が多いことは確かである。

5　仕事でケガをしたら，死んでしまったらどうなるか

　第6章では病気やケガをして診療所や病院に行く場合，ほとんどの人は健康保険を利用していると述べてきた。しかし，原因によっては健康保険が使えないこともある。それが，仕事が原因による病気・ケガ（業務災害という）や通勤途中に負ったケガなど（通勤災害という）の治療をする場合で，健康保険ではなく労災保険（労働者災害補償保険制度）から補償を受けることになっているからである。

　仕事が原因で発生した従業員の病気やケガ，死亡などに対しては，たとえ企業に過失がなくても一定の補償を「企業」が行うことを労働基準法で義務づけられている。しかし，会社に支払い能力がなかったり，損害額が高額になったりすると，従業員が十分な補償を受けられない可能性がある。そこで，従業員を1人でも雇った事業所には労災保険に加入することを義務づけ，労働者が仕事中や通勤の途中で病気，ケガ，障害を負った場合の治療費や休業中の生活費の補償，死亡した場合の遺族補償などが滞りなく行われるようにした。この従業員には正規雇用者はもちろん，アルバイトやパートタイマー，果ては不法就労の外国人労働者まで含まれている。

労働者災害補償保険とは

　従業員がアルバイト先の事務所において，高さ2.5mほどのキャビネットに並べてある資料をとろうと，キャスター付の椅子の上に乗ったところ，椅子が動いてバランスを崩し転落して右手首を骨折してしまった。従業員は自分の健康保険証を使って，右手首の骨折の治療をする必要があるのであろうか？

　キャビネットの高い位置にある資料・書籍等をとろうとするようなときは，椅子を踏み台代わりに使用せず，踏み台，または開き止め金具をしっかり架けた脚立等を使用する必要がある。もちろん，脚立等は事業主が整備する必要が

ある。また，キャビネットは壁にしっかり固定する責任も事業主にはある。従業員にも不安定なキャスター付の椅子の上に乗ったという過失はあるが，業務環境の整備を怠った事業主側にも相当な責任があるので，この場合，骨折の治療費の負担を従業員だけが負うことはない（過失相殺の割合については，安西2015）。

このように，アルバイトにも事業主に業務上の災害補償の責任を定めた法律を，労働者災害補償保険法（労災保険または労災と略される）という。労災保険法第1条に「労働者災害補償保険は，業務上の事由又は通勤による労働者の負傷，疾病，障害，死亡等に対して迅速かつ公正な保護をするため，必要な保険給付を行い，あわせて，業務上の事由又は通勤により負傷し，又は疾病にかかつた労働者の社会復帰の促進，当該労働者及びその遺族の援護，労働者の安全及び衛生の確保等を図り，もつて労働者の福祉の増進に寄与することを目的とする。」と，その目的が規定されている。労災保険は政府（厚生労働省）が管掌し，事業主から納付される保険料によって運営されている。労災保険の事務を実際に取り扱う機関は，中央では厚生労働省，地方では各都道府県労働局および労働基準監督署となっている。

どんな場合に適用されるか

仕事中，通勤途中の病気やケガすべてに労災が適用されるわけではない。どのようなケースなら労災が適用されるのであろうか。やや硬い話になるが，まず「業務災害」から見ていく。

業務災害とは労働関係から生じた災害，すなわち労働者が労働契約に基づいて使用者の支配下において労働を提供する過程で，業務に起因して発生した災害をいう。労働者が使用者の支配下にある状態を業務遂行性といい，業務に起因することを業務起因性（業務と傷病などの間に一定の因果関係があること）という。業務が原因となって災害が生じたというためには，業務起因性が認められなければならず，その前提条件として業務遂行性が認められなければならない。要は，業務遂行性とは「仕事中に発生したケガ・病気であるかどうか」という

こと，業務起因性とは「仕事がケガ・病気の原因になったかどうか」ということである。例えば，休憩時間中の事故は原則的に補償されないが，会社内の施設が原因で起きた事故なら補償される。昼休みに会社の体育館でバスケットボールをしていたら，床が抜けてケガをした場合などである。

次に「通勤災害」である。仕事をするために合理的な交通手段，経路で自宅と事業所を移動している場合に起きた事故などが原因の病気やケガを通勤災害という。交通手段は，公共交通機関のほか，車，自転車，徒歩などで，複数経路も認められる。ただし，通勤途中で寄り道をした場合は，日常生活に必要な行為かどうかで判断する。単に「会社にいた」「通勤中だった」というだけでは，労災は適用されないこともある。判断に迷った場合は，勤務先を管轄する労働基準監督署に相談し，該当するかどうかを確認を要する（公益財団法人労災保険情報センターのウェブサイトには，労災認定事例集がある http://www.rousai-ric.or.jp/case/tabid/71/Default.aspx）。

一人親方問題

一人親方とは，労働者を使用しないで土木，建築その他の工作物の建設，改造，保存，原状回復，修理，変更，破壊もしくは，解体またはその準備の事業などを行うことを常態とする者（大工，左官，とび職人など）であり，一人親方などとは，これに加えて中小事業主，役員，家族従事者を含んでいる。このため，一人親方等は労働者ではないので，労働災害統計の「死亡災害発生状況」には含まれない。

一人親方の働き方は，労働者として企業に雇われるのではなく，1人で経営する建築業として，仕事を発注する会社（取引先）と契約するような働き方である。労働基準法などの法律は，会社に対して立場が弱い労働者を守るように作られている。労働契約の建前では労働者と使用者（企業）は対等な立場とされているが，実際はそうではないからである。例えば，給料をいくらにするかということに関する決定権は労働者にはない。企業が決めた金額に対して「そんな給料水準では働けない」と言ってしまえば，「そうですか」といわれてし

Column ⑪ 緑十字マークを知っているだろうか？

工事現場等で目にすることが多い緑色の十字架。セットで「安全第一」の標語がつくことが多い。この緑十字マークは，蒲生俊文さんの提案で1919（大正8）年から使用されている。蒲生さんは東京帝国大学卒業後，東京電気（現，東芝）に就職し，庶務課長をしていた大正3年のある日，悲惨な感電事故の現場を目撃したことをきっかけに，生涯を安全運動に捧げた方である。1917（大正6）年に内田嘉吉（前逓信省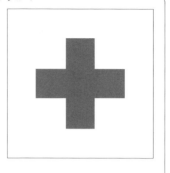
管理局長，大正5年，北米旅行を続けていた内田さんは，ゆく先々で「SAFETY FIRST」という文字を目にし，大きな感銘を受けた。「セーフティ・ファースト」こそ時代の要求する精神である，そう心に誓ったそうだ。帰国後，「安全第一」を広めるため，蒲生さんらとともに，1917（大正6）年に安全第一協会を設立し，1921（大正13）年東京電気を辞して以降は，わが国の安全運動の中心的存在となって活躍した。

1919（大正8）年5月に，労働災害防止に関する社会的関心の高まりを背景に東京・お茶の水にあった東京教育博物館（現，上野科学博物館）が「災害防止展覧会」を開催した。講師に招かれた蒲生さんは，アメリカのセントルイス市で盛大な安全週間が実施されたことを詳しく報告し，大きな反響を呼んだのだった。蒲生さんは，安全思想の普及を図るため，わが国でも安全週間の実施を呼びかけた。安全週間の実施計画を進めていく中で，多くの賛同者も得て，わが国初の安全週間は1919（大正8）年6月15日から同月21日までの1週間，東京市および周辺で実施された。安全週間実施に際し設置された発起人会でシンボルマークを新たに定めることになり，蒲生さんは，「十字は外国では仁愛を意味し，東洋では福徳の集まるところを意味する。緑とするのは，当時アメリカのNSC（全米安全会議）が青地に白十字を使っており，また日本では赤十字と結核予防会のマークとして赤の複十字があるから。」というものであった。蒲生さんの案に参加者一同が賛成し，緑十字マークの採用が決定した。緑十字マークは労働衛生の黎明期から採用されていたことになる。

参考文献
中央労働災害防止協会「写真と年表で辿る産業安全運動100年の歴史」(http://www.jisha.or.jp/anzen100th/nenpyou01.html)。

第Ⅱ部　社会保障の制度各論

まう。そこで，法律により最低賃金が決められていて，極端な低賃金は違法行為として認められる。しかし，一人親方は違う。基本的に独立した事業者，社長として企業と交渉する立場と見なされるので，すべてが「自己責任」となる。例えば，天候不順で請け負った工事が予定通り終わらなかったとしても，仕事を発注した会社は残業代を支払う必要がないのである。また，万が一大ケガをして働けない体になっても，自分で労災に入っていない限り誰も補償してくれない。もちろん，会社には有給休暇どころか，休日を与える義務もない。一人親方と会社の契約はいわば会社同士の契約なのである。労働基準法などの法律から見れば「管轄外」なので，会社は一人親方に恐ろしく不利な契約を結ぶことも可能なのだ。こうしたことは，社会正義に著しく反する行為なので，最近では業界団体が自主規制を望んでいる。また，一人親方でも労災への任意加入は認められている。

6　労災保険の歴史

「労働者災害補償」とは，業務上の災害を被った労働者および遺族に補償を行う制度を言う。イギリスでは事業主責任による賠償が行われ，ドイツでは労働者災害補償保険による事業主・従業員の共同負債の制度で補償が行われていた。このように，第2次世界大戦前における西欧諸国の労働者災害補償には2つの流れがあったのである。イギリスでは，業務上の災害についての事業主の補償責任については，すでに1880年に事業主責任法がつくられ，1897年には労働者災害補償法が実施されていた。また，ドイツでは，ビスマルクが1883年の疾病保険に次いで，1884年に災害保険を創設し，その翌年から実施していた。

　わが国の労災補償制度は，保険制度として扶助責任保険と社会保険の2系統に分かれていたのだが，戦後統一的な社会保険制度に再編成される。1947年の労働基準法の制定に伴い，同年4月労働者災害補償保険法が公布され，9月から施行された。労働者の業務上の災害については，事業主は労働基準法に基づく災害補償責任を負っているが，同法の災害補償に相当する労災保険給付が行

われる場合には，この責任は免除され，労災保険が実質的に事業主の災害補償責任を担保する役割を果たすこととなったのである。

労災保険制度の始まり

日本では，明治時代の製糸業の発展を支えた長時間労働の女工のあいだに結核がまん延したことが社会問題となり，1911年に労働時間を制限する工場法が成立した。戦争による混乱期を経て，1947年に日本国憲法第27条第2項を根拠に労働基準法（以下，労基法）が制定され，労基法の下で有害業務を規制し，労働者を保護する労働衛生行政が本格的に始まっている。労働衛生行政は，1947年に労働省（現・厚生労働省）が設置されてから労働基準局安全衛生部が担当している。また，各地域における労働衛生行政は，各自治体が担当しているのではなく，47都道府県の労働局の健康安全課または健康課，および全国約330か所に設置された労働基準監督署が国の機関として直接担当している。労働基準監督官は，司法警察権を有しており，法令違反に対して是正勧告や書類送検をすることができる。

労働安全衛生法（以下，安衛法）は，労基法から，1972年に分かれて制定された。安衛法の具体的な内容のうち，有害な化学物質など他の省庁とも関連の深い事項については法令（労働安全衛生法施行令）で，労働衛生対策の内容は省令（労働安全衛生規則等）で規定されている。

現在，労働衛生行政では，従来からの職業病対策に加えて，化学物質対策，健康保持増進対策，快適職場形成，産業保健活性化の各施策が実施されている。パートタイマー，派遣社員，アルバイト，季節工，期間工，嘱託，契約社員，準社員，臨時社員，アソシエイトなどと呼ばれている者でも，使用者の命令に従属する事実上の労使関係がある労働者には労働衛生法令が適用されるほか，短時間労働者の雇用管理の改善などに関する法律（パート労働法）や労働者派遣法などに一定の労働者保護規定がある。しかし，実際には，これらの非定型的な労働者には労働衛生行政の施策が及びにくいのが現状である。

第Ⅱ部　社会保障の制度各論

高度成長期

労災保険法の給付体系は，それまでの個別事業主による労働基準法上の災害補償のための責任保険という性格が，1960年改正による長期補償制度の導入・障害補償の一部年金化，そして1965年改正による給付の大幅な年金化によって大きく変わった。とくに1960年は，その後の労災保険制度発展への出発の年であったと言える。この年，打切補償を廃止して長期療養者や重度障害者のための長期補償を行うこととなったのである。

1960年改正に加え，1965年の改正により給付は本格的な年金化へと変わっていった。また，この年の改正では，重度障害者のみに年金化されていた障害補償は，中度障害者にも拡大され，遺族補償も年金化されたのである。

実は，1965年改正では労災保険法の中に「リハビリテーションに関する施設」の規定が新設された。欧米諸国では，既にリハビリテーションの開発への取組みが行われていたのだが，わが国で「リハビリテーション」の語が法律で用いられたのは労災保険法が最初であった。1965年の給付の年金化に続いて，1967年には介護料制度が創設され，労働者の生活保障重視の方向に進んできた。介護料制度は，在宅で常に介護を受けている重度被災労働者に対し，介護料を支給する制度である。1950年代後半からのわが国のめざましい経済成長とILO 第121号条約（業務災害の場合における給付に関する条約）の採択による災害補償の充実などの国際動向を背景に，1970年には，年金給付等の額の引き上げが行われた。この改正により，労災保険の給付水準は国際水準（ILO 第121号条約）に達することとなったのである。さらに，1973年には，業務と密接な関連のある通勤途上の災害に対しても，労災保険により保護する制度が発足した。

適用事業の範囲については，当初は一定の事業が強制適用事業とされ，残りの事業は任意適用事業とされていた。その後，運用による拡大が成され，1975年には，農林水産業の事業の一部を除き，全面適用とされた。1976年には，従来の保険施設に代えて，労働福祉事業が設けられ，その一環として「未払賃金の立替払事業」が実施された。賃金支払いという個々の事業主責任を社会化するという観点から，賃金の未払いの救済を労災保険システムの中で行うことと

第**9**章 仕事でケガをしたら，仕事を失ったらどうなるか

なったのである。意外と知られていないのだが，この福祉事業には傷病が治癒した人を対象にした事業（後遺症に関するアフターケア制度，温泉保養，義肢等の支給），子供のいる世帯に対して労災就労保育援護費や労災就学援護費の支給，そして社会復帰を目指す人を対象にした職能回復援護や振動障害者社会復帰援護金等がある。

1978年には，労働基準局長通達「脳血管疾患及び虚血性心疾患等の認定基準について」により脳・心臓疾患の認定基準の改正が行われた。この改正認定基準は，脳・心臓疾患の労災補償による保護の拡大へ途を開いた点で，画期的な意義をもつものであったと言われている。

1990年の改正により，労災保険給付のスライド（労災保険給付額の実質価値を維持するため，物価上昇に給付を合わせることで，休業補償のスライド制は1952年に導入されていた）の方法が変更された。1990年改正までは，事業所の規模・業種ごとに，「個別の具体的な給付額」をスライドさせる方法が採られていたが，1990年改正により，全業種・全規模を通じて一本化し，「給付基礎日額」をスライドさせる方式に変更されたのである。労災保険の給付は，労働災害によって失われた稼得能力の補填を本来の目的とすることから，スライドは原則として労働基準法第12条の平均賃金に相当する「給付基礎日額」を賃金水準の変動に対応して改定することとされたのであった。

介護保障給付および介護給付の創設（1995年改正）

1995年の改正では，重度被災労働者に対する介護施策の大幅な拡充が行われた。その1つは「介護補償給付」および「介護給付」の創設である。これは，従来労働福祉事業として支給されていた介護料を新たな保険給付として位置づけるとともに，支給対象者を拡大するものであった。介護補償給付および介護給付創設の背景には，重度被災労働者の介護の現状に配慮した施策の大幅な拡充を行うことが必要であるとの考え方があった。労働災害による重度被災労働者はかなり増加し，1994年当時で約3万2,000人にのぼっており，そのうちの約8割が介護を必要とする状態にあった。このような介護を要する重度被災労

243

第Ⅱ部　社会保障の制度各論

働者の大半は，在宅で配偶者等家族の介護を受けている状況にあったのである。高齢化，核家族化，女性の職場進出などにより，重度被災労働者が家庭で十分な介護を受けることが段々と困難な状況になっていた。そこで，費用を支払って民間事業者等から介護サービスを受ける必要性が高まったのだが，その費用負担の問題が生じてきていた。他方，人身傷害に係る民事損害賠償の近年の動向をみると，重度の障害を負ったものに関する介護損害は相当高額化しており，その補償は損害額の算定の基本的な要素とされている。さらに，ILO 第121号勧告においても，被災労働者が常時介護を要する場合においては，介護のための費用を支払うための措置が採られるべきであるとされていた。このような状況から，介護料を保険給付化することが適当であると考えられたのである。介護補償給付の創設は，常時在宅介護を受けている者に対して，実効性のある経済的援助を行っていこうとする点で，画期的な改善であると言える。

精神障害者等の労災認定に係る判断の指針の策定（1999年）

近年，仕事によるストレスでうつ病などの精神病になり，労災保険の申請を行う件数が増えていることから，労働省（現・厚生労働省）は，1998年 2 月，「精神障害者等の労災認定に係る専門検討会」を設置した。その検討結果報告書に基づき，1999年 9 月，判断指針が策定された。さらに，2011年11月に取りまとめられた「精神障害の労災認定の基準に関する専門検討会報告書」の内容を踏まえて策定し直されている。認定基準のポイントとしては，

①分かりやすい心理的負荷評価表（ストレスの強度の評価表）を定めた。
②いじめやセクシュアルハラスメントのように出来事が繰り返されるものについては，その開始時からのすべての行為を対象として心理的負荷を評価することにした。
③これまですべての事案について必要としていた精神科医の合議による判定を，判断が難しい事案のみに限定した。

第❾章　仕事でケガをしたら，仕事を失ったらどうなるか

の３つが挙げられた。

2000年改正

　近年，定期健康診断における有所見率が高まっている（厚生労働省『定期健康診断結果報告』）。有所見率とは健康診断を受診した労働者のうち異常の所見のある者の占める割合をいう。有所見率は，1991年の27.4％から2008年には50.21％へと増大し，2014年には53.2％という値であった。これは，健康状態に問題のある労働者が増加している傾向を示している。その中でも，労働者が業務上の事由によって脳・心臓疾患を発症し，突然死などの重大な事態に至る**過労死**が増加傾向にある。例えば，脳・心臓疾患を発症し過労死として労災認定された件数は，1999年度に48件だったのだが，2015年には96件と倍増している。過労死などの原因である脳・心臓疾患については，労働安全衛生法で定める定期健康診断により，その発症の原因となる危険因子の存在を事前に把握し，かつ適切な保健指導により発症を予防することが可能であると考えられている。もう１つの改正は，建設業における災害率が低下していることを踏まえ，有期事業（建設業）のメリット制（業務災害率に応じて保険料を上げ下げする制度）について，その増減幅の上限を100分の30から100分の35に拡大したことである。

　また，2005年には労災保険における通勤災害に係る通勤の範囲の拡大を実施した改正があった。就業形態の多様化の進展等の社会経済情勢の変化の中で，複数就業（兼業）者および単身赴任者が増加していたのだ。そこで，次の移動を行う場合に関しても，通勤災害保護の対象とされることになったのである。

①住居と就業の場所との間の往復
②厚生労働省令で定める就業の場所から他の就業の場所への移動
③①に掲げる往復に先行し，または後続する住居間の移動（厚生労働省令で定める要件に該当するものに限る）

第Ⅱ部　社会保障の制度各論

ストレスチェックの義務化

　2014年 6 月19日，労働安全衛生法の一部を改正する法律（平成26年法律第82号。以下，改正法）が可決成立し，同月25日に公布された。この改正法は，化学物質管理のあり方の見直しや，受動喫煙防止対策の推進，重大な労働災害を繰り返す企業への対応等，労働者の安全と健康を確保するための様々な改正を含むものであったが，その中の 1 つの重要な改正として，**ストレスチェック制度の創設**が挙げられる。改正法のうち，このストレスチェック制度の創設に関する部分は，2015年12月 1 日から施行されることとなっている。

　業務による心理的負荷を理由に精神障害を発症したとして労災認定を求める件数（請求件数），および実際に労災として認定される件数（支給決定件数）は年々増加傾向にある。2016年 6 月28日に発表された厚生労働省の資料によれば，2015年度の労災請求件数は1,515件，同年度の支給決定件数は472件（うち自殺〔未遂を含む〕93件）と，過去最多の件数となったとのことである。このような背景を踏まえ，労働者のメンタルヘルス不調を未然に防止することを目的として制定されたのが，ストレスチェック制度になる。2015年12月 1 日から施行される改正法のうち，ストレスチェック制度の概要については以下のとおりである。

①従業員数が50名以上の事業場において，ストレスチェックを実施することが義務づけられている（従業員50名未満の事業場については当分の間，努力義務）。

②ストレスチェックを実施した場合，その検査結果は，検査を実施した医師，保健師等から直接従業員に通知され，本人の同意なく検査結果を事業者に提供することは禁止されている。

③検査の結果，一定の要件（高ストレスと判定された従業員など）を満たす従業員が希望した場合には，医師による面接指導を実施しなければならない。従業員がこの面接指導を希望したことを理由として不利益な取り扱いをすることは許されていない。

246

第❾章　仕事でケガをしたら，仕事を失ったらどうなるか

④面接指導の結果に基づき，当該従業員の健康を保持するために必要な措置
について医師の意見を聞いた上で，必要のある場合には，就業場所の変更，
作業の転換，労働時間の短縮，深夜業の回数の減少等の措置を講じなけれ
ばならないとされている。

これまで，身体的なチェックは定期健康診断で実施されてきたが，これで
メンタルの健康面のチェックが可能となっている。

参考文献

安西愈『そこが知りたい！　労災裁判例にみる労働者の過失相殺』労働調査会，
2015年。

厚生労働省『平成28年版　労働経済の分析』（http://www.mhlw.go.jp/toukei_
hakusho/hakusho）。

濱口桂一郎「性別・年齢等の属性と日本の非典型労働政策」『日本労働研究雑誌』
No. 672，2016年。

松淵厚樹『戦後雇用政策の概観と1990年代以降の政策の転換』資料シリーズ No. 5，
労働政策研究・研修機構，2005年。

この章の基本書

水町勇一郎『労働法入門』岩波書店，2011年。

　＊雇用，差別禁止，内部告発の権利，賃金，労働時間，休暇，安全と健康，労働組合，
　労働市場の規制等，労働問題一般の入門書として最適である。

社会・労働保険実務研究会編『社会保険・労働保険の事務百科』清文社，2016年。

　＊健康保険，厚生年金保険，労災保険，雇用保険の仕組みや諸手続き，給付の内容な
　ど各種保険の実務知識を収録。実務家用だが制度概要はコンパクトにまとまってい
　る。

練習問題

問題1

雇用保険はどんな場合に適用されるかまとめてみよう。

問題2

雇用保険法の性格はどのように変化したか。戦後期，高度成長期，バブル前，バブ
ル期，バブル後に分けて考察しなさい。

247

第Ⅱ部　社会保障の制度各論

問題3
労災保険制度が企業の扶助責任だけでなく，社会保険的な性格を有してきたのは何故だろうか。

問題4
企業におけるセクシャルハラスメント，パワーハラスメント等は労災の対象になるだろうか。

問題5
企業におけるストレスチェックが義務化されたのは何故だろうか。

(山本克也)

第10章

地域でともに生きるためにどうするか
——地域福祉制度——

本章のねらい

　地域包括ケアに象徴されるように在宅ケアの比重が高まっているが，ハンディキャップのある人が在宅生活を送るには地域の支援が必要である。一方，社会的孤立が進行しており，地域で支えてくれる人を見出すことが困難になっている。このため，公私が連携し，地域で支えあい，ともに生きるための取り組みが一層重要となっている。本章では，地域福祉に関する法体系を外観し，介護保険の地域包括ケアシステムと地域の公私連携について学び，具体的な事例も取り上げつつ，地域でともに生きるためにはどのような取り組みが必要なのか学ぶことを目的とする。

1　地域福祉とは

社会福祉基礎構造改革と地域福祉

　社会保障は，生活していく上での様々なリスクに対応し，安心して暮らせるようにする仕組みであるが，近年，地域が1つのキーワードとなっている。

　北欧から全世界に広がった**ノーマライゼーション**は，高齢者や障害者などハンディキャップがある人も一般の人と等しく普通の暮らしを送れるようにすべきである，という理念である。わが国においては，医療も社会福祉も入所ケア中心に整備されてきたが，普通の暮らしを送るためには在宅ケアのほうが望ましいと考えられる。このため，いわゆる福祉八法改正によって在宅ケアは法律上も明記され，次第に入所ケアから在宅ケアへと重心が移されていった。

　こうした中，社会福祉の基本的な仕組みを見直した2000（平成12）年の**社会**

249

第Ⅱ部　社会保障の制度各論

福祉基礎構造改革において，地域福祉は柱の1つとして位置づけられた。

社会福祉法の改正──地域福祉を初めて法定した

地域福祉という言葉はよく耳にするが，法律に定められたのは比較的最近のことである。

地域福祉という言葉を初めて法律において用いたのは，2000（平成12）年に改正された**社会福祉法**である。

2000（平成12）年の社会福祉法の改正は，社会福祉事業法を抜本的に改正したものであり，**社会福祉基礎構造改革**の中核であった。社会福祉法人，福祉事務所などを規定する社会福祉事業法は社会福祉分野の基本法であるが，戦後，同じスキームのままであり，時代に合わない内容となっていた。

社会福祉基礎構造改革は，今日の社会福祉とは何かを問うことから始まったが，旧社会福祉事業法においては「要援護者等」あるいは「被援護者等」という言葉が用いられていることに示されているように，福祉サービスの対象者は保護や救済の必要な人として位置づけられてきたが，社会福祉サービスの「利用者」は事業者と対等な立場として位置づけるべきであるとされた。

社会福祉基礎構造改革に携わったスタッフの手による社会福祉法令研究会（2001）では，今日における「社会福祉」の定義は，次のようなものになるとしている。

「社会福祉とは，自らの努力だけでは自立した生活を維持できなくなるという誰にでも起こりうる問題が，ある個人について現実に発生した場合に，当該個人の自立に向けて，社会連帯の考え方に立った支援を行うための施策を指すと同時に，家庭や地域のなかで，障害の有無や年齢にかかわらず，当該個人が人としての尊厳をもって，その人らしい安心のある生活を送ることができる環境を実現するという目標を指すものである。」（社会福祉法令研究会編 2001：60）

このような問題意識のもとで，社会福祉法においては，法律の目的に「福祉サービスの利用者の保護」と並んで「**地域福祉の推進**」を図ることが盛り込まれ，以下のとおり，第1章の総則の中に地域福祉の推進に関する条文が追加さ

250

れた。

参考条文

社会福祉法（昭和26年3月29日法律第45号）（抄）

（地域福祉の推進）

4条　地域住民，社会福祉を目的とする事業を経営する者及び社会福祉に関する活動を行う者は，相互に協力し，福祉サービスを必要とする地域住民が地域社会を構成する一員として日常生活を営み，社会，経済，文化その他あらゆる分野の活動に参加する機会が与えられるように，地域福祉の推進に努めなければならない。

地域住民も担い手

社会福祉法第4条に関して注目すべきなのは，地域住民はサービスの受け手ではなく，地域福祉を推進する主体の1つ，すなわち担い手として位置づけられている点である。

また，第4条では地域福祉の推進の目的を「福祉サービスを必要とする地域住民が地域社会を構成する一員として日常生活を営み，社会，経済，文化その他あらゆる分野の活動に参加する機会が与えられるように」することとしているが，社会福祉法令研究会（2001：110）によれば，一言で表現すれば，いわゆるノーマライゼーションの実現が地域福祉の推進の目的であるということになる。

2　地域福祉を推進する団体——社会福祉協議会

地域福祉は，社会福祉協議会，民生委員，児童委員，自治会，NPOなど様々な主体によって担われている。その中で，地域福祉を推進する中心的な存在として位置づけられているのは，**社会福祉協議会**である。

民生委員

地域福祉を推進する主体として，最も歴史があるのは**民生委員**である。その

第Ⅱ部　社会保障の制度各論

ルーツは方面委員にさかのぼることができ，戦前から各地で活躍してきた。今日も全国各地で多くの民生委員が，地域で生活に困っている人たちを支援するために活躍している。しかし，民生委員の高齢化が進んでおり，とくに都市部においては，後継者を探すことも容易ではない。また，民生委員は，顔の広い地元の名士にお願いして，地元のお世話をしてもらうことが基本的な形である。しかし，人間関係の希薄化が進む中で，とくに都市部では，顔見知りではない民生委員が訪問しても，玄関から入れないこともある。このため，社会福祉基礎構造改革をめぐる議論においては，民生委員の活動は引き続き重要ではあるものの，地域福祉の中心として位置づけて，これまで以上の負担を強いるのは良くないのではないかと考えられた。

社会福祉協議会の規定

　このため，地域福祉を推進する中心的な存在として社会福祉法に位置づけられたのは，社会福祉協議会である。社会福祉協議会はもともと共同募金会と表裏一体の関係を有するものとして発足したが，以下のとおり，社会福祉法第109条において，市町村社会福祉協議会は，地域福祉を推進することを目的とする団体として規定された。

─── **参考条文** ───

社会福祉法（昭和26年3月29日法律第45号）（抄）
　（市町村社会福祉協議会及び地区社会福祉協議会）
109条　市町村社会福祉協議会は，一又は同一都道府県内の二以上の市町村の区域内において次に掲げる事業を行うことにより地域福祉の推進を図ることを目的とする団体であって，その区域内における社会福祉を目的とする事業を経営する者及び社会福祉に関する活動を行う者が参加し，かつ，指定都市にあってはその区域内における地区社会福祉協議会の過半数及び社会福祉事業又は更生保護事業を経営する者の過半数が，指定都市以外の市及び町村にあってはその区域内における社会福祉事業又は更生保護事業を経営する者の過半数が参加するものとする。
　一　社会福祉を目的とする事業の企画及び実施
　二　社会福祉に関する活動への住民の参加のための援助

第**10**章　地域でともに生きるためにどうするか

　　三　社会福祉を目的とする事業に関する調査，普及，宣伝，連絡，調整及び助
　　　　成
　　四　前三号に掲げる事業のほか，社会福祉を目的とする事業の健全な発達を図
　　　　るために必要な事業
　2　地区社会福祉協議会は，一又は二以上の区（地方自治法第二百五十二条の二十
　　に規定する区及び同法第二百五十二条の二十の二に規定する総合区をいう。）の
　　区域内において前項各号に掲げる事業を行うことにより地域福祉の推進を図るこ
　　とを目的とする団体であつて，その区域内における社会福祉を目的とする事業を
　　経営する者及び社会福祉に関する活動を行う者が参加し，かつ，その区域内にお
　　いて社会福祉事業又は更生保護事業を経営する者の過半数が参加するものとする。
　3　市町村社会福祉協議会のうち，指定都市の区域を単位とするものは，第一項各
　　号に掲げる事業のほか，その区域内における地区社会福祉協議会の相互の連絡及
　　び事業の調整の事業を行うものとする。
　4　市町村社会福祉協議会及び地区社会福祉協議会は，広域的に事業を実施するこ
　　とにより効果的な運営が見込まれる場合には，その区域を越えて第一項各号に掲
　　げる事業を実施することができる。
　5　関係行政庁の職員は，市町村社会福祉協議会及び地区社会福祉協議会の役員と
　　なることができる。ただし，役員の総数の五分の一を超えてはならない。
　6　市町村社会福祉協議会及び地区社会福祉協議会は，社会福祉を目的とする事業
　　を経営する者又は社会福祉に関する活動を行う者から参加の申出があつたときは，
　　正当な理由がないのにこれを拒んではならない。

　社会福祉法第109条第1項では，市町村社会福祉協議会の目的が地域福祉の
推進であることを定めているほか，その区域内における社会福祉事業または更
生保護事業を経営する者の過半数が参加することを定めることにより，1つの
区域に複数の社会福祉協議会が設立されて混乱することを防いでいる。

　また，同条第1項第2号において，社会福祉に関する活動に住民が参加する
ことの援助を市町村社会福祉協議会の役割としているが，これは住民のボラン
ティア活動を支援することを定めたものである。

　市町村社会福祉協議会は，市町村からの委託を受けて調査などを行うことも
多く，市町村から独立していないと指摘されることもあった。市町村社会福祉

253

第Ⅱ部　社会保障の制度各論

協議会が役割を果たす上で，市町村と連携して事業を行う必要も大きいことから，社会福祉法第109条第5項では，関係行政庁の職員が役員となることを認めているが，社会福祉協議会の独立性を保つために，役員総数の5分の1を超えてはならないことと定めている。

また，社会福祉法第109条第6項においては，社会福祉を目的とする事業の経営者やボランティアなどの社会福祉に関する活動を行う者からの参加の申し出を正当な理由なく拒むことを禁止しており，市町村社会福祉協議会が一部のグループだけで排他的に運営されることを防いでいる。

社会福祉法第109条は市町村社会福祉協議会および地区社会福祉協議会に関する規定であるが，社会福祉法第110条において，都道府県社会福祉協議会が規定されている。都道府県社会福祉協議会の役割としては，市町村社会福祉協議会が行う事業のうち広域的な見地から行うことが適切なものの実施，社会福祉に関する人材の養成研修を行うことなどが定められている。

社会福祉協議会の活動

大半の市町村社会福祉協議会には，社会福祉法第109条第1項第2号の規定に基づき，**ボランティアセンター**が設置されている。東日本大震災などの大災害からの復興のために多くのボランティアが活躍しているが，各地から駆けつけるボランティアの受付窓口としての市町村社会福祉協議会がニュースで取り上げられることも多くなっている。

また，多くの市町村社会福祉協議会において，高齢者の社会的孤立を防ぐ効果が期待される高齢世帯の見守り活動やいきいきサロンが実施されている。高齢者の見守り活動は近隣住民に依頼して単身高齢者や高齢者のみ世帯を見守ってもらう活動であり，いきいきサロンは地域の高齢者の交流を促進する活動である。

3　地域包括ケアシステム

地域包括ケアシステムと公私連携

　地域包括ケアシステムにおいては，在宅医療と在宅介護の統合にとどまらず，介護予防，住まい，生活支援も柱として位置づけられている。これらの推進には，医療や介護の専門家による支援だけではなく，地域における市民との連携が重要であると考えられる。

　図10-1は，厚生労働省が示している地域包括ケアシステムの概要をまとめた図であるが，生活支援と介護予防については，NPOなど地域のプライベートセクターとの連携が必要なことが示されている。また，住まいについても，後述するように，住民による見守り支援などとの連携が重要であると考えられる。

　以下，介護予防，住まい，生活支援について，地域の公私連携の重要性を述べることとしたい。

介護予防と地域の公私連携

　介護予防は，年齢を重ねることによって介護が必要となることを防ぐ取組みである。実際に体の具合が悪くなれば，医療機関を受診するなどの行動が自然に起こされるが，まだ具合の悪くない時点で，介護予防のプログラムに参加する人は必ずしも多くない。このため，介護予防については，地域住民の参加率を上げることが重要な要素となる。しかし，自治体などが主導する，いわば上からの取り組みだけでは市民の参加は低調になりがちである。なぜ介護予防が必要なのか，地域住民自身に問題意識を持ってもらうことが，介護予防の活動への参加率を向上させるために必要である。

　このため，介護予防を推進するためには，図10-1にも示されているように，老人クラブや自治会，NPOなど地域の民間団体と自治体や地域包括支援センターなどの機関が協力し，公私連携によることが重要であると考えられる。

第Ⅱ部　社会保障の制度各論

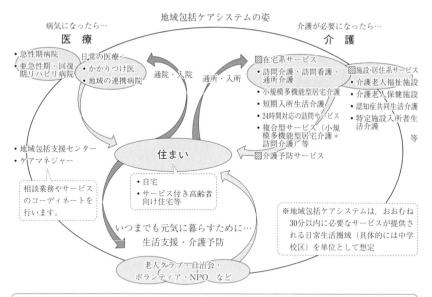

図10－1　地域包括ケアシステムのイメージ

（出典）　厚生労働省ホームページ（http://www.mhlw.go.jp/stf/seisakunitsuite/bunya/hukushi_kaigo/kaigo_koureisha/chiiki-houkatsu/）。

住まいと地域の公私連携

　地域包括ケアシステムは入所ケアではないことから，当然のことではあるが，自宅や賃貸住宅などに住みながらケアを受けることになる。したがって，住まいが重要な要素となるのは必然ともいえる。

　在宅ケアの利用者のための住まいといえば，バリアフリーなどハード面が注目されてきた。もちろん段差をなくすなどのハード面の対策も重要であるが，見守り支援などのソフト面も重要であると考えられる。

第10章　地域でともに生きるためにどうするか

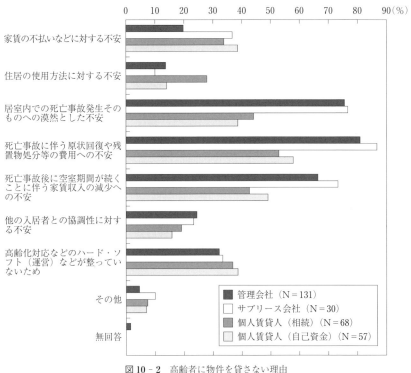

図10-2　高齢者に物件を貸さない理由

（出典）　三菱総合研究所（2013），4-10頁。

　なぜソフト面の対策が重要かといえば，高齢者特有の問題として，他の世代よりも賃貸住宅の契約から排除されやすいことが挙げられる。白川（2014：69）は，賃貸住宅において高齢者の入居制限をしている物件は少なくないことを指摘している。中でも，管理会社が管理する物件では高齢者の入居制限を行っている比率は47％と，ほぼ半数に達している。

　それでは，なぜ高齢者に住宅を貸すことをためらうのだろうか。

　高齢者に物件を貸さない理由としては，図10-2のとおり，「死亡事故に伴う原状回復や残置物処分等の費用への不安」「自己所有物件の居室内での死亡事故発生そのものへの漠然とした不安」「死亡事故後に空室期間が続くことに伴う家賃収入の減少への不安」の3つが多く挙げられている。

第Ⅱ部　社会保障の制度各論

　人間関係の希薄化する中，高齢者が賃貸住宅で亡くなっても誰も気づかず，死後数週間，数カ月経ってから発見されるという，いわゆる「孤独死」の問題が広がっている。孤独死は，賃貸住宅の貸主の立場からみれば，住宅の原状回復に時間と費用がかかることになる。孤独死する高齢者の多くは身寄りがないと考えられるが，原状回復に要した費用を負担する親族がいなければ，貸主が負担せざるを得ない。さらに，白川（2014：69）は，死亡事故が起きた場合，事故物件として賃借申込者に告知する必要があり，さらに，事実上，家賃を下げざるを得なくなるが，それでも賃借人が見つかるのかという問題があることを指摘している。

　賃貸住宅の貸主のこうした不安を軽減するためには，見守り支援などにより，孤独死を防ぐ取り組みが必要である。高齢者に声かけをすることなどによる見守り支援は，上述したように多くの市町村社会福祉協議会で行われているが，実際に見守りを行うのは近隣の地域住民である。

　このように，ハンディキャップのある高齢者が賃貸住宅で暮らしていくためには，公私連携によるソフト面の支援が重要である。

生活支援と地域の公私連携

　介護が必要な人が地域で暮らしていくためには，医療や介護などの専門的なケアだけではなく，買い物の支援，電球交換などの住宅のメンテナンスなど，日常生活における様々な支援が必要となる。このような日常生活上の支援は医療や介護の専門職でなければできない支援ではなく，一般の市民が行うことができる支援である。かつては，こうした日常的な生活支援は家族あるいは地域共同体が担ってきた。

　しかし，第5節で述べるように，現在の日本では社会的孤立が進み，家族や地域における支え合いの機能は低下していると懸念される。

介護予防・日常生活支援総合事業の導入

2015（平成27）年4月から，地域包括ケアに関する新しい事業として介護予

第**10**章　地域でともに生きるためにどうするか

防・日常生活支援総合事業（以下，総合事業）が導入された。2015（平成27）年
4月からは，要支援者に給付されていた介護予防通所介護（デイサービス）と
介護予防訪問介護（ホームヘルプサービス）は総合事業に移行した。ただし，自
治体が条例を定めた場合は2017（平成29）年4月まで移行を延期できることと
された。

　総合事業においては，高齢者の在宅生活を支えるため，ボランティア，
NPO，民間企業，社会福祉法人などの多様な事業主体による重層的な生活支
援・介護予防サービスの提供体制の構築を支援することとされている。その背
景として，単身世帯等が増加し，支援を必要とする軽度の高齢者が増加する中，
生活支援の必要性が増加し，ボランティア，NPO，民間企業，協同組合など
の多様な主体が生活支援・介護予防サービスを提供する必要性のあることが挙
げられている。

　総合事業を推進するため，**生活支援コーディネーター**（地域支えあい推進員）
を配置し，また，関係主体間の定期的な情報共有および連携・協働による取り
組みを進めるために協議体が設置されている。生活支援コーディネーターの活
動エリアとしては第1層（市町村）および第2層（中学校区）があり，第1層で
はサービスの担い手の創出などの資源開発，第2層では関係者間の情報共有な
どのネットワーク構築を中心に活動することとされている。

　総合事業はまさに公私連携によって高齢者の在宅生活を支えていこうとする
事業であるが，その推進に当たっては，市町村が主体となって努力することが
求められる。

4　地域包括支援センター──高齢者のワンストップサービス

　地域包括支援センターは介護保険法第115条の46に基づき，地域の高齢者の
総合相談，権利擁護や地域の支援体制づくり，介護予防の必要な援助などを行
う。

　地域包括支援センターは，市町村が**日常生活圏域**ごとに設置し，原則として

259

第Ⅱ部 社会保障の制度各論

> 地域包括支援センターは，市町村が設置主体となり，保健師・社会福祉士・主任介護支援専門員等を配置して，3職種のチームアプローチにより，住民の健康の保持及び生活の安定のために必要な援助を行うことにより，その保健医療の向上及び福祉の増進を包括的に支援することを目的とする施設である。（介護保険法第115条の46第1項）
> 　主な業務は，介護予防支援及び包括的支援事業（①介護予防ケアマネジメント業務，②総合相談支援業務，③権利擁護業務，④包括的・継続的ケアマネジメント支援業務）で，制度横断的な連携ネットワークを構築して実施する。

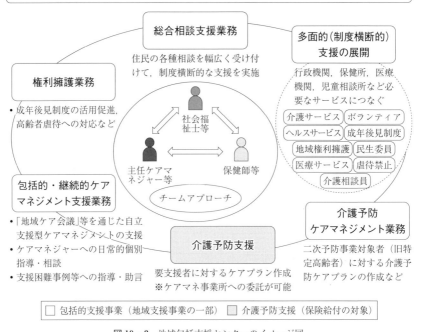

図10-3　地域包括支援センターのイメージ図

（出典）　厚生労働省ホームページ（http://www.mhlw.go.jp/seisakunitsuite/bunya/hukushi_kaigo/kaigo_koureisha/chiiki-houkatsu/dl/link2.pdf）。

　保健師・社会福祉士・主任介護支援専門員という3つの専門職が配置されており，図10-3に示されている業務を行う。
　地域包括支援センターの業務の中でも注目されるのは総合相談支援業務であり，図10-3に示されているように制度横断的な支援を行う。すなわち，地域包括支援センターは介護保険法に基づく組織であるが，総合相談支援業務においては介護保険以外の制度に関する相談でも受ける。高齢者に関する相談は幅広く受け付けることから，高齢者を対象とした**ワンストップサービス**であると評価できる。

第**10**章　地域でともに生きるためにどうするか

5　社会的孤立の進行

　かつての日本では，いわゆる近所づきあいは濃密であった。しかし，今では
欧米諸国よりも地域社会の人間関係は希薄化していると考えられる。

　世代別にみると，高齢者の方が近所づきあいは保たれていると考えられるが，
高齢世代についても人間関係は薄くなっている。内閣府（2011：59）によれば，
「あなたは，病気のときや，１人ではできない日常生活に必要な作業（電球の交
換や庭の手入れなど）が必要なとき，同居の家族以外に頼れる人がいますか」と
いう問いに対して，各国の高齢者が「近所の人」と答えた比率は以下のとおり
である。

　　ドイツ　　　　38.2%

　　スウェーデン　26.5%

　　アメリカ　　　23.7%

　　韓　　国　　　23.1%

　　日　　本　　　18.5%

また，同じ問いに「友人」と答えた比率は以下のとおりである。

　　アメリカ　　　44.6%

　　ドイツ　　　　40.7%

　　スウェーデン　34.9%

　　韓　　国　　　18.3%

　　日　　本　　　17.2%

　このように，国際比較調査の結果からは，欧米諸国の高齢者の方が日本の高
齢者よりも近所づきあい，友人づきあいが深いことがわかる。日常生活に必要

第Ⅱ部　社会保障の制度各論

な作業を近所の人に頼ることができる人の比率も，友人に頼ることができる人の比率も，日本の高齢者は2割を下回っている。

　また，家族も大きく姿を変えている。家族は社会の最小単位でもあり，介護が必要な高齢者が日常生活において助けが必要になったときにも，最初に頼りにすることが想定されるのは家族である。しかし，家庭の規模は縮小を続け，かつ，家族の人間関係も希薄化していると考えられる。

　かつての日本では祖父母，親，子供からなる3世代同居が標準的な家庭であったが，よく知られているように核家族化が進み，さらに単独世帯が急速に増加している。

　国立社会保障・人口問題研究所が行った日本の世帯数の将来推計（2013年1月推計）によれば，2010年の平均世帯人員は2.42人であるが，2020年には2.3人を割り込んで2.29人となり，2030年にはさらに減少して2.20人となると予測されている。家族が小さくなることと同時に単独世帯が増加することが見込まれている。2010年に単独世帯が世帯総数に占める割合は32.4%であり，既に3割を超えているが，2020年には34.4%に上昇し，さらに2030年には36.5%となり，すべての世帯の3分の1以上は単独世帯となることが予測されている。最近まで日本の家族の典型的な形と思われていた「夫婦と子」からなる世帯は，2010年には世帯総数の27.9%を占めているに過ぎず，単独世帯よりも低い比率となっている。夫婦と子の世帯はさらに減少を続けることが予測されており，2035年には23.3%にとどまると見込まれており，すべての世帯の4分の1を割り込むと予測される。このように，「夫婦と子」からなる家族はもはや日本の標準的な家族ではなく，単独世帯が増加を続けていく。

　このように家族が縮小を続ける主な理由は，**非婚化**の進行である。

　男性の**生涯未婚率**（45～59歳の未婚率と50～54歳の未婚率の平均値）は1980年にはわずか2.60%であり，大多数の男性は結婚していた。しかし，その後急速に男性の生涯未婚率は上昇を続け，2000年には10%を超えて12.57%となり，2010年には20%を超えて20.14%となった。今では男性の5人に1人は一生結婚しないことになる。女性の生涯未婚率は男性より遅れて上昇しているが，

262

第**10**章 地域でともに生きるためにどうするか

2010年には10％を超えて10.61％に達している。

　一生結婚しない場合には，人生の途中までは親と同居するとしても，いずれ
は単独世帯となる。また，従来の単独世帯は配偶者との死別や離別によって1
人暮らしとなる場合が多く，離れて暮らす子供がいる場合も少なくなかった。
しかし，非婚化の進行によって増加する単独世帯では，離れて暮らす子供はい
ない。今後，身寄りのいない高齢者の単独世帯が増加することが懸念される。

6　地域でともに生きるために必要な公私連携

　在宅ケアが推進され，ハンディキャップのある人が地域で暮らすことが増え
つつあり，地域における日常生活の支援の必要性は増している。しかし，前節
で見たように，社会的孤立が進行し，いざというときに頼れる人がいない人が
増加している。

　本章のタイトルでもある地域でともに生きるために，いざというときに支え
あえる関係を地域で築くにはどうすれば良いのだろうか。

新たな時代に対応した福祉の提供ビジョン

　平成28年版厚生労働白書では，少子高齢化や核家族化の進行，人口減少，地
域のつながりの希薄化などの地域社会の環境変化を挙げた上で，2015年9月に
厚生労働省が取りまとめた「誰もが支え合う地域の構築に向けた福祉サービス
の実現──新たな時代に対応した福祉の提供ビジョン」（以下，新福祉ビジョン）
において，高齢者，障害者，児童等といった区別によらず，地域に暮らす住民
誰もがその人の状況に合った支援が受けられるという「**全世代・全対象型の地
域包括支援体制**」をこれからの福祉の指針とすることを述べている。

　新福祉ビジョンでは，新しい地域包括支援体制（全世代・全対象型地域包括支
援）を実現するためには，複数分野の問題や複雑に問題を抱える対象者や世帯
に対し，相談支援を分野横断的かつ包括的に提供することが求められており，
その実現のためには，相談支援において分野ごとに別々に支援を行っていたの

263

第Ⅱ部 社会保障の制度各論

では十分な支援は行い得ないと述べている。

　日本の社会保障制度は高齢者，障害者，児童など対象者別に個人のニーズに対応して発達してきたが，その結果，地域や家庭の支援といった視点が弱いことが指摘されていた。新福祉ビジョンでは，従来の対象者ごとの縦割りの支援制度からの大きな転換をうたっている。

　また，新福祉ビジョンでは，個々人の持つニーズのすべてを行政が満たすという発想に立つのではなく，住民を含む多様な主体の参加に基づく「支え合い」を醸成していくことが重要であり，地域のことを自ら守るために行動し，助け合いを強めていく住民・関係者と，包括的なシステムの構築に創造的に取り組む行政とが協働することによって，誰もが支え，支えられるという共生型の地域社会を再生・創造していくことをうたっている。

　すなわち，公私連携によって共生型の地域社会を再生・創造することを提唱している。

地域の公私連携の好事例①——愛知県高浜市のまちづくり協議会

　愛知県高浜市では，中学校区ごとにまちづくり協議会が設置されている。まちづくり協議会は市民主導で活発に活動しており，介護予防をはじめとして地域の様々な課題の解決のために活躍している。

　まちづくり協議会という仕組み自体は，全国に類似例が多くあるが，高浜市の特徴的な取組みとして，特派員と名づけられた市職員のリエゾンが各協議会に配置されていることが挙げられる。

　特派員は，福祉に限らず幅広く地域の様々な課題を聞いて市役所の担当部局につなぐ役割を果たしている。特派員は地域の祭りなどにも積極的に参加し，市民に溶け込むことが期待されている。通常業務に加えて特派員の役割を果たすことは市職員の負担にもなっていると思われるが，市の仕事に関して幅広く地域の要望を聞くことから，自然と市の仕事全般に詳しくなる効果もある。

　また，高浜市と周辺の地域では，厄年を迎えた男性が正月に一緒に神社の振る舞いをする「厄年の会」という慣習がある。厄年の会は新聞のチラシで参加

が呼びかけられ，38歳くらいから集まって積立をするために，同年代の男性が集まる機会になっている。さらに，厄年の42歳の夏には女性にも声をかけて「同年会」になる。

厄年の会や同年会は，地域における人間関係の基盤すなわち**ソーシャルキャピタル**として評価することができる。まちづくり協議会の役員には厄年の会以来のつきあいという人もいて，まちづくり協議会の充実した活動は地域のソーシャルキャピタルの上に成り立っているという見方もできる。

地域の公私連携の好事例②——静岡県の居場所づくりの事例

静岡県では，社会的孤立を防ぐための市民中心の「**居場所づくり**」活動が広まっている。静岡県における居場所づくりは，もともと市民が自発的意思で始めた活動が出発点であり，そうした活動について2011年度に静岡県庁の委託を受けて静岡県立大学が調査を行った。調査の結果，社会的孤立を防ぐ一定の効果があると考えられたため，居場所づくりは推進されることとなり，その後順調に県内で広がりを見せている。

静岡における居場所づくり推進の特徴としては，立ち上がりの時点から公私が連携していたことが挙げられる。居場所づくり活動の実態調査を行う際のアンケート項目も，既に居場所づくりに取り組んでいた実践者の意見を聞きながら作成された。

調査の後，居場所づくりの推進のために，啓発のためのシンポジウムや養成研修が実施されたが，シンポジウムにおいては行政関係者や学識経験者による講義に加え，実践者の報告も行われた。また，居場所づくりの人材づくりのための養成研修においても，座学だけではなく現場を体験してもらうために，居場所づくりの実践者の協力を得て，実習をプログラムに含めていた。

これらの事業は，一部に静岡県社会福祉協議会が単独で実施した事業もあるが，多くの事業は静岡県庁が主催し，運営を静岡県社会福祉協議会が行い，市民の実践者が講師やアドバイザーとして参加するという形で実施されており，公私が連携して進めてきた。

第Ⅱ部　社会保障の制度各論

Column ⑫　市民活動とワーク・ライフ・バランス

　働き過ぎが問題となっているわが国において，ワーク・ライフ・バランスは育児や介護と仕事の両立支援のために必要という文脈で語られることが多い。しかし，ワーク・ライフ・バランスの意味はそれだけにとどまらない。藤本真理（2014：146）は，今日の社会におけるボランティアは今後さらに多くの分野で大きな役割を果たすことが期待されており，仕事と両立すべき「ライフ」の要素としてボランティアも考慮すべきであることを論じている。筆者は1999年から約3年間，ドイツで外交官として生活したが，ボランティア大国であるドイツでは，残業時間が短く，働き盛りの世代が平日の夕方から街中にいることを見て，日本との大きな違いを感じた。地域で市民が活躍するためにも，ワーク・ライフ・バランスを推進することが必要である。

7　ともに生きる地域社会のために

　地域包括支援センターは高齢者については制度横断的な総合相談窓口になるという画期的な取組みであったが，対象者は基本的に高齢者に絞られていた。新福祉ビジョンでは，高齢者や障害者，児童といった対象者の壁を取り払い，地域に暮らす住民誰もがその人の状況に合った支援が受けられる「**全世代・全対象型の地域包括支援体制**」を打ち出している。

　また，新福祉ビジョンでは，新しい地域包括支援体制の構築のためには，公私連携によって共生型の地域社会を再生・創造することがうたわれている。公私連携の重要性は本章で述べてきたが，好事例を2つ紹介した。2つの事例に共通しているのは，市民が主役となっており，自治体は支援に徹していることである。公私連携をうまく推進するためには，市民の活動をなるべく制約することなく，自由に活動できるようにすることが重要であると考えられる。

　今後，各地で公私連携が進み，新福祉ビジョンにうたわれているように，行政と市民が手を携えて，地域に暮らす住民誰もが支え合って，ともに生きる地域社会がつくられていくことが期待される。

第**10**章　地域でともに生きるためにどうするか

参考文献

社会福祉法令研究会編『社会福祉法の解説』中央法規出版，2001年。

白川泰之「社会保障としての住宅政策——コンパクトシティを志向したハード・ソフトの整備」藤本健太郎編著『ソーシャルデザインで社会的孤立を防ぐ』ミネルヴァ書房，2014年。

内閣府『第7回高齢者の生活と意識に関する国際比較調査』2011年。

藤本健太郎『孤立社会からつながる社会へ』ミネルヴァ書房，2012年。

藤本真理「社会的孤立とワーク・ライフ・バランス」藤本健太郎編著『ソーシャルデザインで社会的孤立を防ぐ』ミネルヴァ書房，2014年。

三菱総合研究所「高齢者等の居室内での死亡事故等に対する賃貸人の不安解消に関する調査報告書」2013年。

宮島俊彦『地域包括ケアの展望』社会保険研究所，2013年。

この章の基本書

上野谷加代子・松端克文・山縣文治編『よくわかる地域福祉（第5版）』ミネルヴァ書房，2012年。

＊地域福祉の理念，歴史，概念などを豊富な実践事例とともに解説した，地域福祉の入門書である。孤立死や震災など新しいトピックや近年の法改正を踏まえた改訂もなされている。

「社会福祉学習双書」編集委員会『社会福祉学習双書8　地域福祉論2017』全国社会福祉協議会，2017年。

＊地域福祉の歴史的発展，考え方，在宅サービスの現状などを解説した地域福祉論のテキストである。

練習問題

問題1

地域福祉という言葉がはじめて用いられた法律は何か。

問題2

社会福祉法において，地域福祉を担う主体として位置づけられているのは何か。

問題3

社会福祉法において地域住民はどのように位置づけられているか。

第Ⅱ部　社会保障の制度各論

問題 4
地域包括ケアの 5 本柱とはどのようなものか。

問題 5
新福祉ビジョンでは，従来の対象者ごとの縦割りの行政からどのような方向に転換
することが打ち出されているか。

（藤本健太郎）

第11章
子供の社会保障制度の現状と課題

── 本章のねらい ──

　子供を巡る問題のうち，待機児童（保育士不足）問題，子供の貧困の問題，そして児童虐待の問題を取り上げることにする。待機児童（保育士不足）問題に関しては，保育園不足と保育士不足の両面を考える。子供の貧困の問題に関しては，就労しても，なお，生活苦に陥りがちなひとり親世帯（とくに母子世帯）の実態を把握していく。そして，児童虐待の問題は地域との連携の大切さを学ぶ。

1　最近の児童を巡る問題──待機児童

最近の問題

　待機児童にならないよう，育児休業の期間を調整したり，引っ越しをしたり（ときには偽装離婚）するなど，子供を認可保育所に入園させるための活動を**保活**と呼ぶそうである。かつては認可保育所に子供を預けるのには〝保育に欠ける〟ことが要件としてあった。現在は，パートタイムなどすべての就労を対象化，求職活動中を対象化，祖父母等が同居している場合も対象化というように，保育を必要とする場合に認可保育所に子供を預けることが可能となった。ただし，保育所に子供を預けられるか否かは各自治体が定める入園点数で決まることには変わりがない。例えば両親の勤務時間，ひとり親世帯である，未就学児が3人以上いる場合は加点される（他にも，生活保護を受けている，認可外保育施設を利用中である，障害児等で特別支援を必要とする等の理由がある等）。入園点数が

269

第Ⅱ部　社会保障の制度各論

高くないと入園できない場合がほとんどであるから，上述の保活という言葉が
できたのだろう。

　都市部における待機児童の問題は深刻である。例えば，東京都の例だが，
2016（平成28）年4月1日現在,．保育サービス利用児童数は，14,192人増の
261,705人となった。しかし，就学前児童人口や保育所等利用申込率（就学前児
童人口に占める保育所等利用申込者数の割合）の増加により，待機児童数は8,466
人となり，昨年から652人増加している。より詳細に見ると，

　　待機児童数が多い区市町村
　　　①世田谷区　1,198人，②江戸川区　397人，③板橋区　376人
　　待機児童数の増加が大きい区市町村（前年からの増加数）
　　　①中央区　144人，②荒川区　116人，③江東区　110人

となっている。どうして，待機児童問題が起きてしまったのだろうか。

　国は待機児童問題の解決に向けて企業園（認可保育園の設置基準の緩和による事
業所内保育所のこと）に認可を与えたり，認可園の増設をしたりといった政策を
行っている。厚生労働省発表の「保育所等関連状況取りまとめ」の保育所等利
用児童数等の状況資料では，保育園の数自体は平成20年の22,090カ所から平成
28年の30,859カ所と1.25倍増加し，定員も212万人から263万人と約1.2倍増加
している。実際，全国の待機児童数と保育園数を単純に合計して比較すれば待
機児童数の方が少ないのだ。ただし，地域的な差が大きい。

　図11-1に都道府県別の全国待機児童マップを示した。これを見ると，首都
圏を含む一定の地域に需要が高く，供給とのバランスが取れていない（すなわ
ち，首都圏などの地域で見ると待機児童数＞保育園定員数）であることがわかる。出
生率の低い都市部ほど，待機児童が多いという結果になっている。そのため，
国は地域ごとの状況（需要と供給）に応じて保育園を増やそうとしており，そ
のために規制緩和（民間企業が保育園を立てて運営する許可）や資金投入（保育園
建設への補助金）を試みている。

第11章　子供の社会保障制度の現状と課題

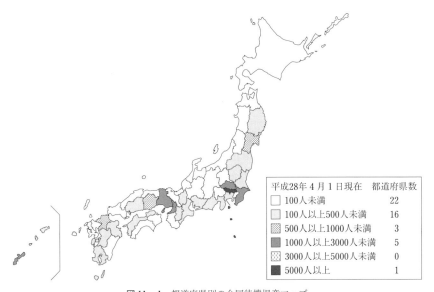

図11-1　都道府県別の全国待機児童マップ
（出典）　厚生労働省「保育所等関連状況取りまとめ」平成28年4月1日。

ただし，ここで，大きな問題がある。それは，保育士不足の問題である。保育園を増やすために，どれだけ規制を緩和しても，どれだけ補助金を出しても，保育園で働く保育士がいないと新たに保育園を建てて増やすことはできない。保育所を開設するためには周辺地域の問題（保育所，杉並区で検索して見て下さい）もあるが，現在，待機児童が増加する原因で最も重要な問題は保育士の確保であると言われている。

保育士不足

児童福祉法には，「**保育士とは第18条の18第1項の登録を受け，保育士の名称を用いて，専門的知識及び技術をもって，児童の保育及び児童の保護者に対する保育に関する指導を行うことを業とする者をいう**」（児童福祉法第1章第7節第18条の4　保育士）と定義されている。保育士の資格は，名称独占資格（資格が無くても業務は行えるが，名称を名乗ることができない資格）の1つである。保

第Ⅱ部　社会保障の制度各論

育士という名称を用いて子どもや保護者への指導ができるのは，資格を有する人のみであり，無資格者で働く場合は保育に携わっていても，保育士と名乗ることはできない。ただし，無資格者が保育をできないということはなく，大抵は「保育補助員」など別の名称を用いて保育を行える。それでも，保育士は不足している。では，実際にどのくらい保育士が不足しているのだろうか。

厚生労働省の「職業安定業務統計」には，有効求人倍率という指数がある。有効求人倍率とは，求職者１人あたり何件の求人があるのかを示すもので，「求人数」を「求職者数」で割ったものだ。平成27年９月の時点での保育士の有効求人倍率は，全国では1.85，東京では5.44になっている。東京の場合，求職者１人につき求人数が５倍を超えていることになる。保育所はあるけれど仕事をしたい者が少なく，保育士が足りていない現実がわかる。

一方，現在，保育士資格を持ちながら保育士として働いていない潜在保育士と呼ばれる方が，全国に76万人いると言われている。潜在保育士には２種類のタイプがある。それは，現時点までに保育士として勤めたことがない，そして保育士として勤めていたことがあるが，現時点で保育士として勤めていない。どちらのタイプの人も，統計上「潜在保育士」として扱われている。現時点までに保育士として勤めたことがない場合は，早くから他に自分の適性を見極められたと考えられるので，ここでは検討しない。しかし，保育士として勤めていたことがあるが，現時点で保育士として勤めていない場合を，少しでも減らす必要がある。

潜在保育士

厚生労働省職業安定局「保育士資格を有しながら保育士としての就職を希望しない求職者に対する意識調査」（2013年）によると，潜在保育士を減らすヒントがある。同調査の「保育士の仕事を続けたくない理由」についての質問項目では，**責任が重い，事故に不安がある**という回答がもっとも多くなっている。保育士の仕事は子供の命を預かるものだからだ，こうした不安を持つのは当たり前だろう。リスク管理や責任の所在を明確にし，不安を解消して有資格者の

272

第11章　子供の社会保障制度の現状と課題

心を保育士へと向かわせるサポート体制の充実が求められている。ただ，これには次に述べる就業時間とも密接に関係することは覚えておこう。

「保育士として再就職したくない理由」についての質問項目では，**就業時間が希望と合わない**という回答が最も多くなっている。実際の現場では，古くからの子供を預かる時間＝保育士の勤務時間という考え方があり，準備の時間などは子供がいない時間＝勤務時間外とみなされてしまうことがある。子供がいる時間が保育士の業務時間だとすれば，実際数多くのサービス残業が発生している。その例として持ち帰り仕事が挙げられている。その名の通り，子供がいない時に準備することで手軽に持ち運べるものを持ち帰って自宅で作業することだ。もちろん自宅でしていることなので，給料は出ない。例えば，誕生日会用の誕生日カードを自宅で用意をすることなどである。実際，保育士の仕事の中には子供のための準備物を用意することが多いようである。こういった作業は子供がいる前ではすることができず，子供の帰宅後や自宅で行うことが多く残業代がつかない場合が多くある。他にも日誌をつける，日々の清掃や片付け，保育計画の策定などは勤務時間外の仕事になる。また，「保育士として働きたくない理由」についての質問項目のうち，職場環境について回答が多かったのは**賃金が不十分，休暇が少ない・とりにくい**であった。救いは，「不満な状況が解消されれば保育士として働きたい」と答えた潜在保育士は，63.3％もいたということである。

保育士確保プラン

2015年1月の厚生労働省による調査によると，2017年までに新たに確保が必要になる保育士の数は6.9万人だ。国は，待機児童を減らすために立てている政策「加速化プラン」に基づき，必要になる保育士を確保するための「保育士確保プラン」を提示している。保育士確保施策の基本となる「4本の柱」として，

①人材育成——保育士資格を取得しやすくするための取組みの実施など。

273

第Ⅱ部　社会保障の制度各論

②就業継続支援——離職防止のための研修支援など。

③再就職支援——保育士・保育所支援センターの積極的な活用など。

④働く現場の環境改善——処遇改善など。

を挙げている。上記により，保育士資格取得者を増やすことはもちろん，現在保育士として働いている者たちが継続して働くことができるような支援や，保育士資格取得者が保育士として働くための就職支援，さらには現場で活躍されている保育士が働きやすいような環境改善が，今後も積極的に進められる見込みである。さらに，保育士試験の年2回実施の推進を実施中である。具体的には，児童福祉法では保育士試験を都道府県知事が年1回以上行うことと規定されている。よって，年2回実施するように働きかけている。また，現在議論が進められている『地域限定保育士制度』が実施された場合は，国家戦略特区の都道府県では年2回の試験が実施されるようにするとされている。地域限定保育士制度とは，国家戦略特区の都道府県が実施する試験の合格者に，合格した都道府県内のみで認められる保育士資格を与え，3年後には地域を限定せずに，全国どこでも働くことができる「保育士」になることが可能な制度のことである。

　また，保育士に対する処遇改善も実施されてきている。これは，「子ども子育て支援新制度」施行後，勤続年数や経験年数に応じて処遇改善を進めるというものである。まず，保育士不足の1つとして挙げられる賃金の問題について改善をし，保育士を確保していく動きである。また，私立保育所に勤務する保育士に対しては，2013年度から「保育士等処遇改善臨時特例事業」が実施されて，賃金引上げに向けた対策が進められている。保育士等処遇改善臨時特例事業とは，私立保育所の保育士等の処遇を改善するための事業で，職員の賃金改善に要する経費に限定し，職員の平均勤続年数に応じて交付金が施設に交付されるものである。また，保育士養成施設で実施する学生に対する保育所への就職促進を支援として，大学や専門学校を卒業して，保育士資格を取得する学生が保育所へ就職することを促進する取組みがある。保育所への現地見学や現役

第11章　子供の社会保障制度の現状と課題

保育士との交流会などを積極的に行っている学校などへは，就職促進活動の費用を補助している。さらに，保育士試験を受験する者に対する受験のための学習費用の支援もある。保育士試験受験者が受験のために学習する際，受験講座の受講費などの一部を助成するとされている。

　加えて，保育士・保育所支援センターにおける離職保育士に対する再就職支援の強化もされている。既に保育士資格は持っていても，保育所で勤務していない者や保育所などを離職した者（潜在保育士）を掘り起こしていこうという動きである。都道府県や指定都市，中核市には，それぞれ保育士・保育所支援センターが設置されている。離職者や就職希望者は，この支援センターに登録をすると就職に関する情報や研修案内などを得ることができている。

少子化の原因

　都市部で待機児童が問題なのと裏腹に，出生率の低下は深刻である。出生率の低下は，人々の，①結婚行動の変化と，②夫婦の出生行動の変化という 2 つの行動変化によってもたらされていることは第 4 章で述べた。晩婚化が晩産化を導き，また，生涯未婚率の高まりも少子化の影響である。それでは，こうした行動変化はなぜ生じたのだろうか。夫婦の出生力の低下の理由については，子育て費用の増大にあるというのが有力な仮説となっている。子供を育てるには，衣食住にまつわる費用や教育費など様々な費用がかかる。しかし，最も大きな部分を占めるのは，機会費用，すなわち親（多くの場合，母親）が子育てのために仕事を辞めることによって失う所得である。日本の場合，女性にとっての良好な就業機会は学卒時の初職に集中している。就業を中断した女性が再就職をするときには非正規の雇用機会しか得られないことが多く，大幅な賃金の低下に直面する。JILPT のユースフル労働統計（2015）によると，大卒の女性標準労働者が同一企業で働き続けた場合の定年までの生涯所得は 2 億3,530万円である。出産を機に退職して 6 年後にパートタイマーとして再就職すると，60歳までの生涯所得は約5,000万円である。つまり，出産退職の機会費用は 1 億8,450万円にも達してしまう。

275

第Ⅱ部　社会保障の制度各論

　子育てに伴う女性の機会費用は，結婚や出産をする際に仕事か家庭かという二者択一を迫られることから生じている。したがって，子供を育てながら仕事を継続したり，いったん離職しても離職前の経験や能力が活かせるような再就職が可能となったりすれば，機会費用が大幅に軽減されるので少子化に歯止めがかかると期待される（欧米では，結婚・子育てによって社内の立場等が不利になることはないので，安心してキャリアを中断できる）。こうした観点から，少子化対策として女性の就労を支援する多くの施策が講じられている。その第1は，継続就労を支援する施策で，代表的なものとしては育児・介護休業制度がある。第2は，上述のように，仕事と育児の両立を可能とするための保育サービスの拡充である。そして，第3は，男性の働き方の見直しを含めたワーク・ライフ・バランスの促進である。

育児休業法

　少子化対策のための育児休業制度の歴史は，1972年にさかのぼる。1972年に開催された国連総会で，勤労婦人福祉法の中に育児休業制度は考案されていた。**育児休業法**は，もともとは働く女性が結婚や出産後でも働けるようにと考案されたものだった。しかし，わが国では結婚退職，寿退職などという言葉が当たり前だったように，結婚や出産のために会社を辞める女性がほとんどである。女性でも結婚や出産，育児をしていても仕事を続けていけるように，勤労婦人福祉法の中に，企業の努力義務として育児休業制度があった。

　日本で最初の「育児休業法」ができたのは実は1975年である。「義務教育諸学校等の女子教育職員及び医療施設，社会福祉施設等の看護婦，保母等の育児休業に関する法律」と言った。公務員である女性教師や看護婦・保母が対象であり，すべての女性を対象としたものではなかったのだが，育児休業の申請があれば原則として許可しなければならないということを定めていた。しかし，これはあくまでも「努力義務」であり，実際に育児休業を取得できた女性は非常に限られたものだった。そして，それから16年を経て，すべての労働者を対象とした育児休業法が成立したのは1991年だった（施行は92年4月1日）。

第11章　子供の社会保障制度の現状と課題

　この法律が成立した背景には1990年の特殊合計出生率が1.57まで低下した「1.58ショック」（この年，丙午の年の合計特殊出生率1.58を下回った1.57を記録したので1.58ショックと言う）があると言われているが，育児支援の動きは70年代の後半からあった。具体的にいえば，自民党では79年から，働く女性の育児支援の一環として「育児休業請求権」を付与しようという動きがあった。しかし，これは「子育て中の女性は育児に専念すべき」という考えからのもので，経営者側からも反発を受けて実現には至らなかった。一方，野党も育児支援については社会党（当時）が82年，公明党が85年に育児休業法案を提出し，87年には4野党（社会，公明，民社，社民連：いずれも当時の名称）が共同で育児休業法案を提出した。その後参議院社会労働委員会は89年に育児休業小委員会を設け，自民党の考えと野党法案の検討を行い，90年に法案の内容が固まった。

　1991年の育児休業法は，1歳未満の子を養育する労働者に男女を問わず休業する権利を保障していた。はじめは常用労働者が30人を超える事業所に適用され，1995年4月からは全事業所に適用されるようになった。しかし，まだ育児休業制度の歴史は浅く，男性は育児休業制度を知らない人も多く，知っていても女性だけの制度だと思っていた人がほとんどであった。

育児休業法の拡大

　1995年10月には，家族の介護を行う労働者が通算で93日まで休業する権利を保障する規定を含む「育児休業，介護休業等育児又は家族介護を行う労働者の福祉に関する法律」（以下，育児・介護休業法）が新たに施行された。休業する権利が保障されても，休業中に収入が途絶える不安が残されたままでは制度の利用は進まない。そこで，休業中の所得保障によって継続就業を促進することを目的として，雇用保険の育児休業給付が1995年に，介護給付が1999年に創設された。また，育児休業中の社会保険料負担は労使ともに免除されていたが，2014年4月からは産前産後休業中の社会保険料も免除されることとなった。

　このように育児休業制度が拡充される中でいくつかの課題が顕在化してきた。その第1は，非正規雇用の労働者が育児休業を取得する権利をどのように保障

277

第Ⅱ部　社会保障の制度各論

するかという問題である。2004年以前の育児休業制度では，期間を定めて雇用される労働者（有期契約労働者）は適用対象外とされていた。しかし，労働者の非正規化が進む中で期間雇用者が対象とされたままでは，働く女性の多くが育児休業を取得する機会を得られないことになる。そこで，2004年の育児・介護休業法の改正（2005年施行）では，一定の条件を満たせば期間雇用者でも育児休業を取得できることとされた。具体的には，期間雇用のうち，同一の事業主に引く続き雇用された期間が１年以上で，かつ，子供が１歳に達する日を超えて引き続き雇用されることが見込まれる労働者であれば育児休業を取得できるとされている。これにあわせて2005年４月より，期間雇用者にも雇用保険から育児休業給付が支給されるようになっている。

　課題の第２は，男性の育児休業取得の促進である。出産した女性労働者のうち，育児休業を取得した者の割合は81.5％に達したが，配偶者が出産した男性労働者の育児休業取得率は2.65％と低水準にとどまっている（厚生労働省「平成27年度雇用均等基本調査」）。政府は2004年12月に策定した「子ども・子育て応援プラン」において10年後までに育児休業取得率を女性で80％，男性で10％まで引き上げることを目標としている。女性については政府の目標を達成しているものの，男性については目標とのギャップが依然として大きい。

　男性の育児休業取得が進まない理由としては，職場で代替要因の確保が困難であることや，男性の育児休業に対する偏見と企業風土の問題，休業中の所得減少が家計に与える影響が大きいことなどが指摘されている。「有給の取得でさえ，ままならないのに，まして育休なんて」という声も聞かれる。平成26年（または平成25会計年度）１年間に企業が付与した年次有給休暇日数（繰越日数を除く。）は，労働者１人平均18.4日，そのうち労働者が取得した日数は8.8日で，取得率は47.6％となっている。取得率を企業規模別にみると，1,000人以上が52.2％，300〜999人が47.1％，100〜299人が44.9％，30〜99人が43.2％となっている。１年間に１人平均９日の有休を使っておらず，２年を過ぎるとその権利は失効していってしまう。松田（2012）では，「本来であれば有休の完全消化を促すべきところであるものの，これを育休のために使用できるように積み

立てることができれば，労働者はそれを使うことで，所得が保障された状態で育休を取得することができる。企業側からみれば，失効した有休は一旦労働者に付与したものであるため，それを労働者が使用することは企業の追加負担にならない」というアイデアを示している。

また，中里（2015）によると，ノルウェーでは1993年にパパ・クォータ（父親割当制度）が導入されている。これは通常の育児休業期間のほかに，父親が取得する場合に限り追加的に休業を認めるというもので，取得しなければ権利は消滅してしまう。スウェーデンでもパパ・クォータ制度は導入されているが，他の制度も充実している。例えば，父親休業にあたる10日間の「出産養子縁組関連一時休業」は，父親だけでなくその他の第2の親（同棲パートナーやその他の近い相手）が取得可で，また，有給育児休業の日数が480日もあり，3歳になるまで取得可能ということだ（96日分はさらに12歳になるまで使えることなどがある）。ドイツでは，近年の制度変更に伴って父親の取得率2006年の3.3％から2012年の29.3％へと数値が急上昇した。制度は，後述する日本のパパ・ママ育休プラスと類似の制度で，12カ月に加えてそれぞれの親が2カ月以上取れば計14カ月休業前賃金の67％の給付がされる。ただし，家族単位なので，同時に取得しても総給付額は増加しない（24＋4カ月に延期することが可能：同一期間あたりの給付は半分に）。わが国ではこの例を参考に，2009年6月に成立した改正育児・介護休業法では，父母双方が育児休業を取得した場合に，1歳2カ月までの間に1年間育児休業を取得可能とする「パパ・ママ育休プラス」が導入された。ただし，制度を作っても，それを利用するかどうかは別の話で，父親の積極的な育児参加が望まれている。

2　子供の貧困

子供の相対的貧困率は1990年代半ばごろからおおむね上昇傾向にあり，2012年には16.3％となっている。子供がいる現役世帯の相対的貧困率は15.1％で，そのうち，大人が1人の世帯の相対的貧困率が54.6％と，大人が2人以上いる

第Ⅱ部　社会保障の制度各論

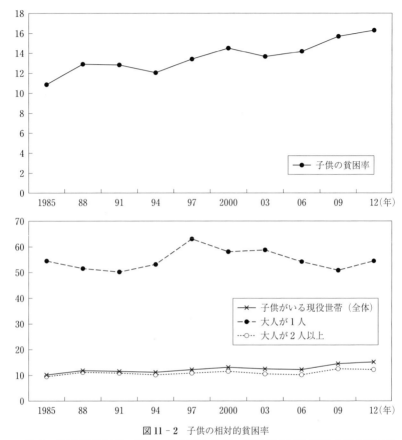

図11－2　子供の相対的貧困率
（注1）　相対的貧困率とは，OECDの作成基準に基づき，等価可処分所得（世帯の可処分所得を世帯人員の平方根で割って調整した所得）の中央値の半分に満たない世帯員の割合を算出したものを用いて算出。
（注2）　平成6年の数値は兵庫県を除いたもの。
（注3）　大人とは18歳以上の者，子どもとは17歳以下の者，現役世帯とは世帯主が18歳以上65歳未満の世帯をいう。
（注4）　等価可処分所得金額が不詳の世帯員は除く。
（出典）　厚生労働省「国民生活基礎調査」。

世帯に比べて非常に高い水準である。今日では実に6人に1人の子供が貧困状態にあるとされている。子供の貧困率とは，相対的貧困の状態にある18歳未満の子供の割合を指している。国民を可処分所得の順に並べ，その真ん中の人の

第11章　子供の社会保障制度の現状と課題

Column ⑬　子供の福祉の小史

　第2次世界大戦の敗戦は，日本の社会に深刻な打撃を与えた。とくに，子供への影響は大きく，戦災孤児が街に溢れ，盗みをするなどの非行児童が増えたのだ。政府は，こうした児童を保護するための法律制定の必要を指摘する。法案を作成し，中央社会事業委員会に諮問をしたが，委員会は検討する中で，要保護児童の保護だけを目的とする選別的な政府対応には疑問を持ち，中央社会事業委員会のすべての児童を対象とすることにした。すべての児童を対象とする福祉を積極的に増進する事を目的とした法律の制定が必要であるという答申に，政府は法案を練り直し，法律名を「児童福祉法」とした。1947年8月の国会に提出された「児童福祉法」は，同年1947年の11月に国会を通過し，児童福祉法が誕生した。

　児童福祉法では，「全て児童は，児童の権利に関する条約の精神にのつとり，適切に養育されること，その生活を保障されること，愛され，保護されること，その心身の健やかな成長及び発達並びにその自立が図られることその他の福祉を等しく保障される権利を有する。」（第1条）ことが規定され，その時々の社会のニーズに合わせて改正を繰り返しながらも，現在まで児童福祉の基盤として位置づけられている。児童福祉法に基づき，様々な問題から家庭で暮らすことのできない児童等への施設サービス（児童養護施設，乳児院，母子生活支援施設等）や，保育所における保育サービス，障害児に対する在宅・施設サービス等が実施されている他，少子化の一層の進行や，児童虐待といった新たな課題に対応すべく，「次世代育成支援対策推進法」や「児童虐待防止法」による施策の充実が図られている。

半分以下しか所得がない状態を相対的貧困と呼び，親子2人世帯の場合は月額およそ14万円以下（公的給付含む）の所得しかないことになっている。

1人親世帯の家計

　こうした世帯で育つ子供は，①不十分な衣食住，②適切なケアの欠如（虐待・ネグレクト），③文化的資源の不足，④低学力・低学歴，⑤低い自己評価，⑥不安感・不信感，⑦孤立・排除，などの不利な条件が累積し，機会損失が大きいのだ。そして，貧困の世代間連鎖（子供期の貧困→若年期の貧困→次世代の子

281

第Ⅱ部　社会保障の制度各論

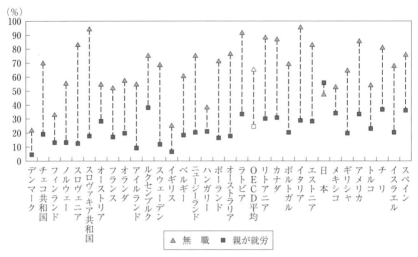

図11-3　OECD 無職・親が就労別の子供の相対的貧困率

(注1)　日本，ニュージーランドのデータは2012年，オーストラリア，ハンガリー，メキシコのデータは2014年。
(注2)　子供の定義は0〜17歳。
(出典)　OECD Income Distribution Database.

供の貧困）をもたらしているとの指摘がされている。

　子供の貧困は親が貧困なのが原因であるが，とくに1人親の世帯の状況は良いものではない。OECD のデータを見る限り，どの国の貧困率も，親が無職な場合では高い水準に位置している。一方，どの国も親が働く場合の貧困率は大きく改善されているのだが，日本だけは，1人親世帯の場合，親が働こうが働かなかろうがほとんど変わらないという結果になっている。おそらく，ここに子供の貧困問題のカギがあるのだろう（図11-3）。

　厚生労働省の2011年全国母子世帯調査（2016年から全国ひとり親世帯調査と改称）は次のことを示している。母子世帯の母の就業状況をみると，80.6%（2006年度調査では84.5%）が就業している。母子世帯になる前に就業していたのは73.7%（同69.3%）だった。調査時点の雇用形態は，「正規の職員・従業員」が39.4%（同42.5%），「パート・アルバイト等」が47.4%（同43.6%）となっていた。母子世帯の平均年間収入（2010年）は291万円（同213万円）で，母自

第11章 子供の社会保障制度の現状と課題

身の平均年間収入は223万円，母自身の平均年間就労収入は181万円（同171万円）となっていた。これは，世帯の平均年間収入（291万円）は，国民生活基礎調査による児童のいる世帯の平均所得を100として比較すると，44.2となっていた。このように，低い収入の機会しか得られないということを改善しないと，子供の貧困は解消されない。

では国の対策はどうなっているのだろうか。母子家庭手当に関連するものは遺族年金も含めて以下の10個ほどになっている。それは，児童手当（共），児童扶養手当，特別児童扶養手当（共），障害児福祉手当（共），児童育成手当，母子家庭・父子家庭の住宅手当，生活保護（共）（第5章参照），1人親家庭等医療費助成制度，乳幼児や義務教育就学児の医療費助成，遺族年金である。（共）と表示しているのは，2人親世帯も共通に適用される制度である。

児童手当

児童手当は，母子家庭や父子家庭の子供に限って支給される助成金ではなく，全家庭を対象とした支援策で国が行っている制度である。目的は，母子家庭の生活の安定に寄与することと，次代の社会を担う児童の健やかな成長に資することとしている。支給対象者は，0歳から15歳までで国内に住所がある児童となっている（15歳とは中学修了の年度末までをいう）（表11-1）。

支給されるのは，毎年6月（2〜5月分），10月（6〜9月分），2月（10〜1月分）である。ただし，6月1日時点で条件を満たしているかどうかの判定をするので，毎年住んでいるところの市区町村に現況届けを出す必要があるとしている。毎年6月には役所から郵送されてくるので6月末までには提出する必要がある。また，母子家庭の方が再婚（結婚）して氏名を変更する場合や，転居をした場合でも届出をする必要があるとしている。また転居が市外の場合には，移転先の市区町村役場の転出した日の次の日から数えて15日以内に，必ず転入先で申請をしておく必要があるとしている。この15日を過ぎてしまうと遅れた月分の児童手当は支給されなくなってしまう。

児童手当には所得制限がある。扶養親族の数によって所得制限が違ってきて

283

第Ⅱ部　社会保障の制度各論

表11-1　児童手当の金額

対象年齢	支給額（月額）
0歳から3歳未満	一律15,000円
3歳から小学校修了まで	10,000円（第1子・第2子） 第3子以降15,000円
中学生一律	10,000円
所得制限世帯 （約960万円以上）	5,000円

（出典）内閣府 http://www8.cao.go.jp/shoushi/jidouteate/
gaiyou.html

表11-2　児童手当の所得制限

（単位：万円）

扶養親族等の数	所得額	収入の目安金額
0人	630	833.3
1人	668	875.6
2人	706	917.8
3人	744	960
4人	782	1002.1
以降1人増すごと	38加算	―

（出典）内閣府 http://www8.cao.go.jp/shoushi/jidouteate/
gaiyou.html

しまう。表11-2を参照（母子家庭でいう「扶養親族等の数」とは，子供や親，兄弟などで年間所得〔収入ではない〕が38万円以下で生計をともにしている人数と血は繋がっていないが，養育している子供の合計の数をいう）。

例えば，母子家庭において，小学生の子供2人を扶養していて，本人の母親も同居しているという場合を考えてみよう。本人の母親には所得はあるが，年間所得が38万円以下という場合には，扶養親族等の人数は3人（子供2人と本人の母親）になる。もし，母親が年間所得38万円を超えていれば扶養親族等の人数は2人（子供2人）になる。表11-2の扶養親族等の数が「0人」というのは，現在は子供が生まれているが，昨年の12月31日時点において生まれていなかった場合などで他に扶養親族に該当する人がいない場合に適用される。もちろん，所得制限限度額以上である場合は，特例給付として子供の人数や年齢区分にかかわらず，子供1人につき月額5,000円が支給されている。

児童扶養手当

父母が離婚した児童や父または母が死亡したなどで片親に育てられている子，いわゆる母子家庭や父子家庭のひとり親家庭に対して支給されるものを児童扶

養手当という（父又は母が政令で定める程度の障害の状態にある児童も含まれる）（表11-3）。支給対象者は0歳から18歳に到達して最初の3月31日（年度末）までの間にある者とされている。なお，愛の手帳（正式名称は東京都療育手帳といい，発達期に何らかの原因により知能遅滞がおこり，そのために日常生活に相当な不自由を生じ，福祉的配慮を必要としている者に対する東京都の独自制度）1度から2度および3度程度，身体障害者手帳1級から3級の障害がある場合は20歳未満となっている。

第11章　子供の社会保障制度の現状と課題

表11-3　児童扶養手当全部支給の場合
（平成28年8月から）

児童1人の場合	月額42,330円
児童2人の場合	月額52,330円
児童3人の場合	月額58,330円
児童3人目以降，1人増えるごと	月額6,000円加算

（出典）内閣府 http://www8.cao.go.jp/shoushi/jidouteate/gaiyou.html

表11-4　児童扶養手当一部支給の場合
（平成28年8月から）

児童1人の場合	月額42,320円から9,990円を加算
児童2人の場合	月額9,990円から5,000円を加算
児童3人以上の場合	月額5,990円から3,000円を加算

（出典）内閣府 http://www8.cao.go.jp/shoushi/jidouteate/gaiyou.html

今まで公的年金（遺族年金，障害年金，老齢年金，労災保険年金，遺族補償など）を受給している場合には，児童扶養手当を受給できなかった。しかし，法律改正により，2014年12月1日から年金額が児童扶養手当額より低い場合は，その差額分を受給できるように改正された。これにより，今まで低額の年金を受け取っていて対象外だった場合でも申請できるようになった。

児童扶養手当の受給額は児童手当とは違って，受給額の計算には子供の数や所得によって制限があるだけではなく，さらに扶養人数に勘案する必要があるとしている。所得制限によって支給区分が決まっている。支給区分として，全額支給，一部支給，不支給という3つになっている。

例えば，母，子供1人という母子家庭の場合を例にしてみる。この場合は，扶養親族の人数は1人になるから1人の列を見る。そして，母の所得が57万円以下であれば児童扶養手当は全額受給（この場合は月額42,330円）できるというように見る。57万円を超えて230万円以下であれば一部支給の計算式に応じた

285

第Ⅱ部　社会保障の制度各論

手当が支給される。母親の所得額を100万円（各種控除を差し引いた金額）とし，他に扶養者がなく，子供１人の場合では8,040円が削減され，34,280円がこの場合の一部支給の児童扶養手当になる（表11-4）。この算出には，下記の式を利用している（2016年８月から）。

児童１人の場合の児童扶養手当＝42,320円−（**母の所得額1,000,000円−所得制限限度額570,000円**）×0.0186879＝42,320円−8,040円＝34,280円（太字部分は10円未満を四捨五入）。

計算式のルールは，

児童１人目の児童扶養手当＝42,320円−（**申請者の所得額−全部支給所得制限限度額**）×0.0186879

児童２人目の加算額＝9,990円−（**受給資格者の所得額−所得制限限度額**）×0.0028844

児童３人目以上の加算額＝5,990円−（**受給資格者の所得額−所得制限限度額**）×0.0017283（太字部分は10円未満を四捨五入）

となる。

母親の所得は同じ100万円で子供２人の場合，１人目の金額は上記のとおりだ。また，２人目の金額は

＝9,990円−（母の所得額1,000,000円−所得制限限度額950,000円）×0.0028844＝9,990円−140円＝9,850円

となり，合計34,280円＋9,850円＝44,130円が月の支給額になる。

孤児等の養育者　配偶者・扶養義務者所得額というのは，同居の扶養義務者（申請者本人から見て，曾祖父母，祖父母，父母，子供，孫，ひ孫）の所得のことで

286

第 11 章　子供の社会保障制度の現状と課題

表 11 - 5　児童扶養手当支給所得制限限度額

(単位：円)

税法上の扶養親族等の数	本人全部支給所得額	本人一部支給所得額	孤児等の養育者配偶者・扶養義務者所得額
0 人	190,000	1,920,000	2,360,000
1 人	570,000	2,300,000	2,740,000
2 人	950,000	2,680,000	3,120,000
3 人	1,330,000	3,060,000	3,500,000

(出典)　内閣府 http://www8.cao.go.jp/shoushi/jidouteate/gaiyou.html

ある。例えば，祖母，母，子供 1 人という母子家庭の場合を考えてみよう。祖母の所得は年金のみで50万円であれば，この場合は扶養親族の人数は 2 人になることから 2 人の列を見る。そして，母の所得が95万円以下であれば児童扶養手当は全額受給できるというように見る。95万円を超えて268万円以下であれば一部支給の計算式に応じた手当が支給される。また，祖父や祖母の所得が所得制限限度額を超えていれば児童扶養手当は支給されないというように見る。具体的には，子供を連れて実家に戻り，所得のある祖父や祖母と同居した場合などが該当してくる。ただし，住民票上で世帯は別であっても，実態としてみるため同居とみなされる場合がある。つまり，自分に所得がなくても，扶養義務者等に限度額以上の所得があれば児童扶養手当は支給されないことになる。

　ちなみに，税法上の扶養親族等とは，税法上の控除対象配偶者および扶養親族（施設入所等児童を除く。以下，扶養親族等）並びに扶養親族等でない児童で前年の12月31日において生計を維持したものの数をいう。また，控除対象配偶者とは，その年の12月31日時点で，

①民法の規定による配偶者であること（内縁関係の人は該当しない）。
②納税者と生計を一にしていること。
③年間の合計所得金額が38万円以下であること（給与のみの場合は給与収入が103万円以下）。
④青色申告者の事業専従者としてその年を通じて一度も給与の支払を受けていないことまたは白色申告者の事業専従者でないこと。

第Ⅱ部　社会保障の制度各論

という4つの要件のすべてにあてはまる者をいう。一般的には，年間収入が103万円以内のパート主婦といえばわかりやすいだろう。ただし，児童扶養手当が支給されるのは，父母が離婚した児童等なので，配偶者はいないわけだからだ，ここでは無視してかまわない。児童手当の場合は，控除対象配偶者は関係する。また，扶養親族とは，配偶者以外の家族で，所得が38万円以下の者をいう。また，「扶養親族等でない児童とは」，血のつながりがない児童を養育している場合をいう。

　やや細かいが，扶養親族0人の場合がありうる。所得制限限度額表には「扶養親族0人」とあるが，例えば，夫・妻・子供（18歳未満）の3人家族を考える。子供は父親の扶養に入っていたが，離婚後は母親が子供を引き取ったとしよう。この場合は，子供は税法上，母親の扶養ではなかったため扶養親族数は「0人」となる。離婚して間もない場合はこのようになるケースがある。事例をあげて扶養親族の数え方を考えてみよう。例えば母と小学生の子供2人の3人家族という場合はどうなるか。この場合には扶養親族は2人になる。もしその者に生計を一緒にしている母親がおり，その母親の所得が38万円以下であるならば扶養親族は3人になる。次の事例は，母と子供2人の家族3人の場合である。そのうちの子供1人は，2015年5月生まれとしよう。扶養親族の数え方としては，前年の12月31日時点でみるので，2015年5月時点では扶養親族は1人になる。

特別児童扶養手当

　特別児童扶養手当とは，国が実施している制度である。母子家庭に限って支給される手当ではないが，以下に該当する子供（20歳未満）を養育している父母または養育者に支給される。所得制限がある制度になっている（児童扶養手当との併給は可能）。要件は，

①精神の発達が遅滞している。
②精神の障害があり日常生活に著しい制限をうける状態にある。

第 11 章　子供の社会保障制度の現状と課題

表 11 - 6　特別児童扶養手当の所得制限

(単位：円)

扶養親族等の人数	所　得　額	
	受給資格者本人	配偶者および養育者
0 人	4,596,000	6,287,000
1 人	4,976,000	6,536,000
2 人	5,356,000	6,749,000
3 人	5,736,000	6,962,000
4 人	6,116,000	7,175,000

(出典)　厚生労働省「特別児童扶養手当について」のページ (http://
www.mhlw.go.jp/bunya/shougaihoken/jidou/huyou.html)。

③身体に重度，中度の障害や長期にわたる安静を必要とする病状があり，日
　常生活に著しい制限がある。

というものである。

　平成28年 4 月時点では，以下のように子供の障害の等級によって分かれてい
る。下記の等級 1 級は，身体障害者手帳 1 ～ 2 級，療育手帳 A 判定が該当し
ている。等級 2 級は，身体障害者手帳 3 級， 4 級の一部，療育手帳 B 判定が
該当している。金額は，子 1 人の場合は，等級の 1 級の金額は 5 万1,100円，
等級の 2 級の金額は 3 万4,030円である。 2 人の場合は，等級の 1 級が金額10
万2,200円で等級 2 級が金額 6 万8,060円である。また， 3 人の場合は等級 1 級
で金額15万3,300円，等級の 2 級で金額10万2,090円である。特別児童扶養手当
も児童扶養手当と同様に所得制限が設定されている。内容は表11- 6 のとおり
である（2015年度の所得制限限度額）。

　障害児福祉手当

　国が行っている制度で，20歳未満で障害があるために日常生活において常時
介護を必要とする状態にある在宅者を対象としている。所得制限があるとして
いる。支給額（2017年 4 月～）は月額14,580円である。

289

第Ⅱ部　社会保障の制度各論

児童育成手当

都道府県単位で独自の制度になっている。ここに記載した金額は東京都の水準である。都内に住所があり，次の要件，①父母が離婚，②父または母が死亡，③父または母が生死不明，④父または母に1年以上遺棄されている，⑤婚姻によらないで生まれたなど，に該当する子供（18歳になった最初の3月31日まで）を扶養している者に支給されている。支給額は月額子供1人につき月額1万3,500円で，申請のあった翌月から，毎年6月・10月・2月に，その前月までの分が金融機関の本人口座に振り込まれる。申請は，各市町村の担当窓口になっている。

母子家庭の住宅手当

母子家庭や父子家庭，いわゆるひとり親家庭（20歳未満の子供を養育）で，自ら居住するための住宅を借り，月額1万円を超える家賃を支払っている方を対象としているものである（所得制限がある）。市町村独自の制度で極限られた市町村での制度となっている。自治体によって大きく異なり，千葉県君津市では家賃が月額1万円を超えた額について，月額5,000円を限度として年3回（7月，11月，3月）指定口座へ振り込むとなっている。浦安市では家賃1万円を超えた額に対し，月額1万5,000円を限度として支給している。

3　児童虐待問題

児童虐待は表11-7のように4種類に分類されている。虐待は子供に大きな影響を及ぼすと言われている。最も悲惨な結果である死亡に至らなくても，身体的虐待により頭蓋内出血を起こして重い障害を残したり，発育や発達が阻害されたり，対人関係や行動異常など情緒面の問題を起こしたりといったことが起こりうると言われている。たとえ成人したとしても，虐待の影響として，摂食障害，人格障害などの精神疾患を起こしたりすることもある。また，自分が子供を育てるとき，親から受けた虐待行為を繰り返す**世代間連鎖**も起こりがち

第 11 章　子供の社会保障制度の現状と課題

表 11‐7　児童虐待の種類

身体的虐待	殴る，蹴る，投げ落とす，激しく揺さぶる，やけどを負わせる，溺れさせる，首を絞める，縄などにより一室に拘束するなど。
性的虐待	子どもへの性的行為，性的行為を見せる，性器を触る又は触らせる，ポルノグラフィの被写体にするなど。
ネグレクト	家に閉じ込める，食事を与えない，ひどく不潔にする，自動車の中に放置する，重い病気になっても病院に連れて行かないなど。
心理的虐待	言葉による脅し，無視，きょうだい間での差別的扱い，子どもの目の前で家族に対して暴力をふるう（ドメスティック・バイオレンス：DV）など。

（出典）　厚生労働省「児童虐待の現状」http://www.mhlw.go.jp/seisakunitsuite/bunya/kodomo/kodomo
_kosodate/dv/about.html

であるとも言われる。

児童虐待の防止等に関する法律の制定

　2000年の「児童虐待の防止等に関する法律」の施行後，児童虐待に対する取り組みが体系的になってきた。児童相談所における児童虐待相談対応件数は，児童虐待防止施行前の1999年の11,631件から2015年の速報値103,260件と，約8.9倍に増加している。2015年度は，心理的虐待の割合が最も多く，次いで身体的虐待の割合が多い。

　2014年度と比して児童虐待相談対応件数が大幅に増加した自治体からの聞き取りによると，心理的虐待が増加している。この，心理的虐待が増加した要因の１つに考えられることとして，児童が同居する家庭における配偶者に対する暴力がある事案（面前DV）について，警察からの通告が増加した結果である。心理的虐待の件数は，2014年度の38,775件から2015年度の48,693件へと9,918件の増加であり。また，警察からの通告は2014年度の29,172件から2015年度の38,522件へと9,350件の増加である。こうした増加は，児童相談所全国共通ダイヤルの３桁化（189）の広報や，マスコミによる児童虐待の事件報道等により，国民や関係機関の児童虐待に対する意識が高まったことに伴う通告の増加であると考えられている。

　また，残念ながら死亡してしまったケースを見ると，死亡時点における子供

第Ⅱ部　社会保障の制度各論

の年齢について，平成26年度に把握した心中以外の虐待死事例では，「0歳」が27人（61.4％）で最も多く，3歳未満は32人（72.7％）と7割を超える状況だった。第1次報告から第12次報告の推移をみると，第12次報告までのすべてで「0歳」が最も多く，第12次報告では最も高い割合となっている。また，2014年度に把握した心中による虐待死事例では，3歳未満は計10人（37.0％）と3割程度に留まり，第2次報告から第11次報告までの傾向と同様，子供の年齢にばらつきがみられた。

虐待対応策

2000年11月の「児童虐待の防止等に関する法律」の施行により，母子保健分野では，同年同月に「健やか親子21検討会報告書」が出された。これによると，児童虐待対策について，

①母子保健の主要事業の1つと位置づけ，積極的な活動を展開すること。
②医療機関と地域保健が協力し被虐待児童の発見，救出した後の保護，再発防止，子供の心身治療，親子関係の修復，長期フォローアップの取り組みを進める。
③児童相談所，情緒障害児短期治療施設（現・児童心理治療施設）等の福祉関係機関，警察，民間団体等との連携を図ること。

とされている。このように，とくに地域保健の役割は被虐待者児童の発見から親子関係の修復まで幅広く期待されている。

さらに，地域保健には被虐待児あるいは虐待者への支援だけではなく，虐待の発生予防の活動の役割もあるとしている。例えば，子供を支援する中で把握した地域の実態を母子保健計画に反映させること，地域で必要とされているサービスを創造することもその活動に含まれていると考えられる。また，育児不安の親が多い場合は気軽に相談できる電話相談や育児相談の機会を設けること，親のグループ，子育てボランティアを育成することなど地域に応じたサービス

第11章 子供の社会保障制度の現状と課題

を生み出す必要がある。ここでは，児童虐待の発見，支援と発生予防を重点的
に見ていくことにする。

児童虐待の発見

虐待は通常，親自身から相談されることは少ない。さらに，子供が低年齢の
場合にはみずから支援を求めることができないという特徴がある。よって，親
あるいは養育者以外の人が虐待に気づき，発見する必要がある。とくに乳幼児
は生活範囲が限られているので，病気や健康診査で受診したときなどに虐待が
発見される場合が多く，発見の機会として乳幼児健康診査が最も多いようであ
る。健康診査では，発達，発育を見るだけでなく，育児状況，生活状況などの
情報を得ながら，その家庭に合った育児支援を行っている。そうした活動の中
から虐待の徴候，あるいは育児・生活上の困難などを把握している。健康診査
後も家庭訪問などの方法で支援し，切れ目無く虐待の兆候を見極めている。さ
らに，地域保健は，健康診査の受診，未受診にかかわらず，地域に住んでいる
児童全員を対象としているため，虐待を発見する上で果たす役割は大きい。

まず虐待の発生予防としては，生後4カ月までの全戸訪問事業（こんにちは
赤ちゃん事業）の推進（生後4カ月までの乳児のいるすべての家庭を訪問し，子育て支
援に関する情報提供や養育環境の把握），育児支援家庭訪問事業の推進（養育支援が
必要な家庭に対して，訪問による育児・家事の援助や指導・助言等の実施），地域子育
て支援拠点の整備（地域において子育て中の親子が相談・交流できる地域子育て支援
拠点の身近な場所への設置を促進）の取り組みが挙げられる。

虐待が起こっていたとしても，早期発見・早期対応が望まれる。そのために，
「子どもを守る地域ネットワーク」（要保護児童対策地域協議会）の機能強化（市
町村において関係機関が連携し児童虐待等への対応を図る「子どもを守る地域ネットワ
ーク」（要保護児童対策地域協議会）の設置促進を図るとともに，コーディネーターの
研修の実施など機能の強化）や児童相談所の体制強化（児童福祉司の配置の充実，一
時保護所の体制強化）が実施されている。

さらに虐待された子供に対しては保護・自立支援策も実施されている。例え

293

第Ⅱ部　社会保障の制度各論

ば，児童養護施設等に入所している子供への支援の充実として，小規模ケアの推進，個別対応職員や家庭支援専門相談員の配置等の充実が図られ，また里親委託の推進（里親委託を推進するため，里親制度の普及促進，子供を受託している里親への支援等の業務を総合的に実施する里親支援機関事業を推進）が実施されている。

　また，虐待をした親自身への再発防止対策として，家族再統合や家族の養育機能の再生・強化に向けた取り組みを行う親支援を推進しているところである。また，オレンジリボン活動を推進している。オレンジリボンには，子供虐待の現状を広く知らせ，子供虐待を防止し，虐待を受けた子供が幸福になれるように，という気持ちが込められている。このオレンジリボンを通じて，民間団体，地方公共団体，国が連携し，一体となってキャンペーンを展開することにより，社会全体として子供虐待を防止する機運を高めることとしている。

参考文献

厚生労働省「厚生労働白書——人口減少社会を考える」2015年。

高橋美恵子「スウェーデンの子育て支援——ワーク・ライフ・バランスと子どもの権利の実現」『海外社会保障研究』No. 160，2007年。

中里英樹「国際比較から見る日本の育児休業制度の特徴と課題——ノルウェー・スウェーデン・ドイツ・ポルトガル」厚生労働省「今後の仕事と家庭の両立支援に関する研究会第5回　資料1‐1」2015年。

松田茂樹「それでも男性の育児休業が増えない理由」『ライフデザインレポート 2012，Winter』第一生命経済研究所，2012年。

労働政策研究・研修機構『ユースフル労働統計　2015』（http://www.jil.go.jp/kokunai/statistics/kako/2015/index.html）。

この章の基本書

山縣文治『よくわかる子ども家庭福祉　第9版』ミネルヴァ書房，2014年。
　＊子ども家庭福祉の大枠を理解できるよう，権利保障，行政の仕組み，サービスの実際といった諸分野の要点を豊富な図表とともにわかりやすく解説している。第9版では，「子ども・子育て関連3法と子ども・子育て支援新制度」の項目が追加されている。

第 11 章　子供の社会保障制度の現状と課題

練習問題

問題 1

「保育を必要とする」を現在の状況にマッチさせるにはどうすればよいだろうか。

問題 2

どうして待機児童が生ずるのか。需要面から考察しなさい。

問題 3

どうして待機児童が生ずるのか。供給面から考察しなさい。

問題 4

男性の育児休業所得率を引き上げるにはどうしたらよいだろうか。

問題 5

系統立てた子供の虐待防止策には何が必要だろうか。

（山本克也）

索　引

（＊は人名）

あ　行

ILO（国際労働機関）　38
アウトリーチ活動　17, 127
いきいきサロン　254
育児・介護休業法　277
医師確保対策　152
一部自己負担　152
一般政府財政バランス　72, 73
居場所づくり　265
医療提供　141
医療費適正化計画　154
医療保障　141
＊ウエッブ，シドニー　34
エンゼルプラン　63
＊オーエン，ロバート　26-28

か　行

介護・看護のための離職　216
介護従事者の不足　215
介護予防　255
介護離職問題　14
加給年金額　173
核家族　99
家庭支援専門相談員　293
簡易生命表　95
緩和ケア　154
規制緩和　270
基礎年金制度　186
基本的人権　7
虐待　293
95年勧告　52
救貧政策　23
給付付き税額控除　8, 128
給付率固定型　6
協会けんぽ　148
協議体　259
共済組合　148

強制加入　164
業務災害　237
緊急失業対策法　224
経過的加算　173
＊ケインズ，J.M.　37
　　──政策　3
健康保険　141
　　──組合　148
　　──証　150
現物給付方式　11
高額療養費　144
後期高齢者
　　──医療　148
　　──医療制度　62
　　──支援金の加算・減算制度　157
合計特殊出生率　6
工場法　27
公私連携　249
厚生年金保険　161
高度経済成長期　99
公費負担　83
　　──医療　151
高齢化　102
高齢者の入居制限　257
ゴールドプラン　60
　　新──　61
　　──21　61
国債依存度　72
国民皆年金体制　184
国民皆保険　143
国民皆保険・国民皆年金　4
国民健康保険　148
国民生活基礎調査　164
50年勧告　49
孤独死　258
雇用保険　222
婚姻率　101

297

さ 行

財源調達　166
財政基盤強化策　153
財政再計算　190
産業革命　24
3大都市圏　103
GHQ　56
市町村社会福祉協議会　252
恤救規則　53
失業手当　225
失業保険　223
失業率　109
疾病保険　142
児童手当　283
児童扶養手当　285
資本主義　26
社会支出　79
社会政策に関する詔勅　31
社会的孤立　17, 134, 249, 254, 258, 263, 265
社会的入院　197
社会福祉
　　──基礎構造改革　4, 250, 252
　　──協議会　251
　　──法　250
社会保険方式　5, 85
社会保険料　83
社会保障給付費　79, 81
社会保障と税の一体改革　85
『社会保障への道』　38
＊ロイド, ジョージ　33
生涯未婚率　262
償還払い方式　150
消滅可能性都市　108
職域保険　46, 142
処遇改善　274
職業安定法　224
所得制限　283
自立支援　212
資力調査(通称・ミーンズテスト)　119
審査支払機関　150
新自由主義　41
申請保護の原則　118

身体障害者手帳　289
新福祉ビジョン　263, 264, 266
心理的虐待　291
診療報酬　144
スピーナムランド制度　25
スライド　243
税移転方式　5
生活困窮者自立支援法　124
生活支援コーディネーター　259
生活習慣病　156
政府債務残高　71
税方式　85
セーフティネット　125
セツルメント運動　28
セルフメディケーション(自主服薬)推進
　156
前期高齢者の財政調査　148
全国消費実態調査　163
潜在保育士　272
全世代型の社会保障へ　88
全世代・全対象型の地域包括支援体制　263,
　266
総合事業　259
総合相談業務　260
相対的貧困　280
ソーシャルキャピタル　265

た 行

待機児童　273, 275
　　──問題　270
退職者医療　146
代替率　161
単一会計主義(予算単一の原則)　76
団塊世代　99
単独世帯　262
地域福祉の推進　250
地域包括ケア　52
　　──システム　154, 255
　　──システム構想　14
地域包括支援センター　255, 259
地域保健　142, 292
通勤災害　238
積立方式　86, 87

索　引

DPAT　67
DMAT　64
データヘルス　156
　――計画　11
適用事業所　169
デフレ下　194
特別会計　76, 78
　年金――　77, 79
　労働保険――　77, 79
都道府県社会福祉協議会　254
都道府県調整交付金　153

な　行

ナショナル・ミニマム論　34
二重の負担　86, 87
ニュータウン　104
ニューディール政策　3, 36
農業革命　24
ノーマライゼーション　249

は　行

ハイパーインフレーション　224
パターナリズム（父権主義）　12
パパ・クォータ　279
バリアフリー　256
晩婚化　100
晩産化　100
阪神・淡路大震災　64
東日本大震災　65
非婚化　262
非正規雇用　111
一人親方　238
1人親世帯　282
被保険者　168
病院・病床機能の分化・強化　152
貧困線　29
貧困の世代間連鎖　9
賦課方式　86, 87
福祉八法改正　249
物価スライド制　165
負の所得税　8, 128
扶養親族　288
フリーアクセス　11, 149

ブレトン・ウッズ体制　40
＊ベヴァリッジ，ウィリアム　37
　――報告　2, 38
ベーシック・インカム　8, 128
保育士　271
報酬比例年金額　173
保険財政共同安定化事業　153
保険者　168
保険者努力支援制度　157
保険料水準固定方式　189
保険料率固定型　6
保護の補足性　118
母子世帯　282
ボランティアセンター　254

ま　行

マイナンバー制度　131
マクロ経済スライド　5, 62, 189
まちづくり協議会　264
マネタリズム　3
未婚率　101
民生委員　251, 252
名称独占資格　271
持ち家政策　99

や・ら・わ　行

有効求人倍率　110
有所見率　245
予防給付　213
ラウントリー調査　123
リハビリテーション　242
労災　237
　――保険　237
老人保健　145
　――法　59, 198
労働者災害補償　240
労働者派遣事業　233
労働者派遣法　111, 234
＊ロウントリー，シーボーム　29
ワーキング・プア　126
ワーク・ライフ・バランス　19, 266
ワンストップサービス　260

《執筆者紹介》

石田成則 （いしだ・しげのり）編著者・はしがき・序章・第5章

編著者紹介欄参照。

山本克也 （やまもと・かつや）編著者・はしがき・第1章・第2章・第4章・第7章・第8章・
第9章・第11章

編著者紹介欄参照。

佐藤　格 （さとう・いたる）第3章

1977年　生まれ。
2005年　慶應義塾大学大学院経済学研究科後期博士課程単位取得退学。
現　在　国立社会保障・人口問題研究所社会保障基礎理論研究部第1室長。
主　著　「雇用延長が年金財政や家計の厚生に与える影響の世代重複モデルによる分析」吉野直
　　　　行・亀田啓悟・中東雅樹・中田真佐男編著『日本経済の課題と針路——経済政策の理
　　　　論・実証分析』慶應義塾大学出版会，2015年。
　　　　「雇用延長による競合の可能性と年金財政のマクロ計量モデルによる分析」『社会保障研
　　　　究』Vol. 1, No. 2, 国立社会保障・人口問題研究所，2016年。
　　　　「経済前提の変化が年金財政に及ぼす中長期的影響——マクロ計量モデルによる年金財政
　　　　の見通し」『季刊社会保障研究』Vol. 46, No. 1, 国立社会保障・人口問題研究所，2010年。

佐藤雅代 （さとう・まさよ）第6章

2001年　大阪大学大学院国際公共政策研究科博士後期課程修了，博士（国際公共政策）。
現　在　関西大学経済学部教授。
主　著　「医療提供体制整備——地域医療の課題解決にむけて」一圓光彌・林宏昭編著『社会保障
　　　　制度改革を考える——財政および生活保護，医療，介護の観点から』中央経済社，2014
　　　　年。
　　　　「救急の現況と制度としての持続可能性」『セミナー年報　2013』関西大学経済・政治研
　　　　究所，2014年。
　　　　「社会保障の役割と課題」一圓光彌編著『社会保障論概説　第3版』誠信書房，2013年。

藤本健太郎 （ふじもと・けんたろう）第10章

1967年　生まれ。
1991年　東京大学経済学部経済学科卒業。
現　在　静岡県立大学経営情報学部教授。
主　著　『孤立社会からつながる社会へ』ミネルヴァ書房，2012年。
　　　　『ソーシャルデザインで社会的孤立を防ぐ』（編著）ミネルヴァ書房，2014年。
　　　　『日本の年金』日本経済新聞社，2005年。

《編著者紹介》

石田成則（いしだ・しげのり）

1963年　生まれ。
1991年　慶應義塾大学大学院商学研究科博士課程単位取得退学。
2009年　商学博士（早稲田大学）。
現　在　関西大学政策創造学部教授。
主　著　『老後所得保障の経済分析』東洋経済新報社，2007年。
　　　　『保険事業のイノベーション』（編著）慶應義塾大学出版会，2008年。
　　　　『東アジアの医療福祉制度』（共著）中央経済社，2018年。

山本克也（やまもと・かつや）

1966年　生まれ。
2002年　早稲田大学大学院経済学研究科博士後期課程単位取得退学。
現　在　国立社会保障・人口問題研究所社会保障基礎理論研究部長。
主　著　「団塊ジュニアの老後生計費の考察」『年金と経済』Vol. 35, No. 3, 年金シニアプラン総合研究機構，2016年。
　　　　「現行社会保障制度に基づく非正規労働者の老後生計費問題——予備的考察」『社会保障研究』Vol. 1, No. 2, 国立社会保障・人口問題研究所，2016年。
　　　　"The Reform of Mutual Aid Associations in Japan: Civil Service Employee Pension Reform in 2012", *Asian Social Work and Policy Review*, Vol. 10, Issue 1, Wiley Online Library, 2015.

MINERVA スタートアップ経済学⑨
社会保障論

2018年6月20日　初版第1刷発行　　　　　　　〈検印省略〉

定価はカバーに
表示しています

編 著 者	石 田 成 則
	山 本 克 也
発 行 者	杉 田 啓 三
印 刷 者	江 戸 孝 典

発行所　株式会社　ミネルヴァ書房

607-8494 京都市山科区日ノ岡堤谷町1
電話代表 075-581-5191
振替口座 01020-0-8076

ⓒ 石田・山本ほか，2018　　　　　共同印刷工業・清水製本

ISBN978-4-623-08217-9

Printed in Japan

MINERVA スタートアップ経済学

体裁 Ａ５判・美装カバー

①社会科学入門　奥　和義・高瀬武典・松元雅和編著

②経済学入門　中村　保・大内田康徳編著

③経済学史　小峯　敦著

④一般経済史　河﨑信樹・奥　和義編著

⑤日本経済史　石井里枝・橋口勝利編著

⑥財政学　池宮城秀正編著

⑦金融論　兵藤　隆編著

⑧国際経済論　奥　和義編著

⑨社会保障論　石田成則・山本克也編著

⑩農業経済論　千葉　典編著

⑪統計学　谷﨑久志・溝渕健一著

──────── ミネルヴァ書房 ────────

http://www.minervashobo.co.jp/